思想觀念的帶動者

文化現象的觀察者

本土經驗的整理者

生命故事的關懷者

心靈工坊 PsyGarden

STORY

在奔馳的想像中尋找情感的歸屬
在迷離的經驗中仰望生命的出口
在波動的人性中釐定掙扎的路徑
在卑微的靈魂中趨近深處的起落

心理師——救救我青春懵懂的性慾！

歡迎來到性諮商室

三位少男和他們的心理師

Welcome to Sexuality Counseling Room

呂嘉惠——著

目錄

【推薦序二】

看見青少年／性諮商／心理師

游美惠
（國立高雄師範大學性別教育研究所教授）

眞誠是要對話，才能激發出來的東西。面對自己從來不是單向的。

我在性別教育研究領域鑽研多年，也在學校教授「性教育」課程，對於性諮商專業在臺灣的發展一直持續關注。先前就知道呂嘉惠心理師在性諮商領域頗具盛名，她所帶領的「荷光性諮商專業訓練中心」等機構也逐漸打響了名號，讓大家刮目相看。前年拜讀她的小說《心理師，救救我的色鬼老爸！》，十分欣賞她的創作才華，心想：像她這樣既具有諮商專業，又會寫小說的人才眞的是不可多得啊！而今，相隔不久，又一本小說《歡迎來到性諮商室：三位少男和他們的心理師》堂堂面世，眞的令人讚嘆！我拜讀之後，滿心歡喜，盤算著未來可以將這二本小說納入性教育課程補充教材，讓學生開開眼界也充實素養。

《歡迎來到性諮商室：三位少男和他們的心理師》呈現一個生動的故事，由同屬一個督導團體的三位年輕心理師之工作經驗出發，串出了諮商工作的內、外在精彩，幫助個案以及心理師本人更「認識自己」，故事流暢好讀，也穿插了不少扣人心弦的情節發展，並融入描寫諮商心理師工作日常（包含他們使用的牌卡、工具書等，以及他們自身得面對的困頓與迷惘），讀者的好奇心應能一次滿足。

原來，面對性，跟面對孩子其他的狀況一樣，我們要處理的不是問題行爲，而是一個人的成長。

在中小學的教育現場，校園性別事件的調查處理及其後續的輔導諮商工作，讓教育工作者深感負擔沉重。而我也相信：專業的性諮商工作者所能提供的專業協助，對於校園的教育工作者以及「有性問題」的青少年本人應能產生很大的助益，如何能夠豁然開朗理解與體會到「性不是問題」、坦然面對「性」的渴望，而又不讓「性」成爲衝突矛盾之源頭，是很重要的工作目標。而要完成這個目標，「系統合作」也很重要，性諮商心理師如何和學校師長以及家長合作，讓性議題不被切割出來成爲單獨的議題，卻又要認眞面對性問題，把糾結在其中的陽剛迷思、支配控制、成長困惑與人際關係加以釐清，眞的是一件大工程。所以我想，這也是爲何這本小說人物不多，但故事內含可以如此豐富的原因吧！

規則、界線永遠不是一成不變；評估的對象永遠不只眼前的這個人，還包括自己、脈絡跟發展；創意則攸關著投入、冒險與體驗。

諮商心理師的工作並不簡單，我因爲積極投入於性別平等教育的推動工作，有機會認識許多諮商心理師，常常感佩他們的專業訓練之紮實以及對個案的用心費力，但是他們個人在諮商工作之外的成長經歷如何受挫與掙扎，我其實很少聽聞。這本書除了在青少年性諮商議題可以提供很多啓發之外，對於諮商心理師的「工作」如何影響他們個人的自我探索與成長，也描寫刻畫得很深入。在協助孩子成爲大人的過程中，心理師自己得先成爲大人。但什麼是大人呢？讀到這一段情節時，我不禁也跟著在心裡反覆咀嚼書中的這一句話：「成熟、承擔、負責、自律、界線，只是不同發展階段應對生命情境所需的能力」。本書讓我更認識了青少年性諮商心理師這一個專業工作，當然藉由閱讀也有機會作更多的自我探索。很樂意推薦此書給想求知、想探索的朋友們。

【推薦序二】

「一本在手，口感雙重」的極妙感受

柯萱如（律師、公視《青春發言人》節目主持人、實習心理師）

閱讀嘉惠心理師的新書，跟閱讀上一本《心理師，救救我的色鬼老爸！》感覺相似，都有著「一本在手、口感雙重」的極妙感受。以心理諮商學習者的角度來看，完全稱得上是「性諮商」豐富紮實的教科書，得以一窺心理師與督導腦中的各種評估與思考。然而，撇除專業知能外，又是一本精彩絕倫的小說，讓人既能在享受中學習，也在學習中享受，眞是滿足！

這本書的故事，圍繞在三位青少年與他們的心理師所發生的經歷。青少年，眞的是一段很特殊的時期，處於「社會已經停止看待其爲兒童，卻也尙未成爲大人」的階段，轉變與模糊的特質，帶來許多難以言說的糾結與苦悶。尤其面對「性」，這個集結各種禁忌、羞愧感於大成的議題，青少年經歷著第二性徵的發育，也多不免對性產生好奇、衝動，而引發覺得自己「很色、很髒、很變態」，或產生「我很爛嗎？我不正常嗎？」的自我懷疑。

如同書中說的：「最重要的是，不要覺得自己變態，而封閉了內心。」這些心情都需要被承接、被理解，困惑與手足無措需要有地方安頓，「當沒有人能懂你、站在你身邊的時候，可能只有一個選擇，那就是躲在盒子裡覺得自己變態，只能遠離愛你的人，在心裡愧疚地道歉，卻又無法停止這樣的行爲。」

實在是讓人好有感覺的一段話呀！我想起自己因擔任校園性平案件調查委員，曾親見於一所學校的性平案件調查過程中，委員對於眼前一位明顯發著抖的學生嚴正說道：「你知道自己這樣不正常嗎？我建議你多去運動、打球，多緩解自己想看別人上廁所這種不正常的慾望。」並建議給予嚴厲的懲處，以讓學生知所警惕。整場調查中，學生全程低著頭不斷道歉，我幾乎只能看得見他頭頂的髮旋，也難以忽視那被摳到快見血的雙手。

離開學校後，我腦中的諸多疑問仍盤旋著：這個青少年究竟從整個程序中接收到什麼樣的訊息，又如何影響他接下來的人生？他會怎麼解讀自己有這樣的行爲，又會如何看待做出這樣行爲的「自己」？他眞的會去跑步、打球嘗試緩解這「不正常」的慾望嗎？當發現沒有辦法緩解的時候，又該怎麼面對、如何因應呢？

我發現自己的諸多疑問中，也充滿了擔憂。在閱讀本書時，三位心理師與案主間的互動，給了我後續療癒性的想像。

我多麼希望那個青少年，在調查結束後，也能有像書中陳歆、裴莉、紹奇這樣能信任談「性」的成人，願意穩穩承接住他在性發展過程中的各種不安與困惑。陪伴他逐漸認識自己、釐清困惑，與建構出各種能力，而能度過發展的時期。不讓性發展過程中出現的狀況，成爲書中提到的「成人與孩子關係斷裂的起始」。

我也多麼希望每個專業人員背後，都有像雨橙所帶領的團隊，彼此傾力相伴、相互支撐，不只是專業上的學習與成長，彼此更是生命中的夥伴。被穩穩支撐，因而能安心拓展、發揮所能，進而達到「團隊支撐心理師、心理師支撐系統、系統支撐家長與孩子」的目標。不用孤軍奮戰、無須獨自負重，那是多麼幸福的一件事啊！

特別喜歡書中「能力建構」的觀點——不是人有問題，而是欠缺能力的關係，是能力不足以支撐此階段的發展。這樣的觀點，感覺非常輕盈，也充滿動力。把最沉重的「我有問題」鬆綁後，欠缺能力是最簡單的一件事，不會，學就會了，頓時感覺少了很多負擔，而得輕裝前行。

這本書的視野很廣，不只談諮商室裡面發生的事情，故事中同時清楚呈現了與系統合作的重要性。過往常聽聞心理專業人員與孩子建立了關係，卻在與學校及家長的合作上磕磕絆絆。書中藉由心理師們與老師、家長的互動，慷慨地分享了在系統合作議題應留意之處，也提醒心理師，若忽視系統也有自己的目標、害怕與能力限制，就容易在無意間發展成拉扯抗衡、甚至是對立的關係。

細緻地思考並與系統所存在的擔心、疑慮工作，讓家長、老師與校方安心了，才不須耗費能量抵禦。建立起共識，也才能如裴莉，讓學校裡的老師甚至小狗，都能成為支撐青少年的重要資源。

看到團隊督導中三位心理師決定是否召開個案會議的思考過程，看似簡單的投影片其實背後充滿縝密的評估與規劃，讀來眞是讚嘆不已。從雨橙在團督時對待紹奇的方式、心理師配合個案與老師們可以接受與理解的速度前進，也更感受到不只要能前進，適度地停下來更是關鍵所在。否則拽著跑、拖著移動，勢必因拉扯的摩擦力而帶來擦傷、產生痛楚。想來容易，做起來實在很考驗功夫的呀！

此外，本書不只是青少年的故事，更是三位心理師的故事。確實，面對生命，我們都是非自願案主。性的學習，也不只有青少年要面對。看著書中三位心理師在互相支撐下探索著性自我，分別經歷了許多困惑與不安，仍耐著性子面對自己。從中，看到社會文化裡諸多對性的價值觀與互動經驗在他們心裡形成各種創傷，讓人發展出防衛機制的歷程；也能看到再度把自己認領回來的過程，要承受難堪、羞愧，不想面對與承認的自己，是很需要勇氣的。過程中，好幾次幫他們捏了把冷汗，也讚嘆他們對自己眞誠的程度與決心，爲他們換得心理上的那份自由歡呼！

從無知覺被慣性牽著走，到有知有覺地面對性自我，並清楚知道自己是有選擇的，能夠重新選擇開放自己被理解、學著回應自己。於我來說，這就是「愛自己」的最佳實踐，能夠有覺知地與自己同在，還有什麼比這個更好的呢？

最後，眞的非常欽佩嘉惠心理師與荷光團隊在性議題上的付出，這些年間看著荷光團隊如書中般對於承接的每一個方案、每一個個案都嚴謹對待、全心投入，花費大量時間精力，只爲「許願支撐崩塌的世界，還性一個發展的可能」。眞的是好美的願，好讓人感動的一群人！與荷光團隊學習及閱讀本書的期間，我深深感受到性不只是性，性是跟生命與自我緊密連結的，套用嘉惠曾說的一段話：「面對性，一切定義都還太早。持續觀看、感受自己，我們與我們的性，都還有無限的可能性。」

祝福我們都能眞誠面對自己，爲自己、爲個案，爲無限的可能性！

【推薦序三】

「大腦科學」的身體與「政治社會」的身體

黃素菲（輔仁大學心理學研究所兼任教授、敘事治療理論與實務工作者）

我對書中「最重要的性器官是腦子」這句話印象深刻。乍聽之下有種被冷水澆頭的感覺，但把水抹乾之後，慢慢覺得這話很具幽默感。「幽默」就是把兩種八竿子打不著的東西，巧妙地結合起來，「陰莖」與「大腦」，這畫面很幽默。又立即想到在《當上帝與身體相遇：女性主義對身體性的觀點》一書中，莫特曼─溫德（Elisabeth Moltman-Wendel）提出「身體空間」的觀點：

身體不是功能器官，既非性域，亦非博愛之域，而是每個人成為人的位置。在這個位置上，身體的自我與自己相遇，這相遇有快感、愛，也有脾氣。在這個位置上，人們互相被喚入生活。……身體不是一個永恆精神的易逝的——在死的軀殼，而是我們由之為起點去思考的空間。……一切認識都是以身體為中介的認識。一旦思想充滿感性並由此富有感覺，就會變得具體並對被拔高的抽象有批判性。……我們需要一種新的思想系統，它既錨在生理的身體上，也錨在社會政治的整體上。

莫特曼─溫德認為身體不只是一種功能器官，身體雖提供聽覺、視覺、行走、取物、飲食、排便等等功能，但是身體並非功能之域，身體讓我們與人溝通，透過口語表達以及身體動作，表達出仇恨、也流露出關愛，但是身體並非示愛之域。性器官提供也滿足性行爲或性需要，但性器官也非性功能之域、非性愛之域。身體是每一個人「成爲人」的位置，是我們「成爲人之域」。身體讓我們體會生命與生活，身體經驗讓我們成爲獨特的自己，並讓自己的世界與外在世界對話或連結。

我認爲的身體也不只是私人性的表達，而是一個政治器官。因爲消費市場、時尚文化、媒體傳播等都在形塑身體。身體也是社會的實在之鏡像，舉凡階層、貧富、種族、性別、宗教、勞動力、社經地位……都某種程度地可以經由身體予以區隔、辨識。身體也反映著人的病相、毒害和救治過程，病體幾乎是沒有尊嚴可言的，裸露與無私密是正常，切開、縫合、外接導管等，都不是病人意志所能決定的，燒傷、畸零與發炎潰爛的外表，難以抵抗世人的異樣眼光。

雖然，我對身體是贊同莫特曼—溫德的「政治社會」的立場，但是也並沒有基進到阿爾托（Antonin Artaud）說的「身體不是客觀存在，身體不是確定的」，他認爲身體是有機體的敵人，而主張「無器官身體」（the body without organ）。我也無法想像德勒茲（Gilles Deleuze）演繹的身體意象：「身體內部並沒有一個核心主宰，身體不是被大腦所控制，也不是由生殖器官所控制，身體的每一個部分可能都是自主的、獨立的。這樣的身體不是一個有機體，各個部分沒有緊密關係的碎片，可以反覆改變、重組，反覆鍛鍊。」我確實難以想像「身體和主體是斷裂的，同時也是沒有邊界的。」但是，我同意身體是流動的、變動的，無法作爲客觀物理科學的研究對象。尤其是性身體與性慾，是不能被客觀科學手段所捕捉的，我們只能從身體的角度論證社會歷史的發展，或是從社會歷史角度來考察身體如何被形塑。

我更關心體驗身體，體驗解構被建構的身體，並遠離教育或馴化身體，包括「性身體」，像是女人的乳房、乳溝、臀線、肩線……或男人的六塊肌、人魚線等，在不同時代所拓印的身體痕跡，這些身體現象都銘印著身體器官的政治性。在身體這個位置上，人們可以審美地、政治地、生態地經驗世界，我認爲活著的感受不在於戰勝身體，而是經驗身體的限度與可能。尤其是傷病的身體（包括陽痿與早洩的身體經驗），從抗拒、失落，退縮至身體的世界，一直到病體與世界之關係的重建、病體世界與健康世界之連結，是生命從碎裂到尋求完整的歷程。

書本作者呂嘉惠所建構的「性諮商」，把「性」延展到「性自我」，再延展到諮商室中心理師與案主之間的權力結構的察覺，藉此處理「情慾移情」，再拉大到社會脈絡中的「性文化」。書中角色裴莉與陳歆不斷對話，最後作者以「對自己眞誠的人才能駕馭性的驅力」，總結道心理師應「運用自身而非技術」。雨橙督導戮力於拉大心理師的視野、並提升文化脈絡敏銳度，因爲「看到自己之前，『分析』只是以管窺天。在這種情況下，『眞誠』就是工廠產出的加工食品，色香味俱全，卻沒有一丁點兒是眞的。」我完全同意。我也相信諮商心理師的玲瓏剔透，只是到達犀利的進化版，應該不是本書的目的，畢竟諮商與心理治療是要陪伴與療癒受苦的心靈。

書中強調：「一個心理師的養成，從本能的攻擊、逃避、防衛等生存反應，提升到準確覺察自己，進而能尋求適當資源來支撐、調節自己……，整體可以說是提升心理師的自我涵容力……能承認自己需要幫助，能不高築內心城牆願意低頭，能冒險挑戰『信任』，這不是一段容易或可以被加速的歷程」。這是類似於一種「臨床直覺」，可是這種「直覺」是奠基於心理師在臨床過程中無數的「實踐經驗」累積，並將這種實踐經驗「串接」成個人智慧。更重要是這種「經驗串接」必須經由「有意識地反思」，才可能轉化成個人智慧。進而在實務現場，以臨床直覺方式輸出並符應現場的實務行動。本書不斷透露這可以依賴好的督導者的協助，以加速養成這種實務行動的直覺力。

作者說明了，督導歷程的特徵是一種經驗學習歷程，這是說一群有經驗的心理師們，因爲重視督導專業而主動投入、參與，所形成的專業社群，在這個社群中致力於耕耘出有助於學習、支持與反思的環境氛圍。這種經驗學習歷程有兩個軸線，一個是知識轉化的類型，一個是知識轉化的方法。督導者協助受督者經由自身實務經驗，經由反思實踐和自我觀照，而建構出抽象概念與知識，再繼續進行反思歷程。在這歷程中督導者本身也跟受督者一起經歷，並從中成長學習、建構知識，形成一種相互映照、互相滋潤的學習共同體。受督者的角色轉換是：奠基於對自己的價值、信念、經驗的敏覺性，不強加自己的想法到案主身上；督導者的角色轉換是：做督導者而不是做受督者，不要直接教導受督者策略與方法，而是協助受督者發展出他／她的專業效能與風格。也就是說，受督者的任務是要協助案主發展自己，督導的任務是要協助受督者發展自己。書中也強調：有被受督者支持的案主，會更快發展自己、朝向健康。有被督導者支持的受督者，會更快發展自己、朝向發展自我風格。這種平行歷程（parallel process）的遞交本身具有重要性。

全文雖是小說體，卻暗藏玄機。例如，主角之一陳歆在第二次見A案之後，發起的緊急督導會議，在大家似乎已經要結束督導準散去前，雨橙督導提醒大家思考「緊急」的意涵。雨橙督導點明「將單一事件拉大視野，透視個案所在的文化脈絡」的重要性，挑明陳歆接案結束當天，多留下來一個多小時，並對專輔小心翼翼隻字未提A生的勃起事件，來掀開陳歆被遮蔽的情緒。這個段落，不單是透過紹奇的位置，提醒讀者「對焦於系統合作」的敏感度，也透過裴莉的專業提升，協助讀者「轉換視框」擴大督導者的視野。可以說是一魚五吃：第一、強調系統合作的重要價值，第二、協助心理師預先位移進入系統工作的脈絡中，第三、掀開提案受督者的焦慮，以受督者自身的情緒素材，提升其主觀經驗的在地知識，第四、協助資深心理師裴莉打磨成爲督導者的專業視野，第五：解構並重構「緊急」的意涵並化爲專業行動。一桌豐盛的茶餚，多滋多味的美妙饗宴。

對於不諳諮商的人，這本書有如拉開諮商室的神祕面紗，至少揭露一些視角，像是如何開始諮商談話？如何建立關係？如何展開話題？如何尊重個案？如何結束諮商談話？甚至如何因應諮商室中的緊急事件處理？書中章節的鋪陳，都某個程度地做了展演。當然作者也都還保留了多元性、差異性的空間，不斷提醒心理諮商與治療，並「沒有標準化的做法」。即便作者一再強調差異性與沒有標準化做法，但是爲了「性諮商」的訓練目標，似乎又有不得規避的「必要作法」。例如：陪伴青少年在性上面發現自己、認識自己，是有一套既定規則（或說是底線）：**性教育**—讓他知道知識（必備性教育讀本、性教育桌遊）所以能對自己的性負起責任，**法律**—讓他知道社會規範，**價值觀**—讓他知道社會評價，**懲處**—讓他知道沒有遵守以上會付出的代價。實務上這些都具有重要性的實踐原則。我的問題是：一個性諮商師的認識論位置是什麼？如果我沒有「誤讀」，我暫時找到的答案是：心理師能夠找到彈性制宜的方法，傳授應有之性知識，以協助案主服膺當代性法律的規範。

所以，才會有裴莉負責B案，紹奇負責C案，互不討論、互不探問對方案主資訊（以免交叉汙染？）請校方給他們「時間與空間來評估」。對，評估，整本書的立場是專家評估、專家細膩的思考，即便「家長們都不在意此事」，校內性平委員們「一致認爲」要請專長性議題的心理師入校協助。專家決定庶民聽命，昭然可見。這樣的認識論位置，是專家理論與知識爲前提的「合作」與「尊重」。基本上專家有時會發揮很好的功能，專家頗重要，並非不好。我只是要說明，這是本書的位置，這個位置是專家權力極其精緻、細膩、具反思性的應用，使之盡量降低專家權的殺傷力。

所以，書中會列表陳述個案在不同諮商階段的「諮商進程」特徵、「人格能力建構目標／成果」要點、「性人格能力建構」指標，書中也整理了一年的督導五個階段的性諮商師的專業目標：**蜜月期**—社會化逐漸解構；**焦慮投射期**—建立關係時機；**人格修復期**—增能為基底；**學習信任期**—好奇是動力；**練習開放期**—自學是良藥。十分清晰、具體、明確的策略大綱。我也好希望生活世界都能被整理成這樣清楚明確的策略表單，好安慰一下混亂的心，好假裝一下我們真的能掌控混亂多變的世界。或許，一個性諮商心理師在過渡養成階段，必須以這般條列化、系統化、邏輯化方式來吸收，較為具體易學。肯恩・威爾伯（Ken Wilber）《世事本無礙》（*No Boundary: Eastern and Western Approaches to Personal Growth*）書中說：「我們總是東奔西跑，離答案愈來愈遠……我們尋求及願望本身遮蔽了我們的眼光……」最終，我們只能與世界共好，通透而無礙，既不掌控世界，也不被世界掌控。玲瓏剔透如紹奇捲曲在如子宮般的椅子裡被安慰，或裴莉娓娓道來的祕密盒子，離婚與兩個無緣的胎兒……

寫到這裡，有些話，與其說是說給不愛金鉤蝦的呂嘉惠聽，還不如說是說給跟情慾一起創作的理性作者聽，更不如說是說給那個與世界糾纏不清的自己聽。

【推薦序四】

性與親密關係所開啟的修復之途

翁士恒（國立東華大學諮商與臨床心理學系副教授）

我還在英國讀書時，我的指導老師茱蒂斯有著深厚精神分析基礎，也是我在治療實務的督導。當時我在異土學習精神分析，一個當時被實證取向的心理系訓練所鄙視的僞科學。我帶著被實證所訓練的眼光批判著我的精神分析學習，而茱蒂斯總是柔軟地接納我所有的質疑。而對我來說，最困難的，是佛洛伊德在《性學三論》中所開展有關「性」的內容，把所有諮商與心理治療的關係都視作性的延伸，這對當時的我來說，實在是太天馬行空，也因爲如此，總是在督導中避談「性」的議題。

有一次，茱蒂斯督導了我的一個工作，那是一個與我已經工作七年的孩子，我們正在治療的最後倒數，孩子有著讓人驕傲的進步，接近尾聲，我既開心也不捨。治療過程中，孩子的母親是在治療室觀察我與孩子的互動，所以母親也一起在治療室中度過了孩子從二歲到九歲的七年時光。母親在最後幾次，總是盛裝出席，提早到治療室等待。

茱蒂斯果然對「提早」到治療室與「盛裝出席」有著精準的精神分析雷達，馬上就開始詢問我的反思。我認爲七年是一段很長的時光，對孩子的母親來說，我已經像是老朋友與家人一樣，一起度過了孩子最艱難的時刻。所以治療關係的結束，對我、對她都是有著傷感的心情，在此時此刻面對著彼此。

「你剛剛說了像家人一樣？治療結束對她來說也像是失去了一位重要的家人，你覺得像什麼樣的家人呢？」茱蒂斯接著問。

又來了……我止住我的眼球運動，不能讓白眼翻得太明顯，又是要進入伊底帕斯的情結建構中。我對於這樣「誘導」我回答的提問有點不爽。

「茱蒂斯，我知道你要我回答在治療中，我有如她的先生、孩子的爸爸一樣。接下來我們也可能會討論到她對我們的關係有著七年的慾望想像，不過我覺得我的焦點……」

「停停停，我知道你要說什麼，我知道你一直抗拒的東西。但是這裡有一個那麼明顯的例子我一定要與你討論。她和你的關係，在七年的每一個禮拜的這一個小時，她看著你那麼努力的幫助她的孩子。七年，七年是一個很長的時間呢。你有沒有想過，在這七年之中，你已經是她所想像的『理想伴侶』？」

我忍不住了，快速的翻了個白眼，精神分析一定要這樣嗎？我反擊回去。

「我們的治療重點不是我和她，是我和小孩，我專注的也不是和她的關係，從來沒有。茱蒂斯，我覺得我們的討論有點偏執。」

「你沒有聽懂我說的，你是她的理想伴侶，在這七年，每週的一個小時，她可以靜靜坐在這裡，看著你和孩子，幻想著自己與你們的關係，然後從最艱難的時刻，一步一步走到現在。有什麼有比想像你這個理想伴侶這還要美好的幻想呢？」

茱蒂斯接著說，「關鍵是，孩子的進展從治療室擴散到他的生活之中了，從你和孩子的關係，擴散到了和媽媽的關係。而透過這樣的幻想，媽媽有了理想丈夫的形象，也有了修正和她丈夫關係與期待家庭的想像。你難道不好奇，她是怎麼把你和她的關係帶回家裡，帶到她和她的丈夫、孩子的爸爸與孩子的三角關係嗎？你說，她提早出席而盛裝出席，在面對的是誰？她帶入治療室的是什麼樣的關係呢？」

如雷貫耳的學習！親密關係透過想像，成為了治療的素材，在心理治療中累積、轉化，然後從治療室中擴散回個案的生活與文化之中。這是書中的字句，原來，就在治療這極其平凡的時刻浮現。透過茱蒂斯的帶領，我順利地進入了精神分析的實踐領域，學會了諮商與心理治療中性與親密關係作為素材所能開啓的療癒之途。

而嘉惠總讓我想起茱蒂斯。她總是那麼好奇而勇敢地探索著諮商與心理治療最神祕的地帶，在她前一本書《心理師，救救我的色鬼老爸！》讓讀者進入了關係深處，也讓人如此觸動地看到「性」竟然可以從關係的原點開展了情愛，並可將傷心的人帶回他最原始的歸屬。而她的創作力也是如此豐沛，繼續將讀者帶往性諮商的工作現場。在這本書裡，她從督導與心理師的三段關係中，將讀者帶到了諮商心理師與青少年生活經驗的關係世界之中。讀者可能會跟我一樣好奇，在青少年這正在性啓蒙的階段，如何把「性」這尚未成形的知識經驗，轉化為諮商與心理治療的素材，然後慢慢的在系統中撥動梳理，然後得以從中成長。

讓人拍案的是，助人者也在助人的經驗中學習與成長！這是我屢屢被書中脈絡觸動之處。性是一個體驗，卻也測試著治療關係的眞誠，透過一次又一次的直面關係癥結，療癒就可以促成。這是對心理師最大的挑戰，需要透過重重的身體經驗與反思，用眞實的自我找到個案的眞實。

人本主義學者羅傑斯談到促成心理治療進展最重要的三個核心：第一是「同理心」，第二是「無條件而積極的專注」，第三是「眞誠而一致的面對彼此」。而治療的進展，從治療師的眞誠開始，會讓個案在如此的滋養環境中，發展出自己可以無條件積極看待自身的可能，也可以開始去悅納異己，找回自己的「屬己性」（Authenticity）。而這代表著：我屬於我自己。

感謝嘉惠再一次的豐厚讀者的想像世界，最重要的，帶著可能身爲助人者的讀者，包括我，從中找回「我屬於我自己」的各種可能。

各界推薦語

無限感動

很幸運我能搶先閱讀嘉惠的新作，除了享受書中的機智幽默懸疑，閱畢更是滿滿的感動。

感動一，看她二十五年練一劍，在技、道、心合一的路上前行！

感動二，她將抽象的諮商理論搓揉進諮商介入，用她的青春熱情渲染成色，編織出實務現場的教戰守則！

感動三，令師長、父母頭疼的青少年議題、支支吾吾的性議題，在她的筆下變得切身、可親、可愛與無限可能！

感動四，「能力建構取向」的精神，不僅適用在性諮商，也適用在其他的諮商議題！

感動五，督導者陪伴受督生如實照見自己的歷程，是一種承諾與投入，評估受督生的潛能與限制，用力肯定成長、用心支撐脆弱，拿捏收放之間的時刻與界線，真是門藝術！

感動六，她的校園系統合作模式深得我心，值得大大推廣！

感動七，好想立刻推薦這本書給我的同事與受督生！

謝謝妳，嘉惠！

林麗純（系統取向家族治療師、督導、訓練師　華人心理治療基金會）

成為孩子們需要的大人

性，是多麼禁忌的字眼啊！在傳統華人社會中，性是隱晦的，一般家庭裡不討論；學校雖有設置融入各領域的性別教育，仍如屬於較保守、被動的潛在課程。

性，對於國高中生而言，光聽到、看到、說到這個字眼，就能讓賀爾蒙波動、腎上腺素飆高……

書中寫道：「青少年發展任務是在各種體驗中，認識自己」、「性是發展，不是問題，是性發展沒能被好好地支撐，才會變成問題」。隨著劇情推進，我不禁想起二十年來輔導處遇過的性議題個案，曾有幸由嘉惠執行長帶領的心理師來接案，成為系統合作的一環。想起孩子茫然的臉、家長無助的樣子、班級導師無奈的表情……書中虛構的劇情，其實是多少校園案例的濃縮。

「人，生而孤獨是事實，但連結的支撐，讓成長不孤獨。」、「幫他撐出一個空間，跟著他探索自己，而非只對焦在行為的原因與目的，這是你能為他做的最好的事……」這真是一本「像教科書般含金量高的小說，又像小說般好看的教科書」。超級推薦與青少年工作的相關人員，當然包含家長一讀。

成年人無法教給孩子自己所沒有的，即便早已超過十八歲、成了父母、當了老師，甚至已是所謂專業心理師。已經成年的我們，是否曾好好探索、體驗，真正認識與理解自己？就如書中的心理師們，透過接案與督導的歷程，才讓心中那個懵懂的少年長大。不論是大人或孩子，都要從「非自願」到「有意願」再到「自願」，能為自己做主，覺察才讓成長有可能發生。

相信這本書流暢的敘事，一定可以帶給「大人」們啟發，進而讓孩子們受惠。期待更多完善的系統合作，達到「幫助孩子看見真實的自己、說出自己就能被理解、理解就能被接受」的美麗境界。

王雯華（新北市國中候用校長、國中輔導工作二十年資歷）

讓我們一起認識青少年的性發展空間

這本書不只是適合專業人員，也適合家有兒童青少年的家長，更適合長大了但想更了解青春性能量的你／妳。

面對層出不窮、變化莫測的青少年性議題，與其防堵、告誡、威嚇、規條、迴避、憂慮、不安，不如一起來認識青少年的性發展空間，我想這是作者呂嘉惠對治療師、輔導老師、家長和大人的期盼。嘉惠是台灣青少年性諮商領域的專家、播種者和倡議者，很多專業人員的性諮商學習都師承自她。這本小說，令我感受到嘉惠溫柔且細膩地帶領大家認識青少年性議題。

我喜歡小說，小時候讀名人傳記、青春期看偵探小說和小品文學、長大看愛情、寫實、都會小說，成為專業者後，發現每一個個案的諮商歷程都是一部小說，每一部小說都是時代／文化／家庭／獨特的個體所交揉。我很感謝嘉惠將被大人視為禁忌的青少年性議題、將生硬的督導訓練寫成小說，包含了治療師與個案的諮商歷程、治療師的性發展探索與受督導的省思，內容似真似幻，但都映照出我們的成長。

當你翻開這本書，猶如同時進入五個時空：三個治療師與案主的時空、小團體督導的時空，還有讀者心中自己青少年階段的成長、孩子的成長、與個案工作的時空。享受這本小說吧，原來一邊享受也可以一邊學習，享受完了，性議題的眼光就拓展開來了。

一起給青少年性探索空間，不要將他們趕到幽暗之處！

黃雅羚（諮商心理師全國聯合會理事長、元品心理諮商所所長）

讓性諮商成為安全網

若提到關鍵字：青少年、性、心理治療，一定會聯想到佛洛伊德的經典少女個案「朵拉」。一九〇五年，佛洛伊德出版了《朵拉：歇斯底里案例分析的片斷》，那時他正在研究歇斯底里與各種性行為變異，當時也正是女性主義崛起的年代，美國女性爭取投票權的口號鋪天蓋地呼喊著。如果僅以精神病理學角度來理解朵拉的案例，就會看不見女權運動抬頭所造成的社會意識影響。

時空轉移到一百多年後的台灣，則歷經了「玫瑰少年」事件、同性戀婚姻合法化的洗禮，人權已推展到性領域，甚至擴及更多元的族群。《歡迎來到性諮商室》一書的問世，解了一個至關重要的環節：作者用一本小說，將性、關係、人權三個被認為彼此無關的概念串連起來。

在本書中，三個不同世代、性別、專業年資、人生歷練的心理師，與三個不同樣態的個案展開諮商，作者精準地傳遞出青春期的強烈慾望和人生面臨的巨大變化，衝擊著每個人的轉大人時期，也翔實刻畫出「心理師也是凡人，會有七情六慾」的實景。心理師們也是在水深火熱的青春期中走過來，面對自己的情慾與關係，在需求與滿足之間拿捏著分寸界線，不過度索求也不放棄探索。在作者呂嘉惠長年推展的「能力建構取向性諮商」中，要能面對問題，能力是必須要件，而歲月的淬鍊能造就成熟風韻來到的那一刻。

如果四百年前，此本小說即問世，也許不會再有「羅密歐！為什麼你是羅密歐」的遺憾！

期盼本書能為台灣社會的孩子們，開創出更多的理解，讓悲劇不再流傳。讓性諮商能成為安全網，網住每一個青春學子徬徨的心。

邱似齡（臨床心理師、慈恩心理治療所所長）

打開支撐孩子性探索發展的空間

未成年人、慾望、性議題、家長、校規、法規、同儕人際關係、學校系統、社會文化價值觀、面對性的態度等，還有許多尚未列出的影響因子，讓所有在其中的人在面對青少年的性時，都感受到十足的壓迫感。

本書作者以引人入勝的文筆，精準揭開處理性議題的助人工作者所處的現象場與難題，而這只是實務工作者日常所見之冰山一角而已。期盼嘉惠持續創作，將外人難以理解的青少年性諮商現象場描繪呈現，更盼望藉此喚起更多關心性發展的朋友，持續對話與反思，如何在法、界線與人性當中，打開一個支撐孩子性探索發展的空間。

荷光性諮商專業訓練中心（青少年性諮商、塞可斯桌遊團隊）

真實呈現心理師的現象場

很是佩服嘉惠的文字功力，既訴說三位少男和心理師的故事，又將青少年性諮商工作、系統工作的tips、核心概念、性知識等自然地融入督導討論與心理師的反思中，讓我在閱讀時忍不住一直畫重點，書中處處都是可學習與增能的內容！

而關於系統工作，不只是與師長們當下的對話，個案評估、分析與介入的能力，還要評估學校與家長面對性議題的在地文化與能力，結合個案的分析，從中盤點資源與可用媒材，又要能以性諮商的專業能力，來建構師長面對性發展的視野，調整師長的各種焦慮、想像與期待，進而協助師長與系統增能。連「在有限的時間內，產生最大的影響力」的做法都細緻地呈現，還活生生地把心理師在實務現場的不確定、強自鎮定與挫折等真實呈現，簡直是令人驚嘆！

黃怡禎（性諮商師、台灣性諮商學會 理事）

你敢不敢，再度直面你的青春？

《歡迎來到性諮商室：三位少男和他們的心理師》不是本易讀的書，從各方面來說都是。在外表的防禦與無語之下，青少年潛藏心中的各種念頭與情緒，透過文字一點一滴呈現出來，是第一個精彩又燒腦之處。敘述的過程穿插許多專業術語與概念評估，盡可能透明化性諮商能力建構取向心理師內在的思索與運作，為第二燒腦點。在紹奇、陳歆、裴莉心理師與個案之間、個案與個案自身的困境之間，兩者相互對找的關係動力與平行歷程，為第三燒腦點。系統之中不同權力位階、觀點、身份角色與資源，怎麼運用、掌握得當，讓心理諮商工作可以發揮最大的效益，為第四燒腦點。治療師的內在覺察、自我探索，與用盡全力也要挖掘、看清攪動內在的是什麼，為第五燒腦點。

而最令人愛不釋手又不敢輕易嘗試的，就是喚起你對自己青春期的好奇，那是一份療癒的邀請、認回自己的濫觴。

那麼，你呢？

你敢不敢，再度直面你的青春？

郝柏瑋（台灣開放式對話網絡創辦人、荷光成人性諮商中心諮商心理師）

精準探入與性相關的幽微處

青少年、性、心理治療歷程……還有什麼議題，能比這三者的結合更讓人覺得刺激與驚心動魄呢？

獨立來看，三個主題都是既龐大且複雜，要結合這三個面向的理論與技術，並以引人入勝的方式來呈現，不得不佩服嘉惠的文字功力以及深厚的治療師底蘊，才能將與性有關的細微變化與內心的幽微，做精準地捕捉與描述。

本能的性慾，在生命不同發展時期，有著不同的力量。如沉睡中的獅子甦醒一般，性能量到了青春期瞬間逼人；「我是誰」的大哉問，在追尋自我認同的時期加入性的騷動。青春期的掙扎有愛、有慾、有情、有何謂做自己，很忙碌的成長也有很多的困惑，在此時期，多麼需要有一個能細細地聆聽，不急著給意見、做結論的人。

讓各種紛擾能安心地攤開來檢視，讓各種慾望被溫柔的對待，這是治療師的工作。但有這樣能力的治療者，想必自己也是經歷過好幾番的驚心動魄吧？

本書除了是引人入勝的小說，又可以同時學到和青少年、和性議題工作，以及心理治療歷程的寶貴知識。推薦給每一位有志從事心理治療工作的人們，不只為了所服務的個案們，也為了自己！

朱惠英（助理教授、諮商心理師、臨床心理師）

再次感受到熱情、震撼，與無以名狀的強烈啟發感！

閱讀呂嘉惠心理師這部小說的心情，就像回到廿年前初任輔導老師，第一次接觸到嘉惠老師的研習時，所感受到的熱情、震撼、無以名狀的強烈啟發感！隨著小說的情節進展，彷彿回顧著自己過去從事輔導工作的困惑；看著主角們成長，自己則同時獲得遲來的解惑。這是呂嘉惠老師第二部以專業性諮商現場、諮商技巧為主題的小說，體裁雖是小說，但知識與專業的含金量卻足堪稱教科書！推薦給諮商專業的學習者、助人工作者、督導，以及意欲探究「性諮商」堂奧的專業人士。

張雨霖（國立臺灣師範大學教育心理與輔導學系 助理教授）

心中充滿了共振

拿到嘉惠心理師的新書文本，我雀躍地翻閱起來，一字字、一頁頁，對照著自己逾二十五年的青少年輔導經驗，心中充滿了共振。我十分同意，要與青少年在性議題上工作，若非案主能對實務工作者形成一種基於信任而有的認同，要開啟與「性」有關的深入對話無異是緣木求魚！書中藉由心理師與個案間、督導與受督者們之間互動歷程的翔實呈現，讓讀者有機會在撥開社會文化對「性」的層層遮掩後，得見諸「性」的真實樣貌。嘉惠的生花妙筆，令原本嚴謹的專業互動歷程變得活潑生動、深入淺出，自己再三咀嚼獲益匪淺，故樂意為之推薦。

蘇益志（社團法人華人伴侶與家族治療協會理事長）

第1章

五月二十五日，星期三 14:50　Z校

「那……好吧。」

下課鐘響起，「下週三……」對著一躍而起、衝出諮商室的A生，陳歆腦筋一片空白，「下週三下午兩點見……」她扯了嗓子，卻也只能說給A的背影跟自己聽。

諮商室的門隨著A的離開晃動著，半掩半開間可以看見走廊上拿著掃把、拖著水桶玩鬧的學生。「還好，是在Z校。」陳歆撫了撫胸口。Z校的諮商室與輔導老師辦公室是分開的，不然學生這麼慌張衝出去，如果是別的學校，諮商室設在輔導老師辦公室內，可以想像得馬上迎向專輔老師關切的詢問。陳歆知道無論心裡多慌都得擺出一副掌握全局的鎮定模樣，因為不是團隊夥伴，誰管你內在經歷了什麼，而且，專業形象與諮商效能，可是得到委託單位信任的基礎哪。

搖搖頭，想甩掉此刻不必再加諸自己身上的壓迫感，她繞過木製茶几跟厚重的黑色皮沙發，忍不住嘀咕哪有人在諮商室用這樣厚重的傢俱，肯定是校長室淘汰下來的，不只讓狹窄的諮商室顯得更加侷促，也超級讓學生有距離感的。「哼！」她踢了一腳沙發，抒解一下剛才諮商中的挫折感。

陳歆關上門前，看了一眼在走廊打掃嬉戲的青少年們，明明是相仿的年齡，有的已有成人的雛形，身形、姿態、氣質都散發出青春的味道，有的卻仍像國小三、四年級的孩童般稚氣未脫。

然而，誰也無法以外貌判斷，性、慾望、好奇與人生經驗，是如何組合成在諮商室中的少男、少女模樣。

剛剛，到底發生了什麼？他勃起了！？還是我誤會了？是他故意的？還是我做了什麼？……

關上門，就著不鏽鋼門框隱約的鏡像，陳歆端詳著自己的穿著，圓領T、牛仔褲，隨手綁的長馬尾。跟自己的穿著有關嗎？

「性慾，是青少年正在體驗形塑的特殊歷程，各種可能都有，更何況想像力勝過一切，不在你的穿著打扮跟長相。」陳歆想起雨橙督導說過的話，試圖平復文化制約下女性常有的自責反應，不再檢討自己是否犯了錯而引發男人性慾，而把心思拉回專業工作上。

陳歆回到沙發椅，回想著她與A所經歷的衝擊，翻開個案檔案，卻不知該如何下筆做記錄。

她清晰記得，從雨橙那裡接到派案，跟學校輔導老師明美專輔聯繫了解個案狀況時，明美專輔第一句話就是，「心理師你要有心理準備，」電話那頭說：「A很難……聊，他功課不錯、沒什麼狀況，但就是惜字如金，話很少，對同學、對老師都一樣。遇到這樣的事，更是啥也問不出來。」

語言少，沒有人際的支持，加上讓人困惑的行為，沒人懂他，就只能讓他人自行腦補了。

「腦補意味著，心理師能看到系統中每個人被性／個案的行為引發的感受，所投射出的想像。」接案前的團隊派案會議中，雨橙督導提醒，「幫他撐出一個空間，跟著他探索自己，而非只對焦在行為的原因與目的，這是你能為他做的最好的事……」

話才剛歇，「吼，你這樣講，誰聽得懂呀！」比陳歆資深的心理師裴莉立刻吐槽督導，她接青少年性諮商個案已有多年，以過來人的心情對陳歆說，「雨橙的意思是，重點不要放在調查真相，但，每個人都會跟你要真相來定罪。你要挺住！」

「挺住哪有那麼容易呀！機構派案都希望有快速成效。」早兩年進團隊的紹奇也安慰陳歆：「吃苦當吃補啦！盡力就好，別想太多，你有我們。」

想到這群夥伴，心裡安定了些。還好有督導可以靠，我得好好整理出自己的想法，再跟前輩們請益。

定下心，陳歆翻開私人筆記，振筆撰寫她所能記得的互動細節。

五月十八日 第一次諮商

第一次，明美專輔帶著A到諮商室。轉身離開前，她大力拍著A的肩膀，「有什麼想法要說出來，說出來，心理師才有辦法幫你。」隨後無奈聳聳肩，給了陳歆一個同情的表情，關上門離開。

一七〇公分的A佇立在門邊，頭幾乎低到胸口。

「嗨……」陳歆朝A走去，又突然停住腳步，吞下了想招呼A到沙發椅坐下的話。她想起派案會議時雨橙特別提醒她，從轉介資料與明美專輔的強調中，可以想像個案將在諮商中保持靜默。如何在個案的習慣中找到連結的方法，而非要他用我們擅長的「語言表達」方式，是成功建立關係的第一步。

陳歆深呼吸幾口氣，調整習慣的說話速度，穩住想建立關係的著急，靜靜地在離A約一公尺的地方，觀察著、感覺著他。

「吸氣，吐氣，吸氣，吐氣……」陳歆在呼吸間慢慢默唸，一分鐘過去了、兩分鐘……五分鐘……

說出自己就能被理解嗎？理解就能被接受嗎？誰有能力說出連自己都尚未認識的自己，又有誰能幫助自己看見所謂眞實的自己？

陳歆感到一點哀傷，卻也同時感到難以言喻的放鬆，在他與她之間的空間裡逐漸擴散，彷彿他們可以這樣一直站下去，直到五十分鐘諮商時間結束。一切很好，除了腿痠以外。

「很高興認識你，謝謝你的寧靜帶給我美好的感受，我腿痠了，我會去坐那張沙發椅。」陳歆指指椅子區的單人沙發，「我們還有……」陳歆看了一下手錶，「四十分鐘，如果你也痠了就也找個舒適的地方、或舒適的身體姿勢，讓自己舒服一點吧。」陳歆伸了個懶腰，左右晃動身體，讓站太久的僵硬感鬆開，把自己拋向沙發蜷縮進去。看著A沒有動作的意思，陳歆猶豫著是要像剛剛那樣靜靜陪伴他，還是要創造一些互動呢？

她從大背包裡拿出隨身攜帶的塗鴉本。當行動心理師這兩年，資淺的她常被派到各種資深前輩沒時間跑的學校，交通時間往往比實際工作的時間長，酬勞也常與付出不成比例，因此如何爲自己創造工作的樂趣，是她給自己的獎賞。一本塗鴉本、相機，記錄著這些因緣際會才能體會的心情，是自己的故事呀，就沒有值不值得了。

她翻開空白的紙張，開始畫下她感受到的A，「好特別的男孩，帶給我……好特別的感覺。」

作畫時，她從眼角餘光感受到A就地蹲了下來。她希望A至少靠著門坐，讓身體有個支撐，但她沒說出口，只專心完成A帶給她的感受。

「我想放些輕鬆的音樂，希望不會打擾你。放什麼好呢……」陳歆滑開手機，咖啡廳輕音樂？「不好、不好……」冥想音樂？音樂從手機流洩出來，「很怪……」「巴哈無伴奏大提琴，這個好這個好，這我最愛！」琴音從手機中流瀉而出，彷彿看見馬友友坐在這個空間中，獨自地、投入地、沉醉地……抱怨著……音響太爛……「可惡！」陳歆又翻出筆記型電腦，一按播放鍵，馬友友這才開始心無旁騖地投入琴音中。

陳歆對著完全隱身在對面沙發椅後的A說，「我們都放下各種心情吧！試試看去感受大提琴帶給你我的感覺。」她彷彿要把琴音的力量吸入充滿身體一般，深深吸了幾口氣，繼續疾書A帶給她的感覺。

三十分鐘在靜默中過去。

「嗯，好了。」陳歆心滿意足地從創作歷程中回到當下，突然驚覺剛剛太過投入，再加上A完全隱身在沙發後面，「該不會？」陳歆急站起往沙發後一看，這男孩把自己安置在門旁書櫃邊的牆角，閉目，看起來是睡著了。陳歆終於看到A的臉龐。瀏海濃密，可能想遮蔽發炎的青春痘與痘疤，濃濃的眉宇，五官立體，下顎線條明顯，似乎常咬牙，背跟頭靠著牆與書櫃的夾角，彎曲的雙腿自然前伸，整體姿勢是放鬆的，唯獨雙手交抱胸前，顯露出保護自己的警覺。

陳歆坐下，輕咳一聲，A立刻坐挺身子，雙腿盤坐，低著頭，雙手環抱自己。

「還有十分鐘，我想跟你分享我剛的畫。分享完，我們就結束今天的會談，好嗎？」

提琴最後一個音符創造出的共鳴聲響，在空間中迴盪。

陳歆朝A的方向遞出手札，A微微抬頭，眼光流露出好奇。

在下一曲的第一個音符揚起時，陳歆猶豫著要走到A身邊還是……最後她的身體做了選擇，她繞過茶几，跪在A應該坐著的沙發，趴在椅背上，向A遞出她的畫本。

A微微傾身向前，瞄了一眼陳歆以她的視角素描出A與他所在的空間的景象。她緩慢地翻了三頁，是同樣且簡化的場景，門、牆、書櫃、椅子背後的A，第一張圖A低頭站立、第二張圖A蹲下抱著雙腿、第三張圖，一樣的佈景中，是個抱著雙腿的小男孩。第四張是文字，旁邊有兩幅插圖。

要讓別人懂自己，其實是一件很難，且很有壓力的事。有時候，或許說大部分的時候，自己都搞不懂自己了，即便好像年紀比較大了，應該要懂很多事，要負責任面對，但～

文字旁是一個蹲在地上的女孩，旁邊有好幾個面具。

陳歆微笑著指著女孩說：「這是我自己的感受啦！即便我到這個年紀了，都還是覺得懂自己、負責任很難，特別是在好像做錯了什麼的時候。這種情況下，還要信任別人可以懂自己、了解自己，而不是責備或評斷自己……」沒有完成的語句，嘆了一口氣：「難。」

看著露出微微好奇的表情的A，陳歆說：「這是今天認識你，你帶給我的體會。很高興認識你。」她把本子收回來，翻到下一頁瞄了一眼，便撕下遞給A：「這是我在這裡的原因。我還沒機會跟你介紹我自己，但，比起認識我，我想你更需要知道我爲什麼會在這裡，我們爲什麼相遇。這張紙你帶回去，因爲，我希望你記得。對了下週三，明美老師會提醒你要諮商，如果你忘記我爲何會在這裡，可以拿這張紙看一下。」

陳歆保持跪在椅子上的姿勢，等待A把文字閱讀完。

「我不是你們學校的老師。」

陳歆畫了自己，手中拿著一個牌子，寫著：

心理師，青少年性諮商、性健康（這個很難描述清楚的東東）受訓中。

我們會在這裡見面是因爲，有女同學撞見你從女廁衝出來，有人覺得緊張，學校老師們以他們能的方式，嘗試想理解你爲何會在女廁出現。他們找我來，是希望能盡可能正確地理解你，給你提供適宜的協助，也能幫助身旁的人知道怎麼看這件事。

你也許不覺得你需要協助，也不想被理解……

陳歆補充道：「通常青少年都會跟我說，我就不會再發生，或我就不會再犯啦！所以不用你的幫助。」陳歆指了指紙張的背面，要A把最後一段文字讀完：

哈哈哈，認識我，我個人是覺得，我們應該會從彼此身上學到很多～這應該會讓諮商應該是個不賴的體驗啦！

A看完，並沒有反應，卻也沒有把紙還給陳歆。

「對了，如果明美老師問我今天跟你談什麼，我會跟她說，我們嘗試著建立關係。嗯，你沒把紙丟在地上，我想，進展還可以。」陳歆微笑看著A。下課鐘聲響了，A迅速站了起來，把紙連同自己的左手揉進褲袋中。

陳歆保持著跪在沙發椅背上的姿勢，搖著手，「Bye囉，下週見。」

A走到門口，旋開門，沒有回頭，絲毫不透露他對這一切的感受。陳歆微笑凝視他的背影，享受著無聲的連結，感覺著自己沒有急躁逼近，也是一個新的體驗。

陳歆緩緩起身，略做伸展，回到她原本心理師的座位上，這才感受到在這五十分鐘彷彿寧靜的時光中，另外一個焦慮、無措、困惑與充滿問號的心理師角色的自己。

等等怎麼面對一定會來詢問狀況的明美專輔？我能跟她說這五十分鐘沒跟個案說到一句話？她能接受這樣建立關係的方法嗎？

這男孩到底怎麼看待我，是個呆子被他耍，還是他能感受到我的願意？

腦中閃過眾多念頭，陳歆感到一股過度暴露自己又得不到回應的焦躁。

「齁，最好下次不要來算了，真的很難搞。」她想到雨橙督導提醒的撐出空間、裴莉說得挺住，紹奇說的吃苦當吃補，唉，「是誰說心理師聊天就有錢賺的！生氣，哼！」

這是她跟A的第一次諮商。A，完全沉默vs陳歆，過度暴露自己！！

陳歆記得第一次即便寫完記錄，離開前仍無法釋懷那種窘迫感。她仔細回想第一次晤談，在不靠言語建立關係的歷程中，是否發生了自己沒評估到的狀況？建立關係的需求不對等，是會讓人產生困窘的感覺，努力要引起對方興趣、努力要對方接受自己的存在。

陳歆翻開塗鴉本上第一次晤談的那幾頁，再次感受著A……站起身……走到門前，陳歆模擬著A的動作，坐在門邊書櫃旁的地板上，感受著這一切。

我暴露了自己，A完全沉默，又何嘗不是直接了當地暴露了他面對我的困窘呢？

在這樣的關係張力下，勃起，實在有太多可能了。

想不清楚！！

原本陳歆的計畫是，諮商三到四次，掌握到對A的評估，再請督導協助釐清，但因為剛剛A的勃起，陳歆釐清關係動力的需求感飆升，迫切到她必須申請緊急督導諮詢了。

「即便要督導，我也得先整理一下，到目前為止我有的訊息跟我能掌握的部分。」陳歆深呼吸了好幾次，要自己定下心，開始評估現有的資訊，梳理自己。

從轉介資料與跟明美專輔的談話中，陳歆得知事件發生是在午休結束，第一堂課上課鐘聲響後，一位女同學突然想上廁所，衝進女廁時差點撞上正從廁間走出來的A。女同學下課後告訴老師，老師請女同學指認A後，由A的班導師詢問A原因，但A沉默以對，轉請明美專輔跟A談，也問不出個所以然來。明美心想也許男生之間比較好溝通，找了生教組長幫忙，但仍然得不到A的隻字片語。明美再請爸媽跟孩子溝通，家長表示很願意配合，但A仍堅持不對此事發表任何看法。

原生家庭

父五十一歲母四十七歲，A為獨子。父是小企業主、母是會計，兩人一直在打拚工作。A本來就是安靜乖順的孩子，不需太多關注，成績也不用擔心。A十一歲時，父親罹患肝癌，母親照顧他與公司，沒心思照顧A，便在A小學最後一個學期時將他轉學到台中託阿姨跟姨丈帶，A跟剛升國中的表姊、小他兩歲的表弟處得來，會一起寫作業、打電動。升國一時接回來，因為一方面爸爸身體好轉，一方面阿姨一家要移民日本。

媽媽說，A好像上國中後話更少，常關在房間內，聲稱是要讀書。媽媽不以為意，以為是叛逆期會有的現象，加上自己也忙所以也沒多留意。

在校表現

成績中上，作業考試都不用老師盯。因爲話很少，分組活動時固定跟班上另一、兩位也是很內向的同學在一起。這件事之前，沒有人特別注意到他。

第一次，至少他出現一點點被我引發好奇的互動，接過我給他的紙，閱讀完，也帶走了。但，要如何堅持不與人連結、隔絕他人的訊息與情緒、不透露一點訊息……對陳歆這個話藏不住的人來說，實在難以想像。至少，從A被好幾位成人輪番問話的反應看來，他早擁有這個能力。但，A是如何把這能力發展到如此精練呢？這是與A互動後，第一個浮現在陳歆腦海中的好奇。

男生去女廁有什麼可能性？這是讓他們在諮商中相遇的原因，也是陳歆對A的第二個好奇。

雨橙的話再度在耳邊響起：「不要把自己太簡單的假設當成唯一的眞實，那會阻攔你認識眼前的人，或是造成對個案的引導。」陳歆轉著筆，放任想像奔馳。

男生去女廁有什麼可能性？

(1)一時走錯。
(2)人際問題。
(3)性別認同需求。
(4)好奇進入女廁的感覺與廢棄物。
(5)好奇女性上廁所的感覺、畫面。

(6)性興奮的需求。
(7)從看女性如廁得到性快感，故冒險。
(8)引發性慾的固定模式。
(9)味道。
(10)從小乖順而爸媽忙於家計，是否令他錯過了一些發展的議題？

小五的時候，因爲爸爸肝癌，轉學，雖然阿姨家看來還不錯，但媽媽說從青春期話變少，是在這歷程中，因爸爸生病、轉學、被迫分離而有什麼創傷嗎？還是，有什麼創傷跟女性或廁所有關嗎？

「**記住，性，不需要有實質創傷才稱為創傷，文化中諸多對性的價值觀才是創傷的基底。**」

吼！陳歆把筆一丟，腦袋一直閃過雨橙的這句話，卻無法解答她此刻所面臨的各種疑惑：A到底是怎樣的人、爲何去女廁所、勃起是怎麼發生的，一點幫助都沒有。她站起來，再踢了椅子一腳，埋怨地發洩找不到答案的沮喪。到底，到底發生了什麼事？！

「眞相是什麼？對誰重要？」雨橙這兩句話響亮地在腦中響起。

這沮喪不是今天才有，三年前在「青少年性諮商訓練課程」中，陳歆與雨橙在課堂上對峙的場景，再次浮現腦海。

「在你還無法跟他建立能談『性』的關係時，你得不到他內心最眞實的想法，而他的想法，也常常隨著生命的發展轉變。」

「吼——老師，你這樣講，那我們到底能掌握的是什麼？青少年性議題諮商的重點到底是什麼？」

課堂上，陳歆氣急敗壞地問當時的訓練師雨橙，「我就是因爲看不懂青少年的性，才來上課的，你這一串話並沒有幫助我更多！」

「青少年發展任務是什麼？」雨橙竟微笑著反問。

忍住想飆髒話的念頭，白眼翻到後腦勺，陳歆耐不住脾氣：「我問你的是，關於性議題我們能掌握的是什麼，老師，這堂課不是性諮商嗎？！」

「是啊！」雨橙微笑看著她，溫柔堅持著：「青少年發展任務是什麼？」

陳歆沒好氣地回著，諷刺的語氣，想要雨橙清楚聽見她的不滿意，「你要聽皮亞傑、還是艾瑞克森的版本？」

微笑與溫柔地，雨橙沒接她的挑釁，仍然堅持著：「我要聽的是，你的版本。」

陳歆瞪著她幾秒鐘，好希望自己有青少年個案不在乎的氣魄，能在眾目睽睽下轉身走出教室。但她努力控制自己，幾秒後陳歆放棄了，閉目深呼吸，放掉面對青少年性議題的無力感，回到雨橙的提問，「我認爲青少年發展任務是什麼？做個堂堂正正的人？學業？風花雪月？打情罵俏？找到人生方向？獨立？分化？自尊？」她一一刪掉腦中浮出的字樣，如果能再年輕一次，她好希望在青春期爆炸多的各種體驗、感受中，得到的不是羞愧與自貶而是——

陳歆聽到自己說：「青少年發展任務是在各種體驗中，認識自己。」

她睜開眼睛，發現雨橙微笑看著她，「包括性，**性也是認識自己的媒材之一，而且是非常重要的媒材。**

「所以，陪伴青少年在性上面發現自己、認識自己的方法是？」

雨橙轉身在白板上寫下社會中介入青少年性議題的各種觀點：

性教育——讓他知道知識，所以能對自己的性負起責任

法律——讓他知道社會規範
價值觀——讓他知道社會評價
懲處——讓他知道沒有遵守以上會付出的代價
諮商——讓他……

沒等雨橙寫完，陳歆打斷她說：「夠了，我知道了！」陳歆知道雨橙想以心理師的位置點醒她，「如果無法建立能與青少年／孩子談性的關係，無論我們再怎麼投其所好，青少年會發現心理師終究與其他成人一樣，希望他符合社會期待、遵守秩序，不再出問題，那麼孩子將學會他本來就將逐漸擅長的方法，就是隱藏自己，彷彿我們減少了此刻的問題，但很有可能我們在創造的是未來的問題。」陳歆懂了，但身為心理師，這並沒有讓她在工作時更有力量。

「所以，在你能與他相遇的短暫時間裡，要如何能盡力帶給他一個真正關心自己的體驗。一切只是透過『性』，讓我們有這個機會而已。」雨橙穩穩地把話接下去說完。

「在有限的時間內，這太難了。」陳歆記得說出這句話時的感覺，語調是無助的，但內心很想尖叫。在體制內跟青少年工作，總是被種種期待所壓迫、跟時間賽跑，總是懷疑自己的能力、無措地看著終於建立起一點連結，下一刻就被其他人介入而潰散。最後，一次一次只能用陪伴來解釋自己存在的價值。

「呵呵！陪伴？！誰需要！」言語、非語言，青少年總是真誠地戳出成人的荒謬，「大人總以為他在做為我好的事，並不是這樣的，好嗎？」

在體制中跟青少年互動所累積的鬱悶，在雨橙的下一句話中引爆！

「在有限的時間內，確實太難了。但，因爲你不放棄，我們就有前進的可能。」

「你不要鼓勵我！！」陳歆猛然起身，「我要放棄。」

再也無法承受那些訓練師、督導、前輩，一副能掌握、看透她的話語、眼神，陳歆推開桌椅，「不要誘拐我相信你！」她一定要離開，在更失控之前。

陳歆滿腔憤怒走出教室，「不是你們在現場，不是你們無助，不是你們每天懷疑自己，不是你們在現場要承受那些懷疑的眼神。我不是你！不要跟我說我做得到。」

她甚至懷疑，這些所謂的前輩，是否都已安於這樣陪伴的位置、得過且過，還可賺點生活費！這念頭帶來一陣厭惡。「心理師、眞誠？屁啦！我的人生不需要心靈雞湯！」腦中浮現過去個案輕蔑的表情，呵！竟然完全說中了自己的感受，而且完全無違和感！

想起三年前這個畫面，陳歆搖搖頭，笑三十歲的自己也太青春。

當時一口氣跑到教室外的公園，卻驚覺沒帶包包也沒拿手機，滿腔氣魄立馬消失無蹤。她回到現實，「哎呦！」一陣懊悔感襲來，她蹲在地上猛敲自己的頭，「陳歆你這個大笨蛋，要帥、任性對吧！現在窘了吧！你就不能再沉穩一點，城府深一點？齁，都給人看透透，這是要怎麼收拾！」

「哎呀！！」她慘叫了一聲，課程才上第二堂，算算損失的金錢，她揪著頭髮，「你就不能忍耐點，情緒掌控好一點，再給訓練師一點機會嗎？現在要求退費，這……面子要怎麼辦……」眼前浮起一起上課的同學，其中有輔導主任、諮商所所長、心理師、輔導教師……「你這個白痴，眞是自斷生路！」

她摀著臉，羞愧懊悔無法收拾，而最殘酷的是，等等還要回去拿包包！

就在這時，從指縫間看見一雙腿站在面前。「陳歆，你的包包。」是助教裴莉。

「裡面還好嗎?我剛剛……」陳歆小聲問了一句。裴莉用她一貫爽朗的聲音說：「休息十分鐘後，就繼續上課呀!休息前，訓練師只說，陳歆帶給我們省思的機會，每個人可以運用這十分鐘整理一下自己的感受，但，我們一起懷抱期盼，期盼陳歆會回來，所有感受到那時再一起核對。」

而，這一等，卻是 年以後了。那時的自己無法再回到雨橙與眾人面前，去面對自己的混亂，完成那一期的課程。

今天，奔出去的是A。

在諮商室裡勃起，是情緒、身體、性慾皆失控的狀態。是否，他也經歷了被我引誘出想相信我的感受，卻體驗到被自己的身體、情緒與慾望背叛的羞愧。

而，我卻沒有一年可以等他再回來。

我做了什麼引誘他相信我?!或是我做了什麼引誘他想靠近我?在我尚未理解保持距離對他的重要性之前!

陳歆快速在筆記本上畫下了一條直線，在左邊記下介入策略與作法。

從目前對A的了解，跟要建立能談性的關係的決心，陳歆知道，跟這樣拒絕/有困難/不信任關係的青少年工作，必須要給彼此創造建立關係的機會。而建立關係，絕對不能建構在少年被轉介進諮商的問題上，也不能在他完全不認識我的前提下，就要求他信任專業。

陳歆想起雨橙說的：「性，是跟青少年建立關係的非常好的工具，因爲性，一、引發好奇，二、內藏眾多情緒，三、需要建構非常多能力才能掌握。這三個因素，都能增進青少年對你的好奇，跟激發與你建立關係的動機。」

陳歆在記錄紙上寫下：

諮商目標與作法

目標1：以青少年有興趣的主題突破溝通的瓶頸。**作法：**選取性發展來建立彼此溝通的模式。

目標2：建立情緒辨識與表達的能力。**作法：**以「談性」爲媒材，以「情緒卡」爲輔助，讓個案練習情緒辨識，心理師以情緒的分享來一般化建立關係與面對性時會出現的各種情緒。

目標3：協助青少年練習調節情緒。**作法：**以諮商現場此時此刻會有的各種情緒，包括因爲性所引發的感覺與情緒引發的身心反應，協助青少年學習覺察自己的狀態與調節自己。

「『性』是跟青少年建立關係的絕佳工具，但最重要的關鍵不是技巧與作法，是使用這個工具的人，姑且說是心理師／助人工作者，能掌握這個工具會引發的動力與效應。」

她定了定心，效應！

「大部分人會對焦在失控的那一刻，但，情緒堆疊、能量累積的歷程才是心理師／使用這工具的人該關心的關鍵。面對情緒是如此，面對性也是如此，因爲這是協助彼此離開對錯評斷、轉身到培養覺察能力的位置。能覺察，才能發現自己原來是這樣子的呀！原來自己對性的感覺是這樣被引發的呀！有了這樣的覺察，才有下一步，選擇你要經驗怎樣的情緒感受、性慾狀態。而隨著你的選擇，也清晰了下一步需要學習人際能力。」

「看來我得仔細觀察自己的每一個動作，才能理解從我這邊所引發的效應。至少，我可以先固定我這邊的。」

雨橙的話帶領陳歆從混亂的情緒中，逐漸整理出方向。陳歆在筆記本上快速記下這次的歷程。

五月二十五日　第二次諮商

第二次，陳歆跟明美專輔打完招呼，提早到諮商室準備。她拖了裝著各種媒材的行李箱來。照上次的經驗，陳歆肯定需要安定自己心情的塗鴉板、放音樂的電腦。

A的保持距離、惜話如金、在諮商室放鬆睡覺，是他自己的狀態，還是我創造出來的？陳歆思考著，確實是我讓他來晤談沒壓力。的確，要建立關係，最好是有充足時間、感受到彼此誠意、自然而然地在互動中引發建立關係的動機。然而，心理師，特別是支援學校轉介個案的心理師，往往都在經費限制和時間壓力中，盡力爭取能爲眼前的青少年們努力的機會。

陳歆遲疑了一下，又從行李箱取出適合青少年閱讀的性教育讀本、塞可斯性教育桌遊，擺在桌上。這一堆行頭，充分展現了她爭取盡速建立關係的決心。

是的，親愛的，我很想依著你的速度前進，但，大人的世界往往容不得青少年慢慢成長。「孩子，你已經錯過了能慢慢成長的時間了，世界將會給你的壓迫，我也同時在跟你一起承受，你懂嗎？」陳歆想起，她曾撐不住校方、機構對她的期待，對一位一直在諮商中胡扯八道的學生說出眞心話，希望對方了解自己的感受、珍惜自己付出的心意，而讓諮商能有心理師希望的進展。

當然，得到的是那伶牙俐齒的傢伙一陣羞辱：「心理師，你把自己想得太崇高了喔～～」

搖搖頭，想甩掉那種被看穿的羞恥感。

陳歆展開性教育桌遊的地圖與知識卡，將青春期性教育漫畫放在旁邊，再將情緒卡整齊陳列在桌子另一邊。看著滿桌的媒材，彷彿博覽會中精心佈置的攤位，心裡還滿得意的。

有點興奮地期待著，今天的A會帶來怎樣的互動挑戰呢？

時間快到了，陳歆走到門口張望，想從A的體態多蒐集一些能參考解讀的訊息。

遠遠地，個子嬌小的明美老師從走廊另一端疾步走來，高瘦的A則緩悠悠跟在她身後，彷彿一邊散步一邊遠眺校園中庭，直到一轉頭，發現陳歆注視著自己。

明美見到陳歆，朝她揮揮手，轉頭叫A自己過去，接著就往辦公室的方向急急離開了。

A低下頭，拖著腳慢慢蹭過來。陳歆轉頭眺望校園裡的綠樹、天空，等A終於蹭到門口，她維持著眺望的姿勢，揮手招呼A：「你來、你來。」喊了好一會兒，A才跟她並肩望向遠處。「你看！」諮商室位於二樓，從門口可以遠眺校園中庭綠意盎然的白千層，「樹梢上有鳥巢！你比較高，幫我看那是什麼鳥？鴿子、還是麻雀？還是不知名的鳥？」A看了半晌，沒有回應。「等我一下。」陳歆進諮商室捧著相機衝出來，「你幫我拍一張，我回去研究一下。」A接過相機卻沒有動作，「你應該沒用過單眼相機吧！現在人都用手機照相了。」陳歆略說明怎麼對焦跟按快門，A便拿起相機幫她捕捉了一張鳥巢和小鳥的照片。兩人湊近液晶螢幕端詳，「嗯，拍得很好呀！」A把相機交還給她，陳歆一邊收相機一邊說：「我跟你說，等等你進去，會看到我在桌上放著一個青少年桌遊的地圖、兩本青少年性教育的書，跟一副有寫各種情緒的卡片。」

「我希望你保持上次那樣不說話。但你知道我們只有八次晤談的時間，我可以完全自言自語，你只需要在現場。每一個話題，你只要跟我一起用情緒卡片，丟出一般人可能會有的情緒就可以。」A低著頭不置可否地聽著。

「你來諮商已經是勉強你了。在每次互動中，我可以越多了解你，我就越能找到一點點可以不要勉強你的互動方式。對你來說或許不重要，但對我很重要。」陳歆彷彿聽到很小聲又模糊的「這要幹嘛？」但她當作沒聽到：「因爲我不想勉強你。」A看著腳尖。

「對了！我等等會講解一些你這年紀會好奇或需要知道的知識。你們健體老師有沒有教過都沒關係，我會拿書跟你說明我對書中內容的看法。」陳歆轉身走進諮商室，A跟著她的腳步，「總之，上次結束後，我仔細想想，你可能八次都不會開口，但沒關係，我可以讓你知道我對於男生在女廁的一些想法。」身後的A彷彿舉起一隻腳停在空中，陳歆自顧自繼續說：「以及一般來說，青少年男女對性的困惑。」陳歆比比沙發：「欸，你坐那裡，我關門。」

A順從地繞到背對大門的沙發窩了進去，低頭瞄著桌上的物品，似乎有些許好奇。陳歆坐在沙發對面心理師的位置上，拿起桌上的媒材一一介紹內容與使用方法，翻開書本展示目錄和插畫形式。陳歆將桌遊知識卡遞給A，「這些是一般青少年對性知識會好奇的提問，你翻翻看。」A翻了翻，看了幾眼。「喏。」陳歆伸手收回知識卡，順道遞出第二份牌，情境卡。「這是青少年男女生會遇到的各種生活情境，每次我跟青少年討論，大家都覺得很有趣！」A翻看牌卡的次數多了些，顯然對這些情境比較有興趣。「喏、喏。」陳歆又伸手跟他交換另一付牌卡。「這是情緒卡，印著各種與情緒有關的字眼。爲什麼要做這樣的牌卡呢？因爲很多人不知道怎麼表達自己的感覺、困惑，就可以用這個卡來練習分辨自己的情緒。」她給A稍多一點時間翻閱。

「來，我們一起把常見的情緒找出來分類，等等再跟你說怎麼用。你幫我挑擔心、焦慮、煩惱、困惑、害怕、緊張、羞愧、壓抑之類的，我來找愉快、開心類的。」

兩個人分頭進行，陳歆清空桌面，把挑出來的牌卡攤在桌上，也示意A跟著做，不多久桌上就擺滿了卡片。「這很重要喔！等一下我會跟你討論聊書上的內容，但你可以不用講話。通常青少年一開始都不習慣，會產生很多情緒，像緊張、好奇……」突然陳歆發現沒有好奇的卡片，「不能少了好奇呀興奮……刺激……齁～我剛在幹嘛，這麼重要的字眼都沒找到，你幫我找。」A找到了，陳歆請A把字卡擺上桌，「你看，各種情緒是不是超級多，每個都很重要，總之我們邊談邊找就對了。」

「一般來說青少年一開始都不習慣跟人談性，即便只是談性教育內容，更何況是跟我一個女性，會緊張、擔心自己心理或身體會產生各種感覺，是很正常的。」

「我每自言自語一段，就會問你的感受，我會挑出一般青少年跟我談到這邊會有的感受，或是我當時的感覺，你也可以丟出你的感覺，這樣我可以了解你的情緒狀態，來幫助你調節。如果太不舒服或是感覺興奮，我會轉換內容來協助你掌握自己的感覺，意思是無論喜怒哀樂、興奮刺激，在這裡，我希望你感受到你能掌握自己，而不是被我逼著體驗你不想在此刻體驗的情緒。同時，你不需說出你不想說的事。」陳歆看著低頭盯著牌卡不知道在想什麼的A，說出她的誠意。

「好，開始囉！我們先丟出此刻情緒的卡片。」陳歆尋找適合自己的字卡，也觀察著A的動作，「啊，我忘了還要加幾張卡……」陳歆左右張望，找出她的塗鴉本，撕下一張紙遞給A，「你把它撕成六等份。」又遞給他彩色筆，「你寫『不知道』，我這邊的卡裡應該有『不確定』。」

陳歆回想，從看鳥巢到情緒卡互動這段大約二十分鐘的歷程。她在筆記本的直線左邊寫下：

非常決心要建立關係。想尊重他保持沉默的選擇，把不說話這個選項也囊括進來，創造連結的機會。從諮商室外引發興趣、請他幫忙、一起互動的練習，預告本次的進行方式，延續請他幫忙、一起互動的練習。

把細節鋪陳出來，拉開距離來解析自己的每個介入／動作的目的，「陳歆啊！陳歆，你還眞是一個認眞的心理師呢！」不著痕跡地使出渾身解數，相對於以前只會大眼瞪小眼、苦口婆心規勸個案合作，眞是不可同日而語。

但直線右邊「對A的了解」這個欄位，卻是空白。

陳歆絞盡腦汁寫下：A配合地互動，顯示了某種被勉強下的參與，或許能說有一點願意。

雖然自己說了不想勉強他，但在這種非自願的關係裡，勉強是兩人必須承認的基調。「只是希望勉強與被勉強的雙方，都能愉快一點。」

除此之外，完全不知道A經歷了什麼？又在何時累積了什麼？

選出情緒卡這個要求，A是接受了，雖然慢，挑出的卡也跟他有無開口幾乎沒差，比如用了很多次「不知道」、「不確定」。A還另外自創了「還好」、「沒感覺」與「一般般」的卡。相較於第一次的距離，A能有所回應，即便訊息差不多，已經讓陳歆很受鼓舞了。

陳歆回想接下來她的策略。互動模式被接受後，她想往前推進一點。

陳歆挑出了「不想要」、又多寫一張「暫停」。「我覺得這樣的溝通模式還不錯，謝謝你嘗試跟我互動。接下來我們來看這本青少男性教育的漫畫書，我只翻到目錄頁，我會藉由目錄說明一般少男面對青春期身、心會有的困惑。」陳歆將「不想要」、「不確定」、「暫停」、「還好」、「沒感覺」的卡推到A面前，「你覺得我們這樣進行可以嗎？如果你想試試看，就用『還好』或『沒感覺』的卡，如果不確定自己的感覺，就用『不想要』、『不確定』，或是你想暫停，就用『暫停卡』，如何？」

「好嗎？我再解釋一次喔！」陳歆再說了一次即將進行的事，A沉默了一陣子，終於伸手，將「還好」推向前。

陳歆壓抑住內心歡呼，把書立起來放在腿上，堅固的精裝封面剛好可以讓她枕著手。兩人隔著桌子開始瀏覽目錄。

「青春期的精力啊！」

有人呈現爲情緒——青春期的情緒像風暴，有時會突然暴走、很難消退，或是經驗到未曾有過的感受。經常很難表達，也說不清楚。

有人呈現爲愛戀——有些人說精力都拿去談戀愛、追求、癡迷，或是追星。有人呈現爲性慾需求——感受到性慾旺盛，容易被性訊息吸引，需要自慰。有人呈現爲對性的好奇與探索，也就是性的感受——不一定直接指向自慰，有些人會感受到被性吸引，嘗試著探索著。

這是很多人經驗到的青春期，每個人都不一樣，所以困惑非常多。你看，最後一章的內容回答了很多人的疑惑。」

陳歆簡單做了個開場，觀察著A的反應。A盯著目錄，看不出表情，不知道是投入在聽，還是拉遠了距離？

「來，你幫我感覺一下你現在的感覺，挑幾張卡出來，我也丟出一般青少年到此刻會有的感覺。」

A不意外地伸手向「不」系列，挑了「不確定」。

「嗯，很難分辨自己的感覺是很正常的。通常我說明性健康相關的知識後，青少年會產生好奇。」陳歆一一丟出「好奇」、「困惑」、「緊張」、「焦慮」、「討厭」、「厭惡」、「刺激」和「興奮」。

「『好奇』，有人會因爲聽到我講『性健康』，例如書中的Q＆A，而更加好奇。有人則是想到自己在身體、情緒、性、戀愛等等的困惑，也有人不習慣這麼大方談性而緊張。」陳歆停頓了一下，等A消化訊息，接下來也刻意放慢速度。

「還有些人會擔心，特別是被要求來談的，多半是有些行爲讓自己或大人都不理解，像你，是因爲從女廁衝出來而被要求來諮商。這樣的學生可能會很焦慮，覺得在被套話，不確定說出來會如何，搞不好會被處罰。也有人不想談這話題，即便跟自己的身心發展有關，但可能因爲家庭教育、學校氛圍或是在性上面有過不愉快的經驗，所以反感甚至厭惡。另外還有人，可能因爲難得可以談性或是只要是跟性有關的話題，就會引發刺激、興奮感。無論以上哪種狀態，都可能會預期或非預期地體驗到性刺激、性興奮的身心反應。」

這一段，如果A願意聽，是很大量的訊息。陳歆把「好奇」、「困惑」、「緊張」、「焦慮」、「討厭」、「厭惡」、「刺激」、「興奮」這幾張牌卡排整齊，放在A的面前，「你有辦法試試看，挑出你現在的感覺，讓我理解多一點嗎？」

A把八張卡片都推向陳歆。

陳歆再度壓抑想歡呼的心情，「我想，即便你把這些卡都推向我，每一個情緒字眼所代表的你的心情，也很可能跟我剛說的不一定相同。」

「真好，至少我們開始談話了。」陳歆每個細胞都感受到連結上彼此的感動，覺得既踏實又輕鬆。「今天到這裡好嗎？」陳歆邀請A協助她收拾桌面，「等等我會跟明美老師說，我們今天談到對性健康的感覺，往了解彼此的方向前進著。」陳歆蹲下把媒材一一收入行李箱時，突然意識到A沒有參與收拾。她疑惑著抬起頭，發現A一臉驚恐赤紅，全身僵硬。「怎麼了嗎？」陳歆連忙起身一看，只見A褲襠明顯鼓脹，看來是被勃起的陰莖撐起的。

就是在這個時刻，A一躍而起衝出了諮商室。

這個片刻，陳歆回想起來，不能說沒有震撼。雨橙曾說過：「個案在諮商室中會有各種性慾投射與身心反應，對心理師來說，是重要但並沒有所謂準備好的那一天。」

陳歆自嘲，「對啊！我也不是每天準備好要面對學生勃起這種事。」

其實，剛拿到心理師執照、還沒受性諮商訓練時，滿腔熱血的陳歆也曾在諮商室中受過個案勃起的衝擊。那時她抖著手，心想是否要按警鈴，學生離開後，她花了一個小時分辨自己是否被騷擾、氣學生濫用了她的專業、懷疑是否自己弄錯什麼、怪自己做錯了什麼、猶豫是否該跟主責老師說，但又擔憂揭露後自己跟個案將面臨何種處境？被羞辱的憤怒、困惑，與對自身專業期待的失望，糾結難以消化。

但，今天這一個小時，是踏實、穩定、基於專業地知道自己在做什麼且重視自己的評估。

直線的左邊，陳歆記下：

以性作爲媒材，建構溝通模式持續進展。

以性作爲媒材進行情緒辨識的作法，暖身充足，個案也持續前進，評估個案建立關係與語言使用速度，也在有進展時就停止前進，避免給個案太多壓迫感。

而直線的右邊：

關於A，參與著。

除此之外，陳歆捕捉不到任何可能在最後一刻促發勃起的徵兆。

陳歆整理完脈絡，梳理完心情，雖然仍不明白確切發生什麼事，但就像受訓時雨橙說的：「諮商關係中的每一個介入與發生，都是評估的媒材，是讓彼此更了解彼此的機會。記住，評估最重要的目的是，建立關係！」陳歆嘆了口氣，我盡力了，剩下就交給督導吧！

陳歆飛快地在「諮商目標」的下一欄「評估處」寫下：

1. **依附能力：**有評估依附對象的能力，願意冒險釋出一點依附的空間。

2. **情緒能力：**缺乏情緒分辨、表達、調節的能力，有可能是發展性的能力不足或因不明原因受阻。
3. **人際能力：**依照個案速度介入後，評估個案有與心理師建構溝通模式的能力。且對於心理師提供的素材，有能力展現參與和興趣。
4. **資源使用能力：**非自願案主，目前評估線索缺乏。
5. **人生哲學：**有孤立的需求，想靠自己度過。

「諮商歷程」：

1. 建立溝通模式。
2. 建立談性的溝通模式。
3. 以青少男性教育書籍目錄爲媒材，談及一般青少年面對與心理師談性的各種情緒，協助個案藉由情緒卡覺察自己的感受。
4. 個案在諮商歷程經驗到超過預期的身、心感受與反應。尚未有機會處理。

「要跟明美說嗎？」敲門聲響起，陳歆自忖：「唉！或許在這裡琢磨那麼久，就是在猶豫這個步驟，到底該怎麼做才對。」

「心理師，都好嗎？今天留好晚！」明美探頭進來。

陳歆揚起聲：「都好呀！借你們諮商室整理一下記錄。今天第二次，有些進展，但還需要一點時間才能更了解A。」陳歆穩穩地、微笑著回應著明美老師。

「辛苦了辛苦了，A什麼都好，就是很難……溝通啦。要麻煩你囉！」

陳歆收妥所有東西，拉起她的行李箱，「今天有嘗試建立溝通模式，也用性教育書籍的目錄頁，評估是否能建立談性的關係。A有體驗到一些青少年跟成人討論性時自然會有的情緒。」陳歆想了一下，「應該沒什麼要特別注意的，如果有需要我協助的地方，請你透過個管聯繫我，我會進來處理的。」陳歆給明美老師一個自信的微笑，揮揮手，邁開步伐。

下週三，A會來嗎？陳歆走到校門口，忍不住回頭朝向二樓諮商室望了望。希望他能因爲感受到明美老師完全不知情、也沒有顯露任何對他的評價，而願意試著信任我。

陳歆拿起手機，傳出申請緊急督導諮詢的訊息。

第2章

五月二十五日20:00

「今晚八點，可嗎？我需要你們，半小時，緊急諮詢。老地方見！」

Line 訊息接連出現，紹奇回：「哇！小妮子中大獎了！恭喜恭喜一定奉陪！」陳歆回了一個腦汁用盡，口吐白沫的貼圖。團體督導一年了，陳歆頭一次使用緊急督導諮詢。「沒問題，如果心情還可以，先整理一下資料想法，效率好些。」雨橙微笑地看著裴莉的回覆，按下「See U」。

這個督導群之所以會誕生，是因爲一年前陳歆突然來工作室，拜託雨橙收她爲督導生。

「雨橙，雖然我很菜，但我很希望自己每個個案都能做好，我……知道自己有時會暴走……」陳歆搔著頭，一副尷尬又羞愧的模樣，應該是想起第一次受訓時拂袖而去的場面。「我很需要有人盯我、提點我……我需要軍師。」

雨橙沒回應，反而拿起手機開始傳訊息。陳歆看雨橙無動於衷，急了：「我知道我的個性如果一直孤軍奮戰，會憤世嫉俗、很快就放棄。」她努力想說服盯著手機的雨橙。「我知道我有點爆，但現在沉穩多了！你念在我去年回來受訓時很認眞上課，你大人大量……」雨橙卻依然眉毛也不動一下。

「你儘管提出督導要求，多久前要寫報告交逐字稿，我一定做到！！」陳歆絞盡腦汁想說服雨橙，她聽說雨橙對督導生要求很多，而且最不喜歡督導生因爲交不出報告而道歉，雨橙常說：「如何學習、如何使用我與彼此的時間，是你自己的決定，你安於自己的決定即可！」

「好囉！」突然間雨橙放下手機，微笑道：「我剛徵詢裴莉跟紹奇，邀請他們跟你組成一個三人工作與督導小組。主要是借重裴莉的資歷，她正在學習督導新手性諮商師，而專業上也進展到青少年性諮商中重要的能力『系統合作的專長發展』這個階段。紹奇，他比你資深一些，男性的特質與觀點在跟青少年工作時會帶來不同的激盪。而你，陳歆，努力學習、積極反思、靈活應變，對專業投入，是人才。你們三位形成督導團體，不僅你可藉由前輩的資歷拓展視野，我相信他們也可從你身上得到啓發與刺激。當然，可以精省你支出的督導費用。如何，你同意這個安排嗎？」

雨橙想起陳歆衝過來摟著她，幾乎要把她舉起來，興奮的尖叫快讓她耳鳴，「眞是天大的好安排！！我願意！我願意！我願意！」毫無掩飾的情緒表達、直白的個性、金牛座的堅持，稍微打磨，經過歲月沉澱，是與青少年工作的好人才。

雨橙想起當時把這三個人湊在一起，確實是因爲各自的資歷和特質能彼此刺激，但雨橙內心還有另一個期盼。她希望藉由團體督導建立三人之間的默契，讓他們形成堅強的合作團隊，創造系統合作的工作模式。如此一來，未來他們支撐的將不只是個案，還包括沒有能力處理性議題的系統——唯有系統加強面對性議題的能力，才能幫助青少年還性發展回到發展，而非定罪、評價、找問題。

性是發展，性不是問題，是性發展沒能被好好地支撐，才會變成問題。

三年前，當陳歆奔出教室的那一刻，雨橙何嘗不理解她的挫折憤怒。從沒有一刻，她會小看在第一線落實夢想的人所要付出的心力。但雨橙非常清楚，養一個孩子要一個村子，陪伴一個青少年面對性，需要的不是堅持理想的訓練師，而是很多很多在第一線的工作人員的願意與不放棄。

她完全能理解奔出教室的陳歆，**那不是放棄，而是因為不想放棄。**早在陳歆意識到之前，她就已經爲還未相遇的少年們許下了承諾。到底爲什麼？

雨橙知道自己是因爲成長過程中完全錯過了青春、錯過了風花雪月、錯過了性發展，人到中年才因爲學習「性」，重新認回了錯過的自己，因此很希望成長在與她相較是未來的孩子們，能在成人與專業人員的支撐下，經歷到性發展的不同可能。

紹奇，則是拿到心理師執照時就知道自己要朝青少年諮商工作發展。各種運動、冒險極限，他都想嘗試，重型機車、耍帥、把妹，「沒有定性就是我的定性」，成爲永遠的彼得潘，是他人生到目前爲止最確定的目標。

裴莉入行十二年，跟青少年工作是已是她資歷中重要的一部分。裴莉的夢想是協助成人建構出理解青少年性發展的系統工作。那是青少年時期的她，獨自走過青春的愛慾恨情愁，所從未得到的陪伴。

而陳歆呢？是什麼讓她許了這樣的承諾？

雪松精油的氣息中，雨橙享受著寧靜，讀著陳歆傳來的諮商目標、評估與幾個提問，一面等待三位夥伴的到來。八點一到，工作室的電鈴聲立刻響起，門還沒完全打開就聽到陳歆的哭腔哀嚎著：「雨橙～～我好想你喔！！」伴隨著咖啡香衝進這寧靜的空間。

「我看了，勃起是吧！」

陳歆的行李箱還沒放下，站在雨橙面前猛點頭。

「承受起來還可以嗎？」

「還行還行，我覺得我進步很多。但可惜就是沒能掌握到底發生什麼事。今天要拜託你幫幫我。」

這時抱著安全帽的紹奇一腳踏入，「晤談室內，勃起！除了受訓時聽雨橙說過，可惡，我還眞沒遇過呀！」

「你是有多想遇到，我分你幾個！！」接著響起了裴莉的聲音。三人一面安頓隨身物品，一面聊了開來。

「這應該是女心理師的專利吧！」陳歆皺著眉。

「你少小看性慾的多樣性，我好歹也是有些姿色的。」紹奇秀出鍛練過的體態。

「齁，生理反應跟性慾取向或是外貌有絕對的關係嗎？」裴莉搖搖頭，連聲嘖嘖。

「來吧！就從裴莉這句話開始，剛好可以直接討論陳歆提出的第一個困惑。」一點不浪費時間，雨橙早已在白板上寫下陳歆的提問，同時加上自己希望陳歆思考的面向。

陳歆清了清喉嚨，從剛進門撒嬌聲調轉成清晰的專業報告。

「是這樣的，各位看過我設定的目標與評估。這兩次中，我在與A生建立關係的過程中不斷修正與他接近的速度。他從第一次完全不說話、不透露建立關係的意願，到第二次逐漸在我協助下建構與我的合作模式。第二次，主要是以青少年性教育書籍目錄中的『控制精力』這幾個字，來解釋每個人不同的青春期現象，藉此協助A生表達在過程中的情緒。在他願意連結的時候，我選擇將晤談在此中止，怕他因爲一下進展太多而有壓力。我邀請他以開場時一起收拾東西的合作模式，來協助他調節情緒，但他沒有參與，我轉身看到他臉紅驚慌、整個人因爲勃起而僵住。被我發現後，A衝出諮商室。」陳歆簡述了過程，「我整理過，在這兩次晤談中，我找不出自己做了什麼而引發個狀況。我需要各位協助我，理解勃起的原因。」

雨橙看著裴莉，裴莉點點頭，「我試試看提出我的想法。先不管個案的資訊，以你的提問，我想提供你參考的是，引發性慾的反應非常非常多元，就如你剛說的『女性心理師』是假設個案是異性戀，紹奇說『姿色』則是假設一般人最常使用引發性慾的感官是視覺，或藉由視覺帶來遐想。」

「姊，你一句話突破盲腸！」紹奇興奮地加入討論，「對呀！有人是聽覺、有人是嗅覺、有人是觸覺、摩擦感，有時是幻想、有時是在某種情境、有時是某個動作……」紹奇思索著，「特別是青春期的男孩，很多時候是沒有道理的。或許該說，無法精確歸納。發生，就是發生了。」紹奇搜尋著腦中的記憶，「還有特殊偏好的人、特殊經歷的人……」

裴莉等紹奇說完，「因此，原因還待探索，但我好奇的是，你為何那麼在意引發他勃起的原因？」

「我為什麼那麼在意啊……」陳歆思考著，「原因，不重要嗎？」

雨橙看著裴莉點了點頭，幫裴莉修改了語句：「或許，我們可以這樣問。陳歆，如果知道引發他勃起的原因，對你來說有什麼幫助？如果知道了，你可以如何？試試看隨意聯想、完成語句。」

「如果知道了，我，就可以……防範。」陳歆不經大腦快速回應。「意思是，你不希望再發生？」陳歆搖頭：「我當然不希望再發生。」

「來，這裡有一個情緒，我們先放一邊。先來討論陳歆的第二個題問題。如果個案在晤談室中勃起，該怎麼辦？」

陳歆急著說：「上課的時候雨橙有示範，也有提供一些概念：

1. 不假設個案不會在諮商時有性反應，可協助個案了解心理師會怎麼處理，晤談架構要做好。
2. 如果無預期發生，要記得最重要性器官是腦子，可用各種方式打斷他，協助他調節情緒與情慾。
3. 如果無法打斷，便離開現場，不讓自己成為受害者、參與者或默許者。」

紹奇驚呼：「你也太認眞，記得眞熟。」

「可是眞碰到，我不確定我有沒有辦法照你教的反應！這次好險是他跑出去。」陳歆苦惱地說：「我想先預備好。」

裴莉深思的神情，引起衆人注意，大家都轉向她。「我給你一些點子，你聽聽看。我用過斥喝、開玩笑、轉移注意力等方法，但我學到最多的是，現場是靠直覺的，而我每一個直覺的反應，都來自被面前這個人所引發的內在感受。把握你剛剛背誦的原則，」裴莉跟雨橙交換了眼神，得到了肯定，「但最重要的是，在這種情境中，沒有標準化作法，因爲無論是意外或是蓄意的，標準化的作法會變成心理師的盔甲，雖能完全掌握狀況卻不一定有利於關係。每一次都要檢視自己的狀況，運用自己被引發的感受，才能跟個案眞誠的表達……表達……」裴莉猶豫了起來，求助地看了雨橙一眼，「這個眞誠表達是需要很多評估的，這個眞的很難……很難表達清楚。」

雨橙看著裴莉，肯定地點點頭，「這個難，是因爲需要評估。評估的意思是，眞誠的表達，不只是爲了說出自己的感受、想法、經驗。眞誠表達，是以了解自己的狀態，同時也評估對方的狀態，來選擇合適的語言、表達合適的內容，目的是協助彼此、促進彼此繼續合作，且能有所學習。」陳歆低頭猛抄筆記。

裴莉豁然開朗：「對啦！對啦！**促進繼續合作**！！兩人都要從這個經驗中學習。A可能還看不出來意圖，但看得出來他應該很驚嚇，這可能是他第一次或是很害怕發生的狀況。但有些學生，你知道他是故意的，想挑戰你，看你被羞辱、害怕或是不知所措，也可能是想讓你放棄……」裴莉說著說著眼神犀利了起來，「哈哈哈，遇到故意的學生，」裴莉挑著眉，「特別會激發我的鬥志，讓我想要跟他鬥智，我是說智慧的智啦！一定要收服他，孫悟空休想逃出如來佛手掌心。」

雨橙轉向沉思中的紹奇，「紹奇，這個討論，應該也有觸動你的地方吧！」

「原本，我以為這個題目我沒遇到過，跟我沒啥關係。純粹來支持陳歆的。」紹奇給了陳歆一個溫暖的眼神，陳歆雙手交疊在胸口，表示收到心裡了。

「但剛剛聽雨橙跟裴莉的對話，我突然想到最近接到的幾個少女個案。我想好好整理一下自己的經驗，下次督導時提出來，或許諮商順利與不順利，都有一些我忽略的情感投射。」

聽到紹奇的回應，三位夥伴都為他的覺察點頭肯定。

紹奇突然恍然大悟似的咦了一聲：「你說觸動我……雨橙，該不會是……最近接到你派的好幾個少女案……之前你都派男案給我的。」

「因為你的覺察能力與諮商專業能力都提升很多，是該接受新的挑戰與學習了。」

「挑戰學習跟派女案有啥關係？」

「今天的重點不是你，下次你提案就知道了。我再講給你聽囉！」

紹奇用食指敲敲自己的腦袋，再指指雨橙，表示別唬弄我，我會記住的。

「我們暫停一下，先回到今天陳歆提出的緊急諮詢。我很開心我們聚在這裡支持陳歆，以陳歆目前的能力，從她給我們的目標、評估與策略，與我們一年督導對彼此的了解，可以得知陳歆已經很認真地整理晤談歷程，梳理自己的評估與技術。如果當時有震驚的情緒，也在她自我整理的歷程中調節了一半，再經過剛剛我們熱烈的討論，想必更安頓了不少。」

陳歆點著頭，不只看起來放鬆，也比較有把握。「我雖然仍然不知具體要怎麼做、萬一又有下一次我會如何面對。但，我覺得我能相信自己。」陳歆握拳，「當然還有各位前輩的支持。我能走下去的。」陳歆做出感謝與擁抱大家的動作，看來這個會議要在這裡結束了。

雨橙笑著看著陳歆，「還沒完，別急著走呀！既然說緊急，就表示有緊急的必要。你現在的提問沒有緊急的成份，我們得把『緊急』的意涵找出來。」

「你是說，緊急諮詢的意涵？」陳歆歪著頭，顯然自己的緊急在雨橙看來並不緊急，那答案是什麼呢？

「討拍、取暖？！」陳歆認真地回答，紹奇跟裴莉噗哧一笑。

「討拍取暖你Line我就好了，哪裡需要兩位軍師出動呀！我來想想，拉大視野、拉大視野——」紹奇閉目搓著下巴的鬍渣，搖頭晃腦，口中喃喃唸著雨橙常提醒學生、督生的話：「你雖然眼睛看著晤談室中的個案，卻必須拉大視野透視個案所在的文化脈絡，特別是青少年！」

「系統？」紹奇張開眼睛，聲調有些不確定：「雨橙，A是意外勃起，也沒有之前的先例，這算是他倆之間的事，而且也還沒被證實，陳歆當場也沒按警鈴，會跟系統有關係嗎？」正在學習掌握系統工作的紹奇，盤點著這個案需要處理的狀況，但是找不出所以然。

雨橙沒立刻回答，顯然是在等裴莉。紹奇轉向裴莉：「姊，你覺得呢？」

「這個嘛，哎，誰猜得透雨橙在想什麼！我只能說，如果我是陳歆，我會保持警覺，準備好，如果A、家長、主責老師、校方果有什麼意料之外的反應，該怎麼處理。」

「會有什麼意料之外的反應！」陳歆、紹奇睜大眼，異口同聲喊了出來。

「想得到的話，我就出師囉！」裴莉笑看雨橙，「別讓督導閒著，快問她。」

雨橙看了一下手錶，八點半了，「以現在的時間，如果要用分析來評估的話，我們腦漿可能都不夠用，只是徒增無力感。」她看了三位，顯然她攪亂了剛剛的和諧、平靜與安全感。

「『緊急』的意思是，有事發生，導致有狀況需要立刻處理；或是有事發生，現在雖沒狀況要處理，但未來可能會有狀況將發生。暴風雨前的寧靜，給了我們預備的時間。」

「以此時的時間點與此刻的腦容量，我們用感覺來掃描過一次吧！」雨橙轉向陳歆：「你試試看，放掉勃起原因與怎麼處理的念頭，現在回憶從你發現他勃起，到離開學校傳Line給我們之間，是否有任何擔心、不確定的感覺。這可能是你的內在發出了警訊，但因為沒有確實發生事情，你能掌握的焦點只有勃起。」

陳歆回溯著歷程：「A衝出去，我有很多情緒湧上很混亂……我不知道記錄要怎麼寫，心很亂。我梳理了這兩次的介入作法、與對A的評估後，心情慢慢穩定下來，接著我特別謹慎地寫目標與評估……」

雨橙參與了陳歆的思緒：「這個歷程跟你平常寫記錄的時間差異大嗎？」陳歆用力點頭：「我在那兒多待了一個多小時呢！」

「記錄中有提到最後A勃起衝出去的狀況嗎？」陳歆搖頭，臉上明顯地失去了剛剛的掌控感，「我該寫嗎？」「離開前有見到負責聯繫的窗口嗎？」陳歆點點頭。

「有跟她說你遇到的狀況嗎？」陳歆有點慌：「沒有，我表現出一切正常的樣子，我不想引發他們的焦慮，我該跟她說嗎？」陳歆露出想要標準答案的表情，說明著，這份工作的難。

雨橙穩穩地看著陳歆，卻沒有給她任何回應。陳歆轉向紹奇求救，紹奇為難地說：「這個嘛……不用寫吧！不用說吧！這是你跟他的事，你能掌握就好……」但這句話並沒有說服他自己。「這個邏輯好像也不通，晤談室裡面不也都是你跟他的事……哎呦，雨橙說得對，現在腦漿不足以思考這麼難的問題。」

陳歆轉向思索中的裴莉，裴莉看了雨橙一眼：「以我過來人的經驗告訴你，這種狀況沒有標準作法……以我對雨橙的了解，」裴莉開了個玩笑，這句話爲緊張的氣氛帶來些許溫度，裴莉與雨橙兩人充滿默契地一笑：「以我對雨橙的了解，她絕對不是在這裡檢討你做得對還是錯，更何況，在督導前，你已經非常認真地整理了你自己與諮商歷程。你做了所有你該做的事。」裴莉肯定著陳歆，鼓勵她。

「以我對你的了解……」裴莉轉向雨橙，也不像是跟她對話，倒像是自言自語整理思緒：「以我對你的了解，你是在幫助陳歆覺察被事件掩蓋的情緒。那些情緒，姑且叫做『心中猶豫是否要跟主責老師說明』，裡面的感受需要釐清，我們才能找到假使需要時的心理準備。」

雨橙大大點頭，對於裴莉督導能力的進步非常滿意。陳歆似懂非懂地思考著。

「所以，是要寫在記錄上，還是要跟主責老師說嗎？」紹奇困惑著，沒能跟上這思考邏輯。

「陳歆，謝謝你提供了這樣的素材，讓我們在陪伴你的過程中，有機會能協助裴莉轉換督導的視野，也能讓紹奇練習對焦系統合作的重點。」

「時間不早了，我直接幫大家整理。」雨橙微笑起身走到白板前，顯然督導重點要開始了。三個督生握好了筆。

「一開始，陳歆以自己的角度，將整件事對焦在技術的整理，我覺得很好，可以看到你的能力增長非常多，我很肯定。我也看到你在準備好自己，以應對心中模糊的感覺，找出自己可能的責任。」

「這當中，缺少了對A後續反應的留意。他與你一樣在震驚中，會有後續反應，這反應可能留在他心中，也可能以非語言的形式宣洩，就如同你必須在現場花一個小時以上來消化還處理不完，還緊急約了我們。所以可以推知A也會有許多情緒需要安撫……」沒等雨橙說完，陳歆哭喪著說：「我完全猜不到他會用什麼方式什麼資源，他沒有透露任何訊息給我，我沒有機會評估……」

「這是你心中隱而未顯的憂慮，對吧？你覺得應該不會有什麼事，但你並沒有因這個念頭而安心。」雨橙接住陳歆的心情，協助她梳理對系統的了解。「來，跟我說說你所理解的Z校與主責老師面對性議題的態度。」

陳歆跟上雨橙，從沮喪中努力聚焦回現實。「Z校是該學區裡非常優秀的學校，家長很重視升學，連帶地教師關注的焦點也都是成績，對於性平課程的態度，多以符合性平法規定舉辦，並沒有眞的花心思思考孩子們的需求，對於性相關的好奇與探索，基本上採嚴格管理。這也是A被撞見一次就轉介的原因。可以說他們非常重視性議題，但也可以說是希望防範於未然、禁止於無形。」慢慢整理出想法，讓憂慮變得具象，對陳歆來說反而是定心丸。

「很好，主責老師呢？還有A的家長，你的了解是？」

陳歆想了想，「我其實不了解。」

「所以，我可以說，你選擇不在記錄中撰寫，與不在第一時間揭露你尚未理解、評估清楚的A生的狀態，是……」沒等雨橙說完，陳歆彷彿開竅了似的接下去：「是很正確的，我必須盡速搜集資訊，了解Z校的態度、明美老師跟A家長面對性的態度與能力，才能爭取在第三次更好地評估A後，進一步釐清該處理什麼。如果有揭露的必要，則需要爲學校、爲明美老師做哪些預備，我也才能讓A知道，我確實能掌握他現實的狀況，有能力幫助他，讓學校理解他！」

一口氣講完，掌聲響起，「太讚了！」裴莉起身張開雙臂，陳歆開心地跳起來擁抱她，紹奇也揉著陳歆的頭：「你這小妮子，眞有你的！」

「所以我可以說，『緊急』的意思是，你到下週見他之前，有很多事要做！」雨橙拿起白板筆，準備寫下陳歆該做的事。誰知陳歆一個箭步衝到白板前，把雨橙已經寫的字抹掉，「我自己來、我自己來，我可以整理清楚！」三人被陳歆突如其來的動作逗笑了，一起比出「Fighting」的姿勢，爲這個精彩夜晚道了晚安。

送走了三位精力充沛的晚輩，雨橙坐下來打開電腦，記錄三位夥伴的發展，同時也把每個人的成長印在心裡。夢想，沒有年輕人，哪有可能實現呢！

夜已深，鎖上門，大樓的電梯正好來到雨橙的樓層。門一開，裡面塞滿了樓上補習班剛下課的學生。學生們熱情招呼她，在充滿汗臭軀體的電梯中騰出一個空間。雨橙笑著接受了好意，把自己塞進去。

「素昧平生，非自願。相遇，卻自是有緣。」

紹奇喜歡在員工上班前就進諮商所。倒不是因爲身爲所長的職責，而是他特別享受一個人在辦公室的時光，喝一杯自己手沖的咖啡，在忙碌的日子中留一點空白給自己。也許就是放空，手癢時拿起吉他把弄一番；也許是遐想一下跟他曖昧、調情的女孩們，管理管理衆多互動資訊，維持一下連結。

這家裝潢豪華的諮商所，是他執業兩年、一滿開業資格，父親就幫他設置好的，計畫讓他承接父親旗下企業集團的EAP服務（員工諮商）。父親原來十分不認同這個電機系高材生畢業不出國深造拿個博士回來跟他一起經營事業，竟然去考諮商研究所。直到這幾年，政府重視員工權益，EAP可以增加企業形象，又可以讓兒子順理成章地承接業務，才少唸他幾句。

今天，紹奇十點不到就進來了，比平常早。說不上爲什麼，就是覺得昨日緊急督導諮詢中那三個女人所熱愛的反思覺察，好像有什麼留在他身上，得來這裡好好放空、感受一下。

反射性勃起，這不是青少男必經的階段嗎？這些女人也太大驚小怪了，值得花這麼多的時間去分析過程中的每一個介入、釐清自己每一個感受？

他心想，既然要胡思亂想，不如同時來敷個臉！他拉開氣派的辦公桌收藏「自我照顧」小物的抽屜，拿出面膜，底下是他親手設計製作的牌卡，只公開用過一次。眞可惜！反思，呵！今天就用這卡來做投射反思好了。

他洗著牌，腦子閃過五年前諮商所開幕的回憶，就是這副牌卡唯一亮相的那天！

那天父親不顧紹奇再三拒絕，仍然堅持舉辦了盛大的開幕酒會。研究所的同學們收到父親秘書發出的邀請卡，帶著滿滿的羨慕嫉妒恨來當賀禮。紹奇不耐站在台上聽父親長篇大論的演講，找了個機會就溜了。「富二代就是要充分活出富二代的特權呀！」他屌兒啷噹地說，「走！」不顧爸爸還沒致詞完，就拉著同學們窩進諮商所的團體室，關起門，掛上「諮商中」的牌子。在同學驚訝的眼神中，紹奇笑著說了句：「無能才能做自己——富二代生存守則第一條。」

曾跟紹奇有過一段班對情的V，瞄到會場中美女如雲，酸酸地說：「是躲避眾女友們吧！」「女友！敬謝不敏！」紹奇瞪大眼，露出你怎麼到現在還不了解我的表情：「我的座右銘是讓女孩們以最快的速度明白我是她們口中的渣男，這是我對女人最真誠的情聖守則。」同學們都明白這是他一貫作風，除了V露出鄙視眼神外，沒人在意。

團體室二十坪大，同學們四處參觀空間設計，讚嘆各種諮商媒材的齊全。

「來玩我們以前最愛的『說書人』吧！但——」紹奇故弄玄虛：「是我為自己量身定做的牌卡喔！」同學們好奇地圍成一圈坐下來，紹奇拿出護貝精美的牌卡，背面是蘋果綠，印有素雅的雲彩花紋，他讓十位同學每人抽一張卡。

第一輪，由紹奇擔任說書人，說出主題：「『他強自鎮定，控制住即將失控的情緒，在被嫉妒占滿的身軀中，再也容不下恨！』請找出你認為最適合的一張圖卡！」

主持人將大家的卡收回來，洗牌後在地上攤開。一翻到正面，眾人無不驚呼：十張卡，都是圖庫中搜到的女人或是女明星照片。大家擠到主持人旁邊，把其餘約五十張卡翻看過一輪，都！是！女！人！

全身、半身、部位特寫，正面、背面、裸體、著衣，各種風格、年輕、年老、環肥、燕瘦、陰柔、陽剛、豔麗、清純……

「欸，不舒服耶，你竟然把女人當牌卡！」V皺著眉頭，一臉嫌惡。

「我最愛女人了，有錯嗎？」紹奇從無辜的表情一轉，一副「早就料到你這個性別正義魔人」的模樣，站起身丟出另一副牌卡。同樣的蘋果綠雲彩花紋，同學們爭相翻過正面，全是男人！

「我很得意我的設計，非常適合心理師玩，訓練你的深層同理、洞察能力，還打破你的刻板印象。不信，你們先玩完剛剛那一局！」

這個設計引發了同學高度興趣，每個人依照自己的投射，演繹紹奇的那句（他強自鎮定，控制住即將失控的情緒，在被嫉妒占滿的身軀中，再也容不下恨！）一個心理狀態，在十個人斟酌體會中展現出不同的情節。然而，這卡再也見不了天日的原因，也正是這份投射分享超過大家預期的深入，且意外地赤裸。雖然紹奇直白分享他的性愛觀與對性的熱愛，但大家並沒有因此而被帶動，反而因爲太過赤裸，衆人從一開始的興奮逐漸變得顧忌與迴避，氣氛越來越尷尬。

「欸，你這卡的概念，非常適合推薦給我的性諮商老師使用呀！」同學H此話一出，非常解圍，大家丟燙手山芋似的拋下牌卡，紛紛轉頭問起H課程訊息。那是紹奇第一次聽到「性諮商」。

「性、諮商，兩者都是我專長呀！你應該建議你老師來跟我請教，性，是我絕對強項。」雖然口中還在胡扯，紹奇卻頭一次，在他人生嚐遍各種新鮮事的不新鮮後，感覺到了一點新鮮。

然而，他跟雨橙相遇，並非自願，是因爲三年前同學在W校服務，轉介了一個憂鬱症少女請他協助。然而自從他接手後，少女頻頻自殘與預警式自殺，狀況比沒諮商之前嚴重許多。校方緊急開了個案研討，集合衆多專家想找出穩定少女的方法，當時雨橙是以性心理專家的身分受邀的。紹奇記得自己那時還困惑，憂鬱、自傷、自殘跟性有什麼關係。

整場座談，雨橙都很安靜，直到會議眼看將結束，雨橙發言了：「請紹奇心理師評估一下，少女在晤談時對你所呈現的情慾投射，與你怎麼回應她在跟你的關係中所投射出的期盼。」

這是整場最擊中紹奇的一句話。

但，特別的是雨橙表達這句話的完整語句：「在各位專家分析完所有以個案歷史與其議題中跟自殘相關的議題與應對方法後，我要請紹奇心理師在你個別督導的時間，請督導協助你評估，少女在晤談時對你所呈現的情慾投射，與你怎麼回應她在跟你的關係中所投射的期盼。我不認為這能在十個人面前討論，因為這攸關著心理師的內在，需要在安全的情境中，由督導協助覺察。」

「老師要說的是反移情嗎？」紹奇追問。

「在沒有足夠的資訊來評估之下，是無法得知的。它可以只是人跟人之間、男性跟女性間、成人與孩子間自然的互動方式，需要督導協助紹奇心理師與自己對話，才能明白影響的因子、動力、元素或是導火線。我再次強調，在我們充分分析完個案的狀況後，這個部分需留給紹奇心理師。」雨橙的眼神從對現場十個人報告，轉向紹奇：「我希望你有合作默契良好的督導，協助你，覺察內在的感受。」

這一大段令人似懂非懂的話語，現場有多少人聽得懂頗值得懷疑，但誰也不想多花腦筋去探究這麼複雜的語言，只紛紛叮囑紹奇記得要找督導談談，好好加油，就結束了這次的個案研討。

這個歷程十足引發了紹奇的好奇。他追出去，向雨橙表示想請她吃飯，同時向前輩請益。雨橙微笑重複著同樣的話，希望有好督導能協助他。紹奇熬不過，開口說希望能跟她約督導。雨橙停下腳步，認眞地凝視他一會兒，「未來有可能，現在不適合。」無論紹奇怎麼懇求，她就只是認眞與溫柔地看著他，重複這句話。一瞬間，紹奇有被玩弄的感受，卻也知道那只是受挫的反應，並不是眞的。

會議結束後，紹奇立刻搜尋雨橙的資料，赫然發現，原來她就是先前同學提到的性諮商訓練師。每次有人問到紹奇爲何去上性諮商課、有自己的公司卻加入雨橙的團隊，他總是說：「我是非自願遇見她，然而是性，讓我自願臣服。」

從沉思中回到現實，紹奇隨性洗洗手中的牌，在桌面上鋪開來，先把會引起他注意的挑出，再從將近三十張卡中分出男女。

昨晚，雨橙透露了一點她派案給紹奇時的評估，卻沒有講白。紹奇思考了一下，自己受訓與督導前後，在接案上確實有差異，倒不是技術上有多長進，而確實是有醒著工作的感覺，特別是當個案是由雨橙這邊轉介時，可以感覺到每個案子都蘊含著雨橙的評估。他問過雨橙，除了諮商與性諮商技術上的評估，她還有什麼考量，雨橙總是說：「時候到了自然會告訴你，若你還沒意識到，講了也只是一段隨風飄散的話而已。」聽昨晚雨橙的回應，是時候到了嗎？

紹奇還滿期待聽到她關於派案的思考。以前總覺得派案是諮商所資深督導們的日常工作，但到了雨橙手裡、心裡、嘴裡，就成了創作的原料，但作品的底稿到底是龍、是鳳、是虎、是兔，只有雨橙看得見。

手機閃出Line訊息，才十點，陳歆已經將她下週三的諮商計畫列點傳到群組中。隨即裴莉也丟出對昨晚的反思。兩個人你一言、我一語地約著同儕督導，想接續緊急督導未完成的探討。紹奇搖著頭笑了，丟出一個口吐白沫的貼圖，「你們這些女人！我怎麼會加入這麼精進的督導群呀！I'm in!」

紹奇打開電腦裡團體督導的檔案，雨橙希望大家每個月整理自己的個案，建立反思回顧的習慣。這一年來，紹奇總是開了檔案、整理了部分，但從未完成過。反思、覺察這件事，總是讓他很疑惑，爲何團友們總能輕易寫出一大串想法，他卻只能給出隻字片語，顯得他十分駑鈍。一向自視甚高的他，只能以彼得潘是活在當下，沒空想那麼多來自我解嘲。

他切換手中的牌卡，隨著身體直覺反應，把男性抽了出來，依照吸引他注意力的順序排列。第一張是個被女體誘惑，流口水的豬哥樣男人，第二張是與女體裸身糾纏的男體，第三張是困惑的小男孩，第四張是健身房運動塑型的健美男體，第五張是耍帥痞子樣的男星，第六張是沉穩成熟的男人、第七張是BL故事最愛的兩個俊俏男人、第八張是穿著隨性但看得出事業有成的菁英階級。

他接過很多青少年個案，有把騷擾當示愛的、幹話連篇氣死女老師的、在教室後面自慰的、喜歡傳陰莖照給別人的、躲廁所偷拍的、在愛上面自戀至極的、在性上面衝動自私的、否認壓抑自己慾望的……

在每一個男孩身上，他都看到自己的一部分。跟他們建立關係不難，只要拿出哥兒們、過來人的姿態就行了。至於系統工作，由於輔導老師大多是女性，紹奇的男性身分在取得她們的信任上總有些便宜可占。原本他並不覺得雨橙的派案有什麼值得思考、學習的地方，以性別來分，就是「圖個方便與減少問題」。但，經過昨晚，他才驚覺雨橙有她的想法，顯然是自己欠缺多維度視角，簡化了她的派案邏輯。紹奇不喜歡這種彷彿自己是傻子的感覺。

我一定要搶在雨橙說出她的評估前！他想起昨晚陳歆誇張地抹去雨橙的板書，堅持要自己思考。

紹奇忍不住握拳，脫口而出：「要有這氣魄，我早就自己開業了！」一會兒又自嘲起來：「什麼呀！我已經開業了。唉，富二代的原型，我就是少了那份靠自己的氣魄。」

「拉大視野、拉大視野。」紹奇看著圖卡跟電腦，整理思緒似的喃喃自語，「性諮商的重點，在建構能力，而能力在文化脈絡、人格與性人格基礎中，同時被生命的經歷形塑。呈現在心理師眼前與性相關的行爲問題如冰山一角，在一般人眼中會將其簡化成須處理、矯正的性行爲問題，但在性諮商師眼中是個體性行爲樣貌的呈現，人以這個樣貌與他人建立關係，建立與『性』的關係——這訴說著他到此刻的一生發展的總和。」

「一般人會將焦點放在『性』，但**性的行為樣貌，拉大視野來看，是性自我的整體呈現。**」紹奇沉吟著這幾句教科書中的話，同時套用在自己身上。

如果我在每個男孩中能看到自己的一部分，而我趁此之便以哥兒們、過來人的方式建立關係，這個建立關係之便，可說是我的「性自我」與人互動的習性。

我必須思考這個習性所產生的效應，與對我治療哲學的影響。這是我會的、最省力的方法，以「陪伴」來稱呼是適當的，但以「治療」來稱，卻不一定可發揮最好的效能。ok ok，這我了。紹奇揮了揮手，把雨橙從腦中趕走。他繼續……

在每個男孩身上都能看到我自己的一部分，而如果我仍以習性來應對，就無法在這歷程中有更貼近自我的成長。或許我可以說，因爲少了女性案主的挑戰，我雖能快速而熟練地進入與男性個案工作時自己的各種狀態，但我若安於此沒有拉大視野，那就會永遠靠習性工作。

細思極恐，雨橙要改變的是我彼得潘堅持不變的自我！原來如此，但她的方法不是用諮商技術，而是當我們穩定合作，我必定會接受她的派案，接著便必定被她潛移默化，「我的天，石紹奇，你這個呆瓜，當時怎麼會答應督導呢？」

彷彿發現新大陸般，他興奮地列印出電腦中先前所分類的七種男性案類，再把剛挑出的七張男性圖放在案類前面，擺滿了原木長型工作桌面。

執迷與慾望／權控與俘虜／自我與自戀／表象與真實／成熟與幼稚／性與愛／winner與魯蛇

在學習成爲被期待的男性形象的需求下，我是誰？

他興奮又煩躁地走來走去，任思緒奔馳。這七種樣貌的自己，都在他體內被翻攪起來。

活力、困惑、羞愧、慾望、力量、脆弱……各種情緒浮現，他問自己，到底經過了怎樣的歷程，他精熟了這一切、變成現在的樣子，抑或是他只學到了社會文化的期待。他可以不符合父親期待，卻順從了社會對心理師的期待，「Fuck me!我怎麼會笨到選這個道德標準要求超高的行業！」

彷彿他能保有的只有那句很無力的堅持：「永遠的彼得潘」。而他也知道，隨著年歲增長，這句話只會成爲衆人的笑柄。他始終不知道自己到底在堅持什麼，又或許，他最終會發現，堅持就只是堅持，沒有任何意義；若眞如此就得面對，自己在堅持中，錯過了太多。

可惡，我想永遠停在啥都無法掌控除了命一條的青少年期。壯年，以爲自己掌控了什麼，卻是被生命所掌控，而最可怕的是交出控制權的，是自己。

然而無謂的反抗，又如何？就幹這一票，任性，感覺自己的力量，哪怕只有一刻都好。

焦躁——在體內——竄動！男人——好難！！

他想停下這樣的感覺，好想發洩，想拿起手機打電動。但他此刻需要的是更強而有力、能迅速轉移注意力的東西，他滑開手機，找出儲存的A片，瞬間又覺得自己很孬，別人是因爲幾百萬的股票而心浮氣躁，而他竟然只是因爲「做個案」這樣的一點鳥事、爲的只是一句他大可敷衍胡扯的話、爲的只是希望贏得兩位同儕的肯定。

「願望小成這樣，你像個男人嗎？」

父親的聲音竟在此時進來插一腳，可惡，「跳不出如來佛手掌心」。他猛然想起裴莉說這話時的表情，頓時無力感上湧，全身一陣熱！他快速摩擦著陰莖，在對方完全不知情的情況下硬挺的回以最原始、最廉價的攻擊，突然之間剛剛腦中的一切混成一團，有股衝動他想離經叛道把這一切都拋開，速度加快、快、就快到了——但最後一秒他放棄了，豁然放開手。這一切有什麼意義？到最後搞到的都是自己。

他頹然等著，等待充斥陰莖的血液慢慢褪去。紹奇有點驚訝地凝視這些感覺，這些從未清晰浮現到意識層面的感覺。

如果這是石紹奇所長，人稱含著金湯匙出生的人生勝利組代表，那麼，藏在深層內在的我，到底是怎麼看待自己的治療工作？自己又是用什麼來做治療？

而我，這些年在跟個案的相遇中，除了諮商技巧之外，到底學了什麼？

就技術面，從陪伴，到評估個案／家庭發展中缺乏的能力，到設法幫個案建立能力等等，他都非常熟練了，但內在最深層的地方，卻充滿渴望、混亂、困惑、憤怒，有時單純只是因爲身爲男人而對女人憤怒、對性慾憤怒，甚至對社會期望自己不只要有成就還得對「性」完全負責而感到憤怒。

他想起陳歆轟轟烈烈衝出教室的事蹟。聽到她的故事時，心理師的訓練已讓紹奇能夠較中性的表達：「她能眞誠地面對情緒」，但其實在心裡連連搖頭：「情緒化的女人，這樣就承受不了，也太誇張。」

在眞誠與虛假中，在性慾與君子中，在衝動與控制中，在情緒與理智中。

他突然覺得雖然幫個案建構欠缺的能力很重要，但在其中難的是熟成的過程。**熬，才是治療重點**。

熬也需要能力，而他稀缺的是時間。

突然，他不想再停在青春期了，他想搞懂那混成一團的焦躁所帶來的任性能量！

原來，反思是有用的呀！是這種味道！紹奇有點驚訝地發現。

他興奮地打開電腦，找出這半年的女性個案，同樣翻出女性牌卡，想體驗直覺的投射會遇見怎樣的自己。

他先翻出性寓意甚多的照片，放在最底層，很珍惜地撫摸牌卡上面的女體，很滿意自己面對自己的眞誠。是的，我愛女人的肉體、我愛性，這就是我。

他沒有以女人圖卡來進行分類。不需要，他知道自己對女人的感覺太熟悉了，應該說，比對男人的自己熟悉太多。他找出紙筆，快速地寫著下各種情緒，壓迫感在愛憐前面、掌控感在力量前面、喜愛在建立關係前面、距離在眞誠前面。女人總喜歡講「我們」、「一起」，這些語言讓他毛骨悚然，彷彿被要求爲對方情緒負責的期待撲面而來，這就是他那句「以最快的速度讓女人接受我是爛人」箴言的由來。最後，他滿意地寫下：「女」＋「性」＝剛剛好的最愛。

生活中，他自有一套與女性相處的邏輯，但，跟少男們工作時，「尊重」、「界線」、「法律」、「同理」，是他被期待要教給少男的重點。「爲了那底層的性慾，所以我們社會化。」不然沒得跟人上床，還會給自己找麻煩。性慾是驅力，眞是一點都沒錯。男人爲何拚命要成功？有權、有錢才不缺女人呀！

紹奇十分滿意自己的性愛世界觀，可謂務實又眞誠。然而，今天的重點是反思與習性。

他回想起雨橙那一句：「請紹奇心理師評估一下，少女在晤談時對你呈現的情慾投射，與你怎麼回應她在跟你的關係中所投射的期盼。」當時他已有備而來，就是因爲擔心被質疑這一點，早就在報告中以各種介入策略把自己的訊息隱藏。因此，他並沒讓雨橙這句話進到心裡。

他驚訝的是，雨橙表達的方式並無戳破他的意圖，並且充分替他解了圍，保護了他，而後竟然又不接受他懇切的邀請，同時拒絕他的所有要求。

這一刻重新想起此事，紹奇臉刷地紅了。因爲在一年後，終於看懂了自己的行徑在人際中、在諮商中所引發的效應。

紹奇在他得意的性愛世界觀旁的空白處，大大寫下「**反思**」、「**習性**」！

這個建立關係之便，是我的性自我與人互動的習性。

我必須思考這個習性所產生的效應，與對我治療哲學的影響。這是我會的、最省力的方式。以「陪伴」來稱，是適當的。但以「治療」來稱，不一定可發揮最好的效能！

紹奇站起身來在辦公室內踱步。在這富麗堂皇的敦南商業大樓，展示著精緻的名片、豪華的接待空間、寬敞的個人辦公室、重機安全帽、吉他、拳擊手套與沙包、各種老百姓看不懂的專業書籍、名貴的沙發椅，當然不只這些，還有他習慣性與女人互動的方式。

「Shit!」難怪！難怪他多次邀請雨橙到他的治療所開會、坐坐，雨橙總是說時候未到，會有最適當時機的。犀利如她，怎可能看不到我！她在等我開竅了，才肯說出她所見的冰山之一角。

在我看不到自己之前，「分析」是以管窺天。在這情況下，「眞誠」就是工廠產出的加工食品，色香味俱全，卻沒有一丁點是眞的。

習性，我對女人的習性……。紹奇敲打自己的頭，懊惱著不需要像陳歆那樣逐句分析自己，他很清楚自己的習性，處處流露。抑或是說，心理師的訓練更增強了當渣男的能力，也更爲這角色加分。雖然他一向自豪，他總是讓女人選「要當我的個案？還是要當情人？不過二者絕對只能選一。」他字字眞誠表達，卻也是調情的起始。他搖搖頭，現在終能仔細看明白了。調情滲入諮商場景、當心理師角色滲入情慾關係、當場景都混在一起時，羞愧懊惱迎面襲來，吼，自我覺察眞是件令人倒胃的事。

他轉頭瞥見桌上那一大疊牌卡，是他坦承面對自己情慾的厚度。接著又想起手邊面對性的青少男們……

該如何從性慾、模仿與養成的習性當中抽出自我？如果，當年我能這樣看到我自己，一切會不會有不同？

深吸一口氣。「反思」、「習性」。

他將自己分爲兩部分：渣男、紹奇。

渣男，神乎其技，融合所學，始終如一的愛女人肉體，堅持以睡滿一生可以挑戰的女人人數爲職志，幹得好呀！

紹奇，對因看不清自己而無意識地導致的影響而表示遺憾、懊悔，我希望，能成爲一名，對案主眞誠的心理師。

他從未流露出這種心願，紹奇擦了擦眼睛，那一點點濕潤感讓他對自己很驚訝，原來，這也是我。

四十分鐘不到，這一趟內在歷程讓他興奮也讓他異常疲憊。

終於，他也有反思文字可以放入督導Line群組的記事本了，但他沒有那麼期待接踵而來的鼓勵貼圖。

他說服自己，下次督導會議時再說就好。雖然他很想寫些什麼分享出去，但那純粹是種情緒能量，彷彿要與人交換這內在的高峰經驗、嶄新發現、與探觸自己的興奮，才能感覺——噗嗤，就像第一次從他爸的衣櫥挖出閣樓雜誌時一定得跟哥兒們分享後，才能感覺舒坦那樣。

第4章

五月二十八日 18:00 石紹奇諮商所會議室

「我先說，我寫在記事本的步驟，就不麻煩兩位跟我討論了，今天時間寶貴，一人只有半小時，我想請兩位幫我討論的是A生行徑的心理狀態，我希望下週見他時，能不再錯過他。」陳歆在大家都坐定後，直接開場了。

裴莉接道，「你們看了我的反思，我分析了雨橙的那天督導時的作法，我大概可以猜出她沒問陳歆個人議題的原因。但我很明確知道，跟督導生談內在慾望的狀態與反移情，我的能力還不足……」裴莉謹愼地說，「我知道這一點該直接找雨橙督導，但，我只是想，以我們的默契與熟悉程度，是否能拜託兩位讓我練習一下。」裴莉說完，雙手合十做出懇求的表情。

陳歆猛點頭，「姊，儘管拿我練習，是我賺到好不！」

兩人望向紹奇，靜靜等著他的回應，「呃，我……我……」紹奇不想插科打諢，他頭一次發現，面對自己時縱然可以坦然，但在這兩位絕對只會鼓勵不給評價的好友面前，要說出性上面對自己的發現，竟然意外地緊張，口吃了起來。

她們眞誠鼓勵與開放的態度，更凸顯了自己對性的焦慮。他頓時覺得，說自己的風流史容易，但要揭開那些行爲下的自己——齷齪與羞愧，迎面而來！

看著兩雙眼睛，「呃……呃……你們先……有時間，我再說就好。呃……」腦袋突然靈光一閃，瞬間流利了起來，「一如既往，就讓我成為兩位最堅實的後盾、盟友吧！」怎麼這麼明顯，紹奇在內心搖著頭。看著兩位女士感激的表情，還好雨橙不在，有一種又被自己逃過的懊惱，卻同時又鬆一口氣。

就在他內心糾結小劇場上演的這幾分鐘，兩位女士已經決定先從裴莉的需求開始。座位擺定，紹奇定了定神，努力集中注意力，想趕上這兩位速度飛快的女士。

「該從哪裡開始呢？」陳歆與裴莉看著彼此，安靜了下來。剛剛簡短連結了彼此後，時空彷彿從此刻慢慢沉澱進內在世界的某種層次。短暫靜默後，裴莉開口了，換上沉穩的語調：「陳歆，謝謝你願意讓我練習，探究你與這位個案工作時內在的狀態。我想讓你了解，正在練習成為督導的我，比較擅長技術上的督導，我現在在學習的是，如何拿捏督導與心理師兩個角色的界線。我希望能呈現出你個人狀態與諮商工作交錯的影響，但深入你的個人議題時，若遇到必須額外深入處理的部分，我建議你找你個人的心理師工作。呈現出你的議題與個案工作的關聯，讓你覺察自己，並運用在諮商工作中且不成為阻力，這是我嘗試練習的。在我們開始前，讓我再次謝謝你願意。」

跟著裴莉的這段話，陳歆也沉靜下來，點點頭，「了解了，裴莉，我相信這段體驗，也會貢獻到我與個案的工作中，只是我不知道要從哪裡開始。」

「我想過幾個方向，可以提供我們一起思考。」裴莉顯然已有所準備。

「我想把時間線固定在雨橙邀我們一起組成團體督導的這一年。因為從我在訓練課堂中認識你到現在，你的沉穩、情緒調節能力與自我表達的清晰度，從原來很本能的攻、逃、呆等生存反應，到現在已逐漸提升到能精準覺察自己，尋求適當的資源來支撐、調節自己……」

「欸～」陳歆踢了專注傾聽的紹奇：「你記筆記啦！『成熟』兩個字，可以以能力建構拆解描述成這樣，你不幫忙記筆記，我無法專心。」

「我覺得是涵容能力提升的總和描述耶！」

「不管啦！你記就對了。」陳歆又踢了沒習慣做筆記的紹奇一腳，紹奇左顧右盼找著紙筆，最後拿起手機開始記錄。

在他們爭論的同時，裴莉感覺自己的心意被兩個後輩收到，更有自信地繼續整理心中感受，「能承認自己需要幫助，能不高築內心城牆願意低頭，能冒險挑戰『信任』！」這段話語流洩而出，也深深與自己曾有的狀態共鳴，裴莉的視線離開了現場，彷彿看見自己內心，這句話也是說給自己聽的，「這不是段容易或可以被加速的歷程呀！」

裴莉以爲自己是在陳述對陳歆的了解，腦海中卻閃過青春期時對自己的各種懷疑，不論是學習成就、脾氣、個性、到性的探索，沒有一個部分是值得被肯定的。三十八歲的她回頭看，成長確實是一段無法被加速的歷程。

紹奇暫停打字的動作，裴莉的這句話，共時性地詮釋了他早上的反思與剛剛的狀態。「無法被加速。」這句話此刻聽起來特別安慰。

陳歆低頭沉思，「裴莉，你一語道出我的過去的糗樣。」三年前在課堂上的暴走，絕對不是生命中的唯一一次情緒失控。只是在那次，雨橙的允許與不作爲讓她醒悟，信任是來自於內在想交託的渴望，而不信任與拒絕既可以是保護自己的工具，也可以是散發誘惑的訊息，期待對方更努力來博取自己的交託。

「吼！」陳歆猛地甩頭，想甩掉曾深信全世界都欠自己的過去。她想甩掉的不是過去自己的不堪，而是那些爲著過去的自己而莫名羞愧的感受。

「你想到什麼？」裴莉看著思緒顯然不在現場又猛甩頭的陳歆，「哎～很難不想到過去自己青澀的樣子。我想到雨橙的一句話：『成長就是一個歷程，你想要但沒有必要、沒有需要表現超過你現在的成熟。』我常常用這句話安撫自己，來處理自我評價與責備，還有提醒要對自己有耐心一點。」

「給自己合理的評估。」三人異口同聲地笑了，顯然，這不只是陳歆個人的經歷，兩位前輩也都是過來人。「雨橙的金句！這……我們都會背了，不用記筆記吧！」紹奇逗著陳歆。

裴莉突然伸出手，打斷兩人的笑鬧，「快啦，一起！」兩人一頭霧水地也伸出手來，三隻手掌心向下、手掌交疊，裴莉帶頭喊：「加油！加油！加油！」

「剛剛一起想起雨橙的話，就好想跟你們分享那句話對我的意義喔！也很想繼續探究陳歆的故事與對自己的發現，也覺得彷彿雨橙上身似的。我在想，督導的大腦有多不容易啊，要隨時抓緊脈絡。而且可以探究內心的路徑很多，但哪一條才是此刻受督生最需要、也最能協助個案的，實在不容易，誘惑太多了！！」裴莉握拳，「我要加油！」陳歆、紹奇也用力地點頭。

「陳歆，就從這裡開始。你說我一語道出你過去的糗樣，但——」不等裴莉說完，陳歆接過話：「卻是平行於A生此刻的狀態。」裴莉跟紹奇猛點頭，表達對陳歆覺察能力的驚豔。陳歆正要開口接下去，裴莉突然打岔：「試著把覺察的方向對焦在對連結的渴望。」

陳歆收回已到嘴邊的話，彷彿在向內對焦。

這句話也對焦到紹奇早上的覺察，「連結的渴望驅使了性慾，抑或是相反？」他為自己默默記下這個發現，也在內在的無意識之海中，投入了一個救生圈。

「裴莉，你這個方向很讚，我原先想講的是我青少年時的心理狀態跟A很類似，但，對焦在連結更幫助我聚焦。」

「看起來你已經有一個方向了，」裴莉略遲疑了一下，「我想再更聚焦在與內在自我概念的連結上：一個是學習青少年性諮商的心理師自我，一個是身為三十二歲女性的陳歆，或是青少女時期的你。」裴莉突然有點沒自信：「會不會一下子太多了，攪亂了你？」不等陳歆回答，又自顧自地說：「我說明一下我這樣問的原因，從那天你第一時間發的Line訊息，跟緊急督導與之後的整理，我知道你已經從各個面向分析過諮商歷程了——」

陳歆突然誇張地比出一把劍插入胸口的動作，「有戳到、有戳到！」她聲調高亢起來：「姊，你厲害！你厲害！」

紹奇一臉茫然，摸不著「被戳卻興奮」到底怎麼一回事。

陳歆立刻轉向他：「你有沒有記下來啦，這刀很到點！」不等紹奇回應，又道：「裴莉，原本我已經有些整理了，但你這三個方向把我內在的感受更清楚地提取出來。聚焦在連結的渴望，我自我分析時知道，我做了非常多的事引誘他跟我互動，我運用了他連結的渴望，攻破他保護自己的高牆，也運用了心理師自我對連結的渴望，跟我的技術，滿足了我的需求，我是一個厲害的心理師、性諮商師，我可以處理老師們都無法攻破的高牆。虛榮嗎？我很想證明自己。爲何這麼想呢？因爲我很努力，我覺得自己值得被看見。我想證明我的存在感。」

裴莉點頭，「建立關係是我們的治療工具，也照顧了心理師有能感的一環，而在工作角色與生命腳本經常重疊的心理師工作裡，這個需求被滿足時也滿足了自我存在的渴望。然而，這是好的嗎？喔不，」裴莉修改語詞，「應該說『這是心理師角色發展的必經歷程』。」裴莉搖頭：「好難啊，想創造涵容的氛圍，眞的是要修改習慣評價的大腦，連用語都要修改才行。」陳歆、紹奇支持地看著裴莉，「學姊，加油！」

裴莉受到鼓勵，繼續下去：「陳歆，整理完心理師自我的需求，我們往女性的部分試試看。」

陳歆嚥了口口水，「哎呀！揭露心理師角色容易得多，要揭露自己女性連結的需求——」陳歆咬了咬嘴唇，「有點雜亂，我隨便講喔，哎呀——我不知道我會說出什麼——」還不等兩位的安撫，陳歆迫不急待地讓思緒流瀉，「這是我沒想過的角度，應該說我只有想到我對他沒有性的感覺，沒有性的引誘，就pass了，然而你問我時，我突然……」陳歆紅了臉，咬著嘴唇，沉浸在此刻的狀態。

紹奇按著自己無意識的抖腳。明明是旁觀者，卻莫名跟著緊張，「呆瓜，別說了……」他心中默念，希望陳歆就此打住，但他知道她探究內心的渴望跟對他們的信任，她一定會和盤托出。紹奇突然焦躁起來，對這一切不耐煩，他吞下原本要脫口而出的話：「這種探究有意義嗎？你這樣就知道用什麼技術來處理個案了嗎？你只顧滿足裴莉練習的需要，探究內心，也太矯情。」紹奇在離席的衝動與假裝記筆記其實在滑手機轉移注意力兩者間掙扎，然而，他什麼也沒做，因爲這兩個坦白變態狂一定會像間諜一樣刺探他，追著他不放。紹奇感受著無處逃脫的、掏心掏肺所造成說者與聽者的雙重壓迫感——呼——回過神來，他已錯過了陳歆的一段陳述，顯然，裴莉正在幫陳歆將自己無意識的行爲梳理得更清楚。

「從你剛剛的描述中，可以理解爲何這個案從第一次到第二次之間占據了你的大腦，因爲第一次就你的角度來看無法建立關係，又有次數的限制，且是頭一次代表雨橙的單位跟此校合作，這許多焦慮讓你很想靠自己突破難題，來感受自己的存在，所以沒有在第一次時請求督導協助。第二次之前，你說感受到渴望突破的焦慮，運用了女人的本能……來，我們看看五月二十五日那天早上，你出門前做了哪些事來安頓焦慮。把焦點對到女人的本能……」

「哎呀！」陳歆叫出來，抱著頭，用手臂遮住了臉，「哎呀！太害羞了。實在太赤裸了。」

「我出去好了。」紹奇脫口而出，怕陳歆即將說出的話會暴露他藏得嚴密的內在。「不用、不用啦，給我一點時間亂叫調適就好。」陳歆抓著正要站起來的紹奇，硬是把他按回椅子上，「我要說囉——」陳歆一鼓作氣：「我上了妝、擦了香水、綁起頭髮、露出脖子。」

紹奇暗罵這啥，也太小兒科了！白緊張了我，「這到底有什麼好讓你緊張成這樣的啦！」他瞬間又回到局外人的位置，鬆了口氣。

「重點不在做什麼，而在於心理狀態，陳歆，你會回應我的問話，代表你有覺察到……」陳歆紅著臉說：「我就知道你會這麼說，我知道自己誘惑的手腕段術很低，用這樣的覺察回應你的提問很幼稚，所以很不好意思啦！」陳歆放下掩著面的手，「但你看我這麼幼稚還拿出來用，就知道我有多急著想突破他了吧！」

裴莉思索著，「我倒不覺得低段或是高段，我覺得是剛剛好。你回想一下接下來的動作，我覺得你不經意地精心安排了兩人時光……」

精心——紹奇暗自想著，這確實是小妮子無法否認的，即便已經分析了每個動作的目的，但裴莉這句話確實點出了「精心設計」這一點，加上陳歆呆呆地自爆，這就是罪證確鑿！

紹奇驚訝於自己內心的反應。「罪證確鑿」！突然，他感到哀傷，無論是專業或男人的角色或是性，都無法坦然靠近自己，全都是爲了要證明自己意圖的純正，最好掩藏到連自己都不知道，就不會落入像這小妮子一樣的境地，讓眞誠變得廉價，讓自我袒露變成對方攻擊自己的武器。「到底我的傷有多重啊！我自己都好奇了。」

就在紹奇困惑著今天的易感時，陳歆又說話了：「我確實用盡了我所能用上的所有媒材，包括我自己。」

我盡力掩藏住性與情緒，她卻渴望坦白與面對！

「所以，我們可以這麼說嗎？他也許不知道所以然，但在你嘗試靠近這個十五歲男孩的每一刻，對他都是一種挑逗！」裴莉換到了案主的位置，平靜地說。

紹奇屏住呼吸、強忍著驚呼，這也逼得太緊了，用詞也太直接強烈了吧！他偷瞄了陳歆一眼，這小妮子，撐得住嗎？能沉得住不被這些強烈的言詞，誘發被評斷的焦慮嗎？

紹奇不敢看裴莉，深怕自己眼神洩露出想保護陳歆的衝動。

時鐘的滴答聲變得特別響亮。一動也不動的三人，各自消化著拋在空間中的訊息——

陳歆抬起頭凝視裴莉的眼睛，裴莉嘴角微微上揚，專注、放空、看不出情緒。

突然，陳歆吸了一大口氣，拍著胸口，「差一點、差一點撐不住。」裴莉緊跟著揉起太陽穴，「好難喔！除非非常信任，不然要處理情慾移情實在太難了。」

「吼，我差點都要跳進去替你說話了，陳歆，你經歷了什麼？」等不及兩個女人調節情緒，紹奇非常想知道陳歆內在的經歷。

「以我對你們的信任，我覺得揭露面對心理師角色的表現焦慮很容易，在有限次數裡盡全力建立關係，有時難免過與不及，這個我可也可以面對。但很明顯，要談到我有意識地用女人的身分去建立關係，我開始覺得尷尬，但我信任兩位，我嘗試去體驗不辯駁，在你們面前直接承認我最難面對的部分，直到挑逗這兩個字出現。我感覺裴莉平靜地說出個案有可能有的心理狀態，這是我今天來要請兩位協助的。對應我的意圖，裴莉確實有可能說中個案在其中的經歷，但，」陳歆看著裴莉，聲音低了下來：「你只是說出事實，我很難不覺得被評價。我安靜是為了讓羞愧的感覺流過，免得我見笑轉生氣，開始攻擊。我從你的眼睛確實看不見評價，於是我了解，這是我有可能引發的事實，但不一定真的是個案所感覺的。總之，謝謝你幫助我面對我自己的行為，即便是出自於好意，都有可能引發各種效應。」陳歆整理完，大呼了一口氣。

「謝謝你的整理與相信，那，我再問一句……」剛剛緩和下來的空氣瞬間又繃緊起來：「你評估一下自己有被滋養著、被愛著、被充分的愛慕過、性慾被滿足著嗎？」裴莉穩穩地說出這句話。

剛剛呼完氣，癱坐在椅子上的陳歆低著頭，一動也不動，凍結的氣氛中只有時鐘滴答的聲音。

「你，有嗎？」陳歆抬起頭來直視裴莉的眼睛。

「陳歆，我最後一個問句讓你不舒服了嗎？」

陳歆搖搖頭，相較於整個歷程的滋味，她在一種孤單而平淡狀態下說著：「我知道你的意思。心理師跟個案有著權力不對等的關係，如果心理師不去面對自己整體狀態是否平衡，內在各種議題便有可能無意識地權控著諮商關係。性，並不絕對特別，只是是我們今天討論的主題而已。」

看著陳歆拉開了距離，裴莉反思道：「謝謝你讓我知道，這句話，並不入耳也不好消化，而且有一種高高在上的指控感。」

「對啊！對啊！又要反思、又要分析、又要性生活關係美滿平衡、又要遵守倫理。把心理師當神嗎！！」紹奇連珠砲似的抱怨。

「哎呦你看我背都濕了……」裴莉拉著背後的衣角，「要說出這些話我也壓力很大、很緊張耶，眞希望雨橙在現場，她可以幫我好好說話。」裴莉卸下了督導的角色，抒發練習處理情慾移情的壓力，「我想要說的是，覺察自己的權力議題是很重要的，但，能保持身心平衡，才是以自身爲工具跟青少年工作的基礎。這句話雨橙上課時常說，但，督導時怎麼講才能呈現出關心，而不是指責，實在很難。」

紹奇想起雨橙那句吸引著他的話，「我試試看……」他轉向陳歆：「陳歆，運用自身而非技術與青少年工作，是很個人的事，我希望你能被懂你的心理師好好支撐，或是整理一下目前生活平衡的狀態，這都是讓你更能發揮自己的重要因素。」紹奇嘗試著體會，如何把信任與照顧放入督導這個具有敦促與提醒的角色中。

陳歆有回過神的感覺，「好多了、好多了，我有被涵容的安全感。」

「謝謝紹奇，謝謝你幫我。」裴莉轉向陳歆：「謝謝你讓我練習。看雨橙做，總是溫柔且恰如其分的協助受督者，謝謝你願意幫我練習這非常難的技術。」

陳歆收下了前輩們的陪伴，「雖然過程不如討論技術那麼好受，但經過了你的洗禮，我感覺有一些東西被鬆動了，可能要等一、兩天才會具體知道是什麼，但我現在很期待見到A，而且內在更爲篤定。」兩人緊緊握住雙手。

「你呢？」她們轉向紹奇。

「我怎樣？」紹奇一臉干我啥事的表情。

「你在過程中經歷了什麼呀？」

明知她倆不會滿意，紹奇還是聽到自己油嘴滑舌，「就護持著你們呀！」在她倆的白眼中，他繼續著：「眞誠是一把刀，可以打開心房，也可以刺入心裡，而這從不是單方面決定的。**性，是驅力，對自己眞誠的人才能駕馭**。」他雙手一拱：「原諒我只能說到這麼多。在過程中，我的心，沒有一刻不在同時性地被解剖。謝謝兩位讓我在旁邊體驗了這個開心手術的歷程。」

刀開下去，是否切中病灶？要怎樣縫合？在醫治人心的領域中，不存在治療的SOP，也不存在絕對權威的主治醫師。

三人充滿默契地在紹奇最後的話語中沉靜下來。

心，如大海——誰掌刀？誰掌舵？

第5章

五月二十八日　晚

裴莉回到家，為自己倒了杯紅酒，在廚房的中島佈置著餐具。這樣的夜晚，非常適合在美食的滋養中品嚐自己、品嚐友情，與「性諮商心理師」這個奇幻的專業。

烤箱中的牛排散發出濃郁肉香，再等兩分鐘吧！她反手將計時沙漏倒置。等待中，陳歆那句反問再次浮現心頭。

你是否有被滋養著、被愛著、被充分的愛慕過、性慾被滿足著？

「你有嗎？」

沙漏中的沙不敵地心引力，就是得掉落；時間歲月青春，就是會無情流逝。「後悔嗎？」年輕的自己分不清性與愛，看不清慾望與關係，飛蛾撲火般執迷、狂躁地想從對方給的種種中看見自己的存在，想在愛中求得慾望的解脫，想掌控對方來穩住失控的自己。

環視這間租了五年的小套房，十五坪，比紹奇的團體室還小！卻是她花光了僅有的積蓄，以宜家的組裝傢俱來設計，算是送給自己離婚禮物。潔白的床緊鄰著藍牆，對面是排滿藏書的白色ＯＡ書櫃，小小的開放式廚房在玄關右手邊。當時讓她一眼就下訂的是，正對大門的落地窗與小陽台。這個位在十五樓的空間很小，但遠眺淡水河景。裴莉就在這裡度過她自剖滿身情傷的一百八十天。

今晚，看來是適合向青春致敬的夜晚。

左手端起烤好的牛排，右手拿起紅酒，正準備走向陽台，目光卻被左邊浴室門上的全身鏡吸引了。鏡中的自己，奶茶色的縲縈襯衫罩著只穿內褲的身體，她心血來潮放下手邊的杯盤，將領口的釦子再解開兩顆，突然又改變主意，打開床下的抽屜拉出一件灰底白蕾絲內褲，換下了今早隨意挑的粉色無痕褲，走回鏡前。自己的身材比ＢＭＩ的標準高出五公斤，但，襯衫內褲這樣的穿著比例，不為取悅誰，是自己很愛的性感。

「愛自己」是坊間流行的行銷概念，從這政治正確的概念衍生出的商品鋪天蓋地，但沒有一個商品可以直接置換不愛自己的基因與癮。

她端起牛排與酒走到陽台，窩進陽台上的座椅。這裡，是她遇見自己的起點。

沒有那一百八十天的眼淚與孤獨靜默，她不懂沒人愛的自己，有什麼值得存在的。她驚訝為了求他留下來，自己竟可以瘋狂到這種程度；好友們勸她離開那個不愛她的人，卻不懂她最痛的其實是：要承認羞辱自己的加害人就是她自己。

那些所謂愛與離不開的理由，是在逃避面對加害人與被害人同在自己體內的恐懼，是在逃避看到自己一再聲稱是他傷害了自己，但其實最無辜的是遇見了我的他。

而更痛的是，那個被拿掉的孩子。為他，所以我指控，但為我，卻是以生命為名的討愛集團。

「討愛／債集團」裴莉為自己想出來的雙關語噗嗤一笑，舉杯敬了月亮，「你見證了我所有的不堪，喔！還有我的心理師！」三年的戒性與愛情癮，必須直面自己，喔不！是除卻了性愛的迷霧，她終於遇見了新的自己。「是的，我愛上新的裴莉，且被她好好的照顧與滿足著。」

自己。

微風徐徐，這陽台、這座椅，這方天地，陪伴她經歷翻天覆地的轉變。再次舉杯，敬宇宙與深愛的自己。

拿起刀，切了塊牛排。

「解剖。」紹奇以開心手術來比喻今晚同儕督導的經驗，裴莉思索著。

用心理師個人魅力，來揭開探索內在意圖的反思。

用精心設計兩人時光，來區分專業角色下的個人意圖。

用挑逗再往前推進，把受督者行爲與意圖轉換到個案經驗的位置。

接下來的自己十分粗魯，一味想推陳歆去經驗自己三年婚姻加上一百八十天靜默的總結。有沒有可能，若無法回歸反觀自我，這些專業的精進也可能是執著或是過了頭的癮？而爲求成效，我們眼前的個案只是心理師自我滿足的客體？

專業與操弄，一線之隔。對於青春期的孩子，特別是如此。

裴莉突然發現裝牛排的餐盤空了，她搖頭笑了笑，「食不知味呀！」調勻呼吸，緩緩閉上眼，感覺身體裡的某種焦慮，驅使著她躁進地往一定會遭到防衛而無效的問話推進。

除了自己處理情慾移情督導能力的生嫩外，A青澀地奔出門，面對性慾與身體時那無助的形象特別觸動她。

青春期的她，以性，讓她的男孩A，完全無招架之力。然而，在那個無法爲自己性慾負責的年紀，以愛之名，是當時她求生的唯一依靠。她用性操控了這一切，包括她自己的命運。

嘆了口氣，生命的重量，不是一句「誰沒有荒唐的過去」就可以帶過。

「後悔是一種情緒，人生卻沒有再來一次的選項。」但穿越過這一切，才能遇見自己的美。她拉開陽台小桌下的抽屜，拿出手札，寫下：「後悔是心的紋身印記，紀念著曾經存在過的自己。」

第6章

六月一日　A第三次諮商

準備著裝出門前，陳歆站在半身鏡前盯著鏡中的自己發愣，思索著同儕督導時的對話。確實，面對青少年個案時她總是素顏隨意穿，因爲覺得跟學生工作，沒人會眞正在意她的穿著。但第二次出門前，她確實決定上妝與抹香水，也挑了有設計感的合身T恤。在裴莉的引導下，她意識化了自己的意圖，那……今天第三次見面，「我該怎麼面對自己跟A呢？」

她凝視自己的眼睛一會兒，隨順直覺吧！就是得先經過潛意識，才能意識化。陳歆挑了與上週同款的T恤，但今天她選的是柔嫩的藍，合身牛仔褲，綁起馬尾，露出細白脖子，與上週一樣上了精緻的裸妝，擦上香水。

陳歆提早一個半小時到Z校，約了明美老師搜集訊息，完成緊急督導裡被提醒要對系統做的基礎評估。評估完後，她沒有立刻到諮商室，而是走向校園，她不知道今天會發生什麼事，但藉由自我分析、雨橙和兩位同儕的激盪，她希望在開始前給自己一點時間放鬆，也相信自己已經準備好了。

坐在校園的石椅上，吹著微風，Line中傳來裴莉與紹奇的鼓勵，感覺到被支撐的溫暖，也讓她回想起上週的同儕督導。當天晚上在靜默中，陳歆無語地拿起背包離開了。紹奇與裴莉沒有再追問，每個人都知道彼此的心海起了風，兩位前輩沒把自己當成資淺的心理師來照顧，這是信任她若有需要自然會呼救。這樣的同理與同在，對現在的自己來說，已經夠了。

「我還眞是成熟了不少。」陳歆想起以前，自己會因爲對關係的不確定與對自我價值的焦慮，難以忍受對方不回應，會瘋狂幻想自己揭露成這樣、別人會怎麼評價自己，絕對要攻擊對方或拉開距離來自保。而這一次，她爲自己能涵容以前難以忍受的感覺，靜靜看著這些感受流過，而不把感受當眞來行動，實在爲自己的進展鼓掌。

而最讓她意外的是，前兩天裴莉寫了一封公開信，放在Line群中給陳歆。一向專業與私人界線嚴明的裴莉，在信中分享了嘗試督導陳歆與A生的反移情歷程，劃開了自己的舊傷口。信中裴莉雖未揭露太多個人經歷，但直接承認了自己的反移情。

她簡短說明，學會面對自己在性、愛或稱之爲「關係」中的模樣，是她一生中最重要的成長。身爲過來人，她太急著將自己的體悟澆灌給陳歆，以致於把過去混亂的自己會不自覺地操弄關係的擔憂，當成了提醒。最後裴莉謝謝陳歆反問了她「你有嗎？」這一句，停下了裴莉的執著，幫她看見自己的傷。

「我喜歡這樣的關係。」裴莉用這句話作爲信件的結尾。

「我也喜歡這樣的關係。」陳歆感受到勇氣，裴莉的自我揭露給了她眞誠面對A的示範。

她想起雨橙上課時的提醒：「隨著年紀增長，人會學到各種能力與技巧來隱藏自己，也可說是社會化的歷程。但還不精熟此道的孩子與青少年，他們原始又直接的情緒與反應，會戳破你的掩飾與虛僞。社會化與灰色地帶是青少年認識世界時痛苦的經歷之一，他們不一定會喜歡你，但他們會教會你眞誠面對自己。」、「跟青少年工作的人，必須要鍛鍊保持眞誠的能力。」雨橙的結論讓陳歆困惑，「眞誠不是品格嗎？人不是應該要眞心對待他人、也要誠實嗎？」陳歆記得在課堂上她問了這個問題。雨橙只簡單回應：「記得，『應該』是種期待，但沒有能力的話，做不到。」隨即跟大家說明，這段分享只是她個人跟青少年工作性議題的深刻體會，而每個人會在生涯中找出自己的哲學。這個話題就這樣結束了。

也許，「眞誠」意味著我們帶著對自己大量的未知，和對彼此的好奇，在相遇中冒一點險，去看見自己或把自己說出來。抑或，「眞誠」是不斷發現自己的動態歷程，而非一種固定的狀態？！

確實，能力的發展需要時間建構，那麼，「眞誠」眞的是會隨著個人有意識地鍛鍊而逐漸發展的品質。

陳歆起身拖著媒材行李箱邊想邊走，來到諮商室。她把牌卡、無伴奏大提琴音樂、相機、自己的塗鴉本、性教育書籍、跟自己，全部展示在諮商室中，重現了上週的現場。

她又翻出上課與督導專用的筆記本，想再整理一下自己對A的分析與兩次督導的記錄，看有沒有什麼遺漏。

她隨意翻著，看到了之前上課的筆記：「跟青少年工作，心理師的個人特質與魅力也是工具，可以引發青少年對你的好奇，是在於他的問題之外，另外創造建立關係的機會。」

「然而，跟青少年工作，要非常關注自己的反移情所導致的移情。特別是情慾移情。因爲他無法與上述的狀態切割。」

「這個區分的責任是在心理師身上。要如何協助青少年辨識？不是靠教條、校規、法律、道德，而是眞誠地面對。」

「而眞誠的面對，又要回到反移情的覺察與處理。因爲眞誠不是爲了切割而存在，而是爲了建立關係而存在。」

「因此跟青少年工作，最重要的是得到充分支撐：有信任的團隊能讓你訴說各種感受，並保持自己生活的平衡，避免因爲青少年的脆弱而誘發心理師自身的權控議題。」

頭一次聽到這些，只覺得每個字都認得，組合成一句卻如霧裡看花，得細細琢磨才能懂。更何況五個句子連著讀下來，簡直如外星語一樣深奧，只能等待時間來解碼。

陳歆想起受訓前總覺得，那些難以突破的個案有很多動力跟自己攪在一起，但在滿檔工作中卻沒有心力、空間、時間，更重要的是沒有能力探究清楚。聽了個案的故事，要把故事概念化就夠困難了，而再從個案概念化的歷程中試著評估，完成評估後制定治療策略與方向，又是另外一個級別的事。同事們最喜歡開的玩笑是，把個案的原生家庭整組換掉、人生重來，一切就解決了——當然這只不過是在抒發心理師面對各方期待下的無力感。

再次看到這些句子，陳歆興奮地發現，終於，在A與她的歷程中，這五個句子完成了它們的意義。

她振筆寫下：

覺察，需要面對自己的能力。

面對自己，需要面對「性」的能力。

面對「性」，需要涵容羞愧罪惡負面感受的能力。

面對「性」，需要把自己當個人，有直視情慾的能力。

直視情慾，需要面對原生、家庭、家族與生命加諸自己關於性與自我的諸多印記的能力。

「性」是驅力，也是印記。橫跨生死，也橫跨代間。

那麼，「性」的禁忌，也可說是缺乏面對性自我的能力所產生的必然結果?!

沒有能力接納性自我，就給了他人定義自己的權利。

那我可以這樣說嗎?絕對的光明與黑暗，都是能力缺乏的結果。

陳歆欣喜地看著筆記本，嘿，我也有金句了。

鬧鐘響了，再五分鐘就到諮商時間了。陳歆走到諮商室外，等待。她看見明美老師的身影從轉角出現，後面跟著顯然極不情願的A。明美一見陳歆便揮手招呼，叮嚀A自己往前走，A沒加快腳步，明美又催了兩次，在A背後對陳歆做了個無奈的表情，才轉身消失在轉角。

陳歆看著A慢吞吞蹭過來，「嘿！我剛剛找了一下，上次你幫我拍的小鳥，才一個禮拜，已經離巢了耶！」A抬頭望了望，看不出表情，隨即跟著陳歆進了諮商室。

「第一次你是坐這裡，第二次是坐沙發。今天你想坐哪裡都可以。」語音未落，門還沒關好，A已窩進厚重的皮沙發，拿了抱枕抱在懷中。在陳歆沙盤推演的各種情形中，這已經是最好的開始了。

陳歆把情緒卡跟上次他們補充的字卡排在桌上，「你已經知道怎麼用這些卡了，我想跟你說些心裡話。你若想回我，就用卡。」

「上週，你過得好嗎？」陳歆放慢了跟A連結的速度。

「上週你幫我拍幼鳥的照片，我們一起使用情緒卡，」陳歆指著桌上的卡片和他們手寫的紙片，「你還幫我多寫了一些情緒的詞。」陳歆指了指上次用的書，「我們用這套書中男性篇的目錄，討論青春期會關注的身體發育與性發展的議題，來建立可能的溝通方式。」

陳歆停頓了一下，觀察不動聲色、完全沒反應的A。

「最後在收牌卡時，我發現你沒有參與，轉身看你時，你滿臉通紅，看起來是有生理反應，應該是勃起了，然後你就衝出去了。」

侷促，臉紅、握緊的手。

「我不知道你有沒有信任的朋友可以討論這樣的經驗，而不只是嘴砲、玩笑。討論的意思是，說出你在這個經驗中的困惑，幫你釐清狀況，重新獲得對自己的認識，而感覺能掌握自己。」

「有？沒有？」

A比微微還微微地搖頭。

「嗯嗯，我想也是。從上週你的反應來看，我猜這並不是你擅長用來驚嚇女老師的伎倆。」A猛搖頭。

「不自主勃起突然發生，應該也有嚇到你，我不知道你後來怎麼解釋自己的反應。有些男孩在這種時候會怪自己，覺得自己很色、很齷齪；有些人因爲羞愧，會怪他人引發自己的生理反應或性慾；有些人會故意用這樣的反應讓老師不舒服，來感覺自己能掌控眼前這個人。有些人是因爲與性相關的過往經驗，導致性在人際關係中界線模糊、無法掌握。」

「不論你有什麼感覺，比如自責、沮喪、興奮，或離開後的性反應，我都希望你相信可以跟我好好談，而不用讓這些情緒在心裡發酵，演變到用性來感覺自己的存在感、或被性制約。」陳歆搖著手，「哎呀哎呀！最後兩句有點難解釋，我說了一大串，總之我只是想讓你知道，這樣的情況青春期學生是有可能發生的，我希望我是那個能跟你一起討論的人。」

侷促依舊、臉紅稍退，沉默如昔。

陳歆停頓了一下。「另外，我想讓你知道，你離開後我最擔心的是你會因爲羞愧、焦慮等各種很難承受的情緒，從此就不來諮商。但，這是你的決定，我無法逼迫你。我能做的是整理好發現勃起時我的感受。有一種反射性勃起不需要原因，就是青春期會有的自然反應。我們可以一起討論諮商過程中要如何調節，這是你需要學習的。

「當然，勃起的原因，可能是因爲你的心念、經驗、生理慾望、情愛需求等等；也有可能是我造成的原因，我會跟你說明我的反省。勃起是你的事，但也不只是你的事，我會跟你一起學習理解與掌握你的身體。

「最後，我最希望的是不要因此阻礙我們持續工作與學習。當然，你也可以換男性的心理師，如果你覺得這樣可以減少要面對生理反應的焦慮。

「你要換男性心理師？還是願意跟我一起工作？」陳歆等待。

「不……不用換。」這應該是陳歆頭一次聽到A的聲音，即便細微到耳屎多一點就聽不到，卻已是十分悅耳的鼓勵。

「謝謝你給我清楚的回應。雖然我的性別或許讓你有些焦慮，但我覺得我們可以合作得很好。

「記得，當我們的合作對你的成長沒有幫助時，你隨時都可以提出換心理師的要求。但我只是覺得，如果你的議題在性與女性，處理焦慮後，我可以協助你控制自己的情慾界線跟生理反應。」

陳歆伸出右手，A從眼角狐疑地瞄著她，她又伸出左手，「假裝這是你的手，」左手疊在右手上，「加油！加油！Fighting！」

A露出了忍笑的表情。

「既然我們要一起工作下去，你得想辦法說點話，不然我得一直自言自語……沒關係，反正我要說的話也很多。」

陳歆翻開塗鴉本，「今天有兩件事可以討論：一，我們怎麼看待你被要求來晤談的主訴，還有討論怎麼處理非預期勃起的狀況。二，剩下的五次，我可以如何協助你，讓你日子好過一點？」

A抬起頭，微微瞥了陳歆一眼，顯然對第二句話不解但有感。

陳歆停下所有動作，靜下心來給自己時間感受。到現在，這一切順利得太意外。她心想，或許即便她沒有動用緊急督導諮詢、同儕督導，靠著自我分析整理，仍然會有今天的進展。確實，她並不期待A第三次就開口——那之前的反應是自己太過緊張、小題大作嗎？如果結果差不多，那兩次督導帶來了什麼不同？

她回想明美老師給她的訊息，與第一到三次的互動。這次到目前為止進行了十五分鐘，她以上回諮商最後一分鐘的畫面，進行關係歷程的回顧分析，這對後設認知能力還在建構中的青少年來說並不容易，而A能跟著她前進，即便幾乎未開口。

如果A對「我可以如何協助你，讓你日子好過一點」這句話有反應，再加上他堅持不以任何其他理由、藉口來應對師長對於他進入女廁的追問……

陳歆思考著前兩次的評估：

1. **依附能力**：有評估依附對象的能力，願意冒險釋出一點依附的空間。

（這個評估沒錯。更多的是，他在第三次展現了依附的需求。）

2. **情緒能力**：缺乏情緒分辨、表達、調節的能力，有可能是發展性的能力不足或因不明原因受阻。

（修改爲，以他現在面對的性衝擊來說，表達與調節能力缺乏是正常的。但他能跟上我很長的語句、且都能理解的話，那麼需再觀察修正對這幾個能力的評估。）

3. **人際能力**：依照個案速度介入後，評估個案有與心理師建構溝通模式的能力。且對於心理師提供的素材，有能力展現參與跟興趣。

（這次出現的依附需求、求助情緒，讓他冒險離開安全防護網，爲自己求助。他用語言說出他希望繼續跟我工作下去。如果他不是應付／操弄／演戲天才的話，這，就是真誠吧。用三個字展現出對我的需要。「努力突破自己習慣的安全堡壘，冒險，暴露出脆弱的地方」，就是真誠需要的能力吧！）

4. **資源使用能力：**非自願案主，目前評估線索缺乏。

（以這次的回應，我可以修改成，能力建構中。）

5. **人生哲學：**有孤立的需求，想靠自己度過。

（這個可以大修：有孤立的需求，想靠自己度過，但感受到非自己力所能及，而能跟隨著生命的歷程，把握直覺與適當的機會，嘗試被陪伴。）

修正好評估，現在來驗證看看吧！

陳歆拿起塗鴉本，翻到第一次她畫下的靜默中的A，「你看。」她稍微展示給A，A抬起頭看了幾眼。陳歆翻到空白頁，把本子放在鋪得滿滿的桌上，說：「我想讓你知道我在畫什麼。」但她並不在意A是否真的看了。她開始低頭畫，紙上出現一個中古世紀風格的藏寶盒，旁邊有幾個人圍觀，代表師長、家長、心理師跟同學，眾人都露出想知道盒子裡藏著什麼的表情。

「我剛剛說，今天可以討論的兩件事：一，如果你想知道這個盒子裡面是什麼？」陳歆用鉛筆在盒子裡面寫廁所。

「二，我們也可以不動這個盒子，那我就協助你學習面對外面想打開他的這些人。這就是我剛說『讓你日子好過一點』的意思。」

A看著畫本，看起來是放鬆的，但依然沒有回應。

「我其實非常謝謝你，堅持你自己，沒給我一般學生會應付大人的答案，比如：走錯了、打掃、發現裡面有聲音去查看，或任何奇怪的理由。而且你很清楚，你不回應並不會讓你的日子好過，你要熬過大家關注的眼光，最好連我都問不出來，一段時間若沒再發生什麼事，大家就會淡忘這件事。我猜，你這個策略是『我只要不再犯就好』，但這不代表你對自己沒有任何困惑或懷疑。

「你選一個。」陳歆把紙推向A。隨即又拿回來，快速在盒子外寫下兩個字：勃起。

「可能的原因很多，重點不是不再發生，而是藉此了解身體的各種反應。讓他人困惑的行爲，需要的不是責罵、禁止、評價、標籤，而是需要把它當成了解自己的契機。我希望能幫你開啓這樣的好奇，我能陪伴你了解你自己。」

她在人群旁寫下：無論了解盒子或不碰盒子，我都可以協助你學習面對。

她把塗鴉本推向A，「今天，你想討論哪個呢？」

A盯著圖畫，沒有回應。

陳歆略沉吟一會兒，「確實，憑這樣的資訊要做決定也太強人所難。我先讓你了解一般與青少年性議題工作的流程，我會修改成適合你的版本。」

陳歆翻了頁，在塗鴉本上寫下一到八次的概念。

「前面四次，先了解你、學校跟家庭面對性的狀況。第五次結束後，我會跟你協商我該如何向老師家長說明，讓他們明白怎麼處理你的狀況對你最好，以及該怎麼跟你互動。然後我會開個案會議說明這些，但講的內容會先徵求你同意。

「第五到第八次，看我們能工作的範圍到哪裡，在我們的共識之下持續協助你、家長、老師，讓他們知道怎麼跟你的狀況相處。八次之後，覺得如果需要繼續，可以跟學校申請，或跟家長討論，或我也可以協助你創造運用資源來照顧自己的方法。」

陳歆想了一下，又一面畫一面說，「我的角色，一部分像是精通青少年語言的翻譯官，幫你跟外界溝通。」紙上出現表情迷惑的A，旁邊有三個陳歆，其中一個對著那群人說話。「另一個部分則是心理師，協助你跟自己溝通。」第二個陳歆拿著像醫師的聽診器，貼在一顆心上。「最後一個角色像教練，以你想達成的目標，找出適合你的鍛鍊方式，增進你的能力，讓你可以過你想要的日子。呵呵，有點難畫……」陳歆寫了「教練」兩個字。

A凝視著塗鴉本，臉部線條變柔和了。陳歆看了一下時間，得結束了，好不容易才有點連結哪。

「我的天，時間過得好快。」

A看起來放鬆許多，眼神從自己的腳，延伸到大約陳歆膝蓋的位置。

陳歆盤點了今天的進度：

1. 以第二次的勃起作爲建立關係的媒材。

2. 以前兩次的評估爲基礎，重整諮商架構，再次傳遞自己存在的功能與諮商目的，讓A有知的權利與選擇權。

現在要推進第三點，取得A的同意與家長連結，並取得輔助資訊來評估。喔等等，差點忘了最重要的部分。

「對了，關於這件事，」陳歆把筆尖指向畫面上的勃起兩字，「我已經充分表達我的態度了。」

A目光跟著，顯然比一開始放鬆很多。

「勃起的可能性很多，但我可以說說上週三你跑出去後我的反省。第一次見到你，我完全沒把握你是否願意跟我建立關係。因此上週，我確實使盡渾身解數，畢竟我只有八個五十分鐘。身爲翻譯官，最渴望的是正確傳遞無法被理解的語言。意思是，我眞心希望不要因爲我無法跟你連結，而讓你被學校定義成問題學生或是在性上面需要看緊防備。

「既然是使盡渾身解數，我當然盡力施展了魅力，哎呀！」陳歆往臉頰搧了搧風：「臉都紅了！意思是我把我喜歡自己的地方展現出來，就是我說的魅力……這不是我計畫好的，但確實我很希望你理我、對我好奇，這樣我們才能建立『不因你是有問題的人才開始』的關係。我不想標籤你，我想認識你。

「你很自然地就跟我互動，我也得到鼓舞，想快速接近你。我想，這靠近的速度超過你預期，無論是心理或生理，一下子受到很多衝擊。因此，我覺得你的勃起我也要負責。哈，如果我一直嘮叨、提醒、規勸你，搞不好你會比較習慣，發生勃起的機率就會小些。當然，這也說不準，反射性勃起是很奧妙的。

「如果，你能讓我知道你的狀態，我可以協助你調節。有時只需換話題、調整姿態。倒不是說不會再發生，畢竟青春期不自主反射性勃起是很難控制的。最重要的是，不要覺得自己變態，而封閉了內心。

「最重要的就是這句話啦！我出現在你生命中的意義就是這個。

「啊，不是，意思是，如果你對性、對我有別的想法，包括性慾，那就更需要跟人討論。有人跟你一起討論、知道自己不是孤軍奮戰是最重要的，不一定是我啦。好了，我講完了。這是我能為你做的。如果你覺得跟男性心理師比較適合，我可以幫你轉介。」

「不用換。」A很快回應了。

「好，那最後一件事。今天我提早一小時來，請教明美老師你們學校對青少年性議題的處遇能力與準備，你們雖然以升學為主，但老師願意開放心胸，尊重我的專業來應對。」

「今天結束，我會邀請你爸媽下週來，了解他們對你的想法，至少我可以協助他們安頓一下情緒，讓他們知道怎麼應對學校的希望，在家怎麼跟你相處。如果能安頓師長們，他們就可能給你我一點空間，不會拚命想打開盒了。無論你願意參與諮商多深，我都會爲你做這些事。你有問題想問我嗎？」A微微搖頭。

「我接下來會說明怎麼跟你爸媽談你的狀況。如果有不同意的地方就跟我說，我希望能取得你的同意。」

A微微點頭。

「好喔，那我會問你爸媽這些事：

1. 他們跟你日常的互動。
2. 這事發生之前，他們有擔心你什麼嗎？
3. 之前有被校方通知問題行爲過嗎？
4. 知道這事時他們的感受、想法如何，對你做了什麼？
5. 事情發生到現在，你們每天的相處有什麼變化嗎？他們有針對這事件對你做什麼嗎？
6. 你被安排諮商，雖然他們簽了同意書，但對諮商有無困惑擔心，或想了解的嗎？

「我約你爸媽見面，最重要的是評估他們承受這個狀況的能力，因爲這會影響到你，同時也從爸媽的回應來評估他們對性的看法。我的重點是照顧你爸媽，不要以爲這只是你一個人的事，他們也受到了影響。」

A點頭。

「同意嗎？」陳歆具體地再問一次。

A微微一笑。

陳歆拿起塗鴉本快速畫著，下課鐘響了，陳歆把本子轉向A，這一頁，A靦腆地微笑點著頭，而陳歆的眼中閃著十字的星光。

「今天到這裡囉，下週見。」A站起身緩緩走向門口，自己旋開門。「欸！如果可以，下次自己來吧！應該不用明美老師陪了。」A沒有回頭，從背影，可以看得出他微微地點著頭。

門，好好地被關上。

她打開電腦，選了海浪輕撫沙灘的冥想音樂。

陳歆把自己丟回大黑沙發中，原本令人有距離感的厚重沙發，此刻卻顯得特別有支撐力量。閉上眼睛，深深呼吸，隨著音樂感受自己在暗潮洶湧的海流中，沒有羅盤指引，只能望著北極星奮力掌舵前航，終於抵達平靜、舒坦、蔚藍的寧靜海域。明明只過了五十分鐘，卻好像過了好幾個小時，沒有一分鐘可以浪費，必須不斷前進。有大把時光可以虛耗的青春，對於一個人的發展來說，無比珍貴。

「因爲你不放棄，這一切才有可能。」雨橙的話在耳邊響起。三年前她滿懷挫折，一心期待神之手給她特效藥，而非一句風涼話似的鼓勵。三年後她才深刻感受到這句話的意涵，被自己的不放棄感動。

一首曲子結束，陳歆跳起來。一切才剛開始，還有好多基礎要建設，這可不容易，但不放棄，一切才有可能。

她一面寫記錄，一面想著雨橙上課時說的：「跟青少男行爲人工作，是一個鬥智的過程。」倒不是爲了挖出行爲的原因、禁止或曉以大義，她想起雨橙在黑板上寫的，性教育、法律、價値觀、懲處，「鬥智的目的，不只是停止此刻大人與法律所不樂見的行爲，更是要繞過『男性是加害人』這個文化定義對男性的傷害。」

是的，有些人是故意的。但青少年——雨橙督導總是跟受督生說，「還好，他遇見了你，你在這時候介入他的生命，是他發展中非常重要的關鍵。聽懂他，讓他有一點至少曾經被聽懂而非被斷定的經驗——這些種子，能幫助他。」

男性，因為體力、因為性慾、因為需求、因為罣固酮而傷害他人，然而，他自己又何嘗不是性驅力與性別刻板印象下，種種僵化預設與能力缺乏的受害者？

離開前，陳歆告知明美老師已取得個案同意，請家長下週三下午一點來學校會談，也請明美老師將方才給A的提問轉交給家長，希望讓他們安心。跟家長談過後，她會再跟老師商量開個案研討會的時機與目的。

明美老師聽完，安心地笑了，「一切拜託陳心理師囉。」

陳歆拖著行李箱，聽到操場傳來不知是體育課還是課外活動的喧鬧。她改變主意，走向籃球場，駐足欣賞年輕人的活力，男孩們不論高矮胖瘦、青澀成熟，都散發著陽光的氣質。幾位男孩注意到場邊有女性的視線，開始要酷裝帥，在陳歆眼裡看得出來有幾分刻意。

她乾脆在球場邊坐下，恣意享受年輕男性的能量。「我喜歡這樣不害怕面對性、不害怕面對男性的性的自己。」陳歆心裡浮出這樣的感覺。

她想起從小被教導女性是性的受害者，面對男性的注視、調笑、充滿性意味的雙關語、姿態、身體距離，都讓自己如驚弓之鳥般不知所措，只能防衛、羞愧，總是檢討自己，是我有問題才會引來這樣的目光和調戲。在這個狀態下，分不清楚慾望是自己的還是別人的，慾望也變得令人羞愧而無法直視。在人際中，面對性與慾望，她總是彆扭、焦慮，擔心自己沒魅力又擔心自己太淫蕩。想起前幾天的同儕討論——臉又紅了，只是化個妝、噴香水、露出脖子，是女性吸引目光的基本權利，她卻像小孩開大車一樣羞於承認，對於所引發的一切手足無措。

裴莉問她女性部分的自己時，她的羞愧不是因爲精心打扮，而是自己會的竟然只有被動打扮、認眞付出、等待被看見。與女性魅力有關的自己，她掌握得很少，那時一口氣告解似的說出誘惑手段，卻換得紹奇「這是幼幼班的引誘吧」的失望表情——純潔到與性無關，是她十幾歲時的驕傲，三十歲時的羞愧。

她想起剛剛諮商過程中她問自己的，「如果不期待A在第三次時跟我對答如流，那麼有無督導差別在哪？」

「我還是那個熱愛心理工作且全力以赴的陳歆，我不想再否認自己，陳歆是個性感的女人！我認清楚了自己獨特的展現魅力的方式！當我完全地開放，我喜歡展現我對世界的看法、我面對人生的方式，我喜歡眞誠地分享出去，不隱藏，這是我的力量，也是我獨特的魅力，至少這非常吸引我自己。再加上，我會打扮成自己喜歡的模樣，展現我所喜歡的女性風格。」她想起穿搭多變的雨橙，跟總是熟女裝扮的裴莉。陳歆則鍾情清純自然文青風，「我喜歡這樣充滿魅力的自己。」

「活力充沛地享受人生的各種滋味，是跟青少年工作的重點。盡力地活出自己，這爲青少年示範了青春期發展的重要任務。」陳歆想起雨橙的話。

「青春不在於年齡，而是一種態度，是解開生命腳本的限制、去體驗各個面向的自己。」

陳歆趕緊拿出手機想記錄自己的金句，誰知手機一開，Line便跳出裴莉與紹奇的問候。她在球場的風中笑了開來，剛才太投入內在，完全忘記夥伴的存在，「有你們眞好！」手機畫面隨即被你來我往的愛心、撒花洗版——冒險挑戰自己，還有相知同伴同在，這，眞是太美好了。

第7章

六月一日14:45　K校

紹奇從K校校門對面一家什麼都賣的小小雜貨店裡走出來。手機突然震動起來，是陳歆的新訊息：「有你們眞好！」紹奇拿起手中飲料自拍了張乾杯照傳出去，「這個小妮子，肯定又突破自己，成長了。」紹奇爲她微笑，卻爲自己感到一股壓抑的焦慮。拉開剛買的伯朗易開罐咖啡，仰頭大大灌了一口，但心裡想一飲而盡的不是甜膩的咖啡，而是啤酒。

「女人，眞是一群令人壓迫感爆表的生物！」嘆了口氣，他走進這間位在偏遠風景區的學校，跟警衛打了招呼。警衛伯伯看到他手上的伯朗咖啡，說那是懷舊的味道，現在人很少懂得品嚐了。他隨意附和一聲，簽了名字走進校園，最後一堂課了，顯然是社團時間。他穿過吵雜的校園走向行政大樓後的中庭，在那張可以縱覽各川堂、教室的長椅上一屁股坐下，背往後一靠，伸展雙臂擱在椅背上，翹起二郎腿，感受包圍著自己的各種聲音、氣味。突然，一支細長的棒子從右肩滑向他的臉龐，定睛一看，是Poki百吉棒棒冰。「欸，我都幾歲了，不要給我甜膩膩的東西。」

裴莉瞅了一眼伯朗：「沒說服力！」她推了紹奇一把，示意他挪出座位。紹奇打量左右，捨不得把全罩式重機安全帽放地上，只好侷促地放在腿上，左手伯朗、右手Poki，旁邊落座的女士則優雅端著咖啡隨行杯，一身專業感十足的膚色絲質上衣搭黑色寬褲，頂著修飾臉頰線條的清爽短髮，裴莉的俐落中不失柔美。她一出現，瞬間占據了他的空間，在她面前，他失去了帥氣，變成中二的孩子。

女人眞是一種令男人壓迫感爆表的生物！剛剛才被陳歆的專業成長壓迫，現在又被裴莉攻城掠地，一個勁地擠過來，男人只得乖乖讓步，還得小心身體界線，免得被告騷擾。男人的性眞是原罪，再怎樣被壓迫，還是得乖乖求和才有愛做，哼，有些男人會厭女不是偶然的。異性戀男人在性面前，根本就是性別弱勢。

紹奇很想任性地說出這些政治不正確的話，爲什麼呢？在性別征戰的世界中，紹奇從未把傳統異性戀男人的權力視爲理所當然，而且在異男的世界裡，他的善感不像男人，在女人面前，他卻又被歸類爲男性霸權的加害者一方，他感受到的是不被理解與無歸屬的苦。如果認眞攤開來談，裴莉、陳歆、雨橙應該聽得懂吧！但，他還是選擇隱藏自己。

他羨慕陳歆，她這個暴露狂！總以挑戰揭露自己爲樂，而彷彿，她也在其中得到了我沒辦法體會到的力量與自由。

但，說出自己、看見自己，到底有什麼好的？紹奇想起上週六在自己辦公室的那場同儕督導，說話的是陳歆，他明明是旁觀者卻緊張到想離開，他很想跟裴莉聊他那天的經歷。但，他不想感受到脆弱。光想到這，那揭開自己的脆弱感就像塞在床下的臭襪子，隱隱聞到刺鼻酸臭味，但塞進去一點，就沒事了。

突然，右邊有一雙眼睛注視著自己，「幹嘛！」紹奇猛地往左一閃，怕被看穿。「在想什麼？剛剛開玩笑你都沒回，在擔心個案嗎？」

紹奇順勢接話：「不是擔心，是在思考！」

他們倆坐在校園等待二點的到來。一個月前，K校主任向雨橙提出派案需求。男學生B、C，十四歲，涉及手機偷拍事件。四月二十五日下課時間兩人躲在樓梯角落看手機，手機中似有不當畫面，被上樓的同學瞄到，告訴該班導師。導師趕到現場，沒收B手機後，發現裡面有兩張裙底風光的照片。一張看起來是女孩自己掀裙子，另一張是從女孩腳底拍的，都沒照到臉。

C堅稱是因爲好奇才跟著B去的，他手機裡確實沒有問題照片。他說都是B挑選女孩、設計謊言、選好地點、說服女孩。

B坦承不諱是自己拍的，動機是好玩、好奇。女孩是鄰居熟人，他問她要不要玩檢查遊戲，女孩答應了，而這眞的是第一次。

這卻不是B和C的家長第一次因爲孩子的行爲問題被師長約談。

B父在他三歲時酒駕車禍往生，B母一人要扶養七歲的長女跟三歲的B，只好在風景區賣茶葉蛋跟滷味維生。從小學五、六年級開始，B的行爲問題便層出不窮，後來診斷出過動，母親花了很多時間精力與金錢帶孩子做治療，但情況並未改善。這次B母得知此事，立刻帶B向多年鄰居的女孩家長道歉，到了學校也頻頻跟老師鞠躬抱歉，承認自己管教無方，但也實在束手無策，只能請學校多幫忙管教。

至於C，在K校則是大有來頭的學生。學校所在地本是無名郊區，現在卻成了網紅爭相吹捧的知名風景區，就是C父說服鄰里把祖產賣給財團，興建大型民宿而發展起來的。

C生在班上常常帶頭講含有性意味的雙關語，上課時也會抓老師話語的諧音開帶有性意味的玩笑，讓上課秩序很難管理，而老師提醒家長多關注C的狀況時，C父總堅持孩子只是好奇，是老師太嚴肅、小題大作了。這次事件，C家長堅稱是C被壞朋友影響，反倒希望老師好好管教B，讓此事盡快過去，不要讓他的孩子留下汙點，影響人際關係與自尊。

而這整個事件，因爲女孩覺得只是好玩，並無受傷情緒也不想申請調查鄰居哥哥，兩家家長也熟識，故只勸戒了B跟女孩一番，希望不要再犯，也不願事情鬧大，因此不成案。

但B和C的行爲問題向來令老師們頭痛，無論談話、輔導、處罰都效果不彰，因此，雖然家長們都不在意此事，但在校內的性平會議中，委員們一致認爲，需要請專長性議題的心理師入校協助，讓兩個不懂事的男孩了解自己的行爲的嚴重性，否則不知未來會發生什麼事。

原本學校考量到該校距市中心要四十分鐘以上車程，請雨橙派一位心理師來跟兩個個案工作就好。以心理師的時間成本等各方面考慮，確實也是只派一位心理師比較實際。但派案會議時，雨橙卻特別找來裴莉與紹奇，就著派案初談中的資訊，希望裴莉負責B，紹奇負責C，「雖然這樣的安排，對兩位來說時間與經濟成本很高，但我想試試看。我希望在前三次，你們不要互相核對任何個案工作的資訊，把他們視爲完全不相干的個案。跟學校溝通時，也不要探問另一位學生的訊息。如果兩位同意，我會跟校方主責窗口說明，也請他們給我們一些時間與空間來評估。」

「沒問題！」裴莉一口答應。紹奇想了一下，「聽你的！但我可以知道你的評估嗎？一般來說學校會把這兩案合併處理，就各方面來說都比較省事也符合成本。」

「我的評估嗎？」雨橙笑了，「你眞想知道？」紹奇猛點頭。

「派案是個高深的學問呀！」雨橙望向遠方，彷彿可以看到她在虛空中掐指計算。「先回答我，跟青少年的性議題工作以來，你認爲心理師在青少年面對性議題時所代表的角色，以及你評估自己所能產生的影響力。」

紹奇不假思索地回應：「以校外資源來說，我們能做的事不多，仔細想想，就是提供孩子一個能談性的成人吧！補足性教育的闕漏，有個能信任的成人讓他們談任何對性的好奇困惑，讓性發展中的孩子不因成人的能力缺乏而被貼上各種與性相關的標籤，覺得是自己有問題。」

「這是很遠大的理想。在八次到十二次的時間限制當中，你覺得我們達成的機率有多高，達成的要素又是什麼？」

「達成的機率多高，要看學生本身的人格、家庭的態度、校方的能力與心理師的能力。」

「嗯，能成功的個案，通常這年輕人原本的人格就具有支撐自己的力量，意即內在的成長渴望，只是還沒找到投注精力的方向而已。成長渴望嚴重受阻的孩子，需要全系統的幫忙才能修復人格脊椎，讓成長的渴望流動，我們面對性議題才有施展的空間，這份美意才能傳遞。」

「是啊，**性議題就像所有問題行為，都只是人格與性人格脊椎受損的症狀而已。**」紹奇接口說了雨橙教科書上的文字。

雨橙點頭，「你講的是青少年性諮商的核心概念，但落實的重點卻是『系統合作』。我們跟學校、家長合作，重點都在評估學校與家長面對性議題的能力，只有協助師長與系統增能，將性視爲發展的一部分，才有可能長期、持續、全面性地，不把性議題切割出來視爲單獨的問題。」

「將性發展回歸發展的本質。」紹奇搖頭晃腦地以雨橙常說的話接口，禮貌地表示：我都知道啦！老人家！

雨橙不理會紹奇，嘆了口氣：「這是很漫長的道路，師長們要處理學生層出不窮的狀況已經很辛苦了，再加上性這一般人很難啓齒、或不知開口後要怎樣拿捏分寸的議題，會不會被學生誤會、被家長抗議，特別是長官一換，態度就可能一百八十度轉向，前功盡棄……」

「但雨橙呀！這是我們都知道的事，跟你派案祕訣有什麼關係？」紹奇忍不住打斷一直碎唸的雨橙。

「怕你忘記初衷，複習一下呀！」她玩笑著，「忘記初衷，會只把工作當一份工作。記得初衷，就能合理地評估此刻的環境與你所在的現象場，隨時校正心態，這很重要。」

「我們必須明白，自己只是社會文明演進的一顆棋子。有些個案，天不時地不利，我們只能盡人事聽天命；有些個案，比如這一組，兩位的時間成本還可以支應，校方還能溝通，主責派案不只是把個案丟給我們，而是有意願多了解青少年在性上面的行爲意涵，這對我來說就是所謂天時地利人和的案件，再加上裴莉正在學習督導，而你的能力……」——紹奇不動聲色，但張大了耳——「也成熟了些……」——聽不出來是褒是貶——「我覺得你可以從C身上學到很多。因此，我希望你們保持乾淨，不被過多訊息影響，用最乾淨的狀態來跟這兩位年輕人合作。

「我相信我們都能從當中學到很多。」雨橙收拾資料，顯示話題終止。

「欸——你這等於什麼都沒講。」紹奇失望地瞅著雨橙。

「哎呦，跟你，我還是那句話：時候沒到，講了也是放水流。」裴莉在旁邊掩著嘴笑。

「你這安排，是要破解動力吧！」紹奇不認輸地說。

「我們就停在這裡吧！」雨橙看著兩人，「徵求個案同意，三次以後督導時再揭祕吧！我後天也會到學校跟主責與主任說明。」

紹奇驚呼：「哇！你爲這兩個屁孩跟這個學校，也做太多了吧！他們又沒付諮詢費。」

雨橙故作驚訝，睜大眼看著紹奇：「我哪裡是爲那兩個屁孩！」留了一抹微笑句點了紹奇。

「欸，這是第三次了耶。」紹奇突然驚覺，推了裴莉一下。

「嗯嗯！怎樣？」裴莉啜著咖啡漫不經心地回應。

「有一種索哈要掀牌的對決感。」

「不要有壓力啦！我比你資深那麼多，做得比你好是正常的！」

「欸，我怎麼有被婊的感覺。」

裴莉噗哧一笑，「說實話，是你的個案比較難做。」

「少安慰我，我又沒透露訊息。你怎麼比較出來的？」

「我的天，你真的不知道！」兩個人都驚訝地看著對方。

「我該知道什麼？！」紹奇覺得背脊一陣冷。

「總之，主謀不是我手上的這個年輕人。」裴莉收回漫不經心，斟酌了一下用字。

這一句，讓紹奇心煩意亂。他不是沒有這樣想過，但，他負責的C一直不鬆口，總是以無辜受牽連者自居，兩次了，紹奇始終攻不破他的心防。

「你別被我影響了，記得，我們的工作不是判案，誰是主謀不重要。我只是說，我的案是孔武有力、原始粗暴但內心相對單純，你的案呢，則智力很高、擅長操弄，跟他建立關係要很花心思而已。」

見紹奇臉色凝重地陷入沉思，看起來是認真了，裴莉有些焦慮自己說錯了話。她很想安慰紹奇，希望他恢復以往的插科打諢，好讓自己少些愧疚感，但諮商時間已到，她看了看手錶，最後五分鐘了，「現在叫你不要有得失心，難免有說風涼話之感。但你要記得，雨橙給我們的不是促發表現焦慮的競爭，這個安排是要展現多元的介入角度。下週一的督導，肯定會對焦在兩人個人風格在性諮商上的運用。」裴莉說完隨即起身，「結束後等我。大門口見。」不給紹奇推諉的時間，轉身大步走了。

紹奇長嘆了口氣，舒展開身體，放下他的安全帽，翹回他的二郎。最後兩分鐘，他大口吸氣，心裡浮現裴莉最後一句話，「表現焦慮」確實瞬間讓他眼前一黑，但「個人風格」，紹奇回想這兩次，他先以慈父的姿態同理C的無辜受牽連，第二次則以過來人老大哥的姿態同理C這年紀會有的好奇、宣洩性能量與困惑的需求，但全被C拒絕、否認，甚至回過頭來嘲諷他。

第二次結束時，意外地遇見來跟校長談鄰里活絡計畫的C父。C父特別繞到輔導室來，以順道接C回家爲由來看看跟他兒子談話的心理師，是貓?是狗！Oh，不!是何方神聖。

紹奇也藉著這個機會試圖讓C父理解，C這樣下去會錯失學習眞誠面對自己的機會，未來可能會以不同形式繼續挑戰校規與法律界線。結果，C父全盤否定，他眼中的C只是調皮。

紹奇想起C父離開前，要了他的名片。「嘖嘖，這麼年輕就在台北市黃金地段開諮商所。」露出了明白了什麼的表情。臨走前他拍著紹奇的背，「石心理師，我想你懂的，沒有無法移動的規則。」C父看著紹奇說，「年輕人嘛!教他識相一點就好。」離開前補上一句：「更何況，我兒子只是好奇。我會叫他遠離那個小無賴。」他指的是B。

裴莉說得對，雖然C總是跟紹奇對答如流，但非常難建立關係。

紹奇思考著自己建立關係的習性。以往，以同理與過來人的角度，總能讓青少男感覺善意、被理解、得到認同，而願意合作。到校的家長通常是母親，也因爲對於性的焦慮、思考到孩子的未來、擔心孩子會再犯錯而願意配合，紹奇以專家的角度也很容易取得母親信任。

他現在才懂，C根本打從心裡決心演出無辜受害者，再加上背後有大Boss父親操盤，這些同理，根本就是鬼打牆!

紹奇突然坐挺了身子，整個人清醒過來!小兔崽子，看我怎麼收拾你!

第8章

六月一日 15:05 C第三次諮商

專輔老師雅慧在辦公室門口張望，看到紹奇快步走來，立刻迎上來一同走向諮商室，一面說：「裴莉心理師已經進團體室開始諮商了。」紹奇「嗯嗯」兩聲，禮貌性地表示聽到。只是一句寒暄，卻產生了莫名的壓迫感。

「心理師來囉！」雅慧打開諮商室的門，朝裡面的C喚了一句，隨即幫紹奇關上門。

「嘿，你遲到了耶！五分鐘。」

「嗯，我在校園思考今天我們要談什麼，想著想著就忘了時間。」紹奇穿過沙發區，走到牆邊的桌子，放下包包跟安全帽，想找衛生紙處理手中已融化的Poki。

「是不是！」C雙手一攤，「沒什麼好談的了吧！就跟你說我不會再蠢到跟B做那種事了，我們可以結束了嗎？我爸說你只是在浪費我的時間，他打算週三幫我安排補習，沒必要爲了應付你們，讓我成績落後。Oh my god，你吃那種小孩才吃的東西？」C誇張的表情，讓紹奇在心裡翻了個大白眼，臭裴莉！

他坐進C對面的單人沙發。誓言要收拾兔崽子，只是一份氣魄，真要放棄自己習慣掌控的方式時，卻不知道具體該怎麼做。

「你應該很沾沾自喜吧！覺得自己很聰明。你確實很聰明，而且自認爲可以掌握一切，特別是有爸爸當靠山跟軍師。」紹奇看著C的眼睛，在內心深深吸了一口氣。決定，放下所有武裝，放下所有技巧，承認自己無法掌控眼前的C。

「我剛剛在想，我們見面的這兩次，你說得很對，我確實浪費你的時間，而且自大地以爲，我能理解、能協助你成爲一個不會愚弄他人的人。我甚至自大地以爲，眞誠才是與人建立關係的方法，而忽略了暴露自己的脆弱感，是連我都不願意去經驗的。只是我常會露出破綻，而你這方面的能力卻是被你爸爸訓練得堅不可摧，如果你在我面前承認了你自己，就是對爸爸的背叛，以我所認識的你爸爸，我想那一點都不好玩。」顯然父親從未跟他模擬過這樣的談話，剛剛戰力十足的他，瞬間變得手足無措。

「而你，是沒有朋友的。」

「你又知道了。」C翹起腳，雙手交叉在胸前，「我懶得跟你說。」

「我知道你從來沒跟你爸爸說破的事。B是你的試驗品、擋箭牌、玩弄的對象，他甚至不能稱爲朋友，而你，是沒有朋友的。你因爲太聰明、太會察言觀色，學了很多障眼法、盾牌、盔甲、不著痕跡的攻擊手法。」

紹奇凝視著C的眼睛良久，C一開始還勉力撐著回視紹奇，後來一下翹腳、一下抓頭髮做造型，身體動來動去掩飾不自在的感覺。「你以爲我在說你嗎？其實，我在說給我自己聽。你跟我很像，把聰明拿來築牆、防衛到連自己都不知道自己是誰。」

「你牢騷這麼多，我睏了。」C伸個大大的懶腰，躺在雙人沙發椅上，翻身背對紹奇。

紹奇看著C的背影，感受著內心。如果能連結上自己的內在，他最想說的是什麼？

眼前的C顯然防禦力十足，跟他繼續攻防到晤談次數結束，這對紹奇來說並不陌生，就是一份工作，很多時候他並沒有想太多，只是跟著當下的感覺走，也覺得自己的陪伴，至少讓青少年有個人可以說說那些大人不喜歡的事。但這一年來，到今天，連他，也膩了自己。

既然是一個註定沒有進展的個案，不如試試看雨橙最喜歡的「眞誠」？

「你是對的，眞不知爲何有人喜歡接觸自己的內心、看見自己的脆弱，那眞的很難受，還不如找人發洩或找性來轉移注意力，看A片自慰、殺時間、感覺掌控感、鄙視自己不喜歡的女優，用自慰攻擊她們；崇拜喜歡的女優，用自慰占有她們。如果知道自己對男性有反應，更要盡全力掩蓋、甚或加強對女性的反應來掩飾自己。」紹奇驚訝自己就這樣說出內在的自己，雖然包裝在一般男性的某種面向的性心理發展當中。

「幹你娘機掰！聽你唬爛，你很吵耶！」C躺著，但踢了一下沙發椅的扶手。

看來，亂槍打鳥，是刺到了一點什麼。

但，紹奇沒有跟進。

他安靜地感受，說完這段話後內心的感覺。

有種挑戰了冒險之後，身體從繃緊到放鬆的感覺。他意外地覺得呼吸順暢了些，剛剛被伯朗的甜膩翻攪的胃，也鬆了下來。

說出自己的眞相，給青春期搞不懂這一切的自己聽，莫名地有種療癒感，脆弱好像沒那麼不能承受。他突然，喜歡起眼前這個男孩。

「怎麼，嘮叨鬼不講話啦！生氣囉！」C翻身，盤腿撐著頭，斜眼瞅著對他微笑的紹奇。

「哎呀，你很聰明，但還沒聰明到能懂我剛剛說的話，講了也是白費。」他笑了，想起雨橙常掛在嘴邊的，時候沒到多講也只是放水流。

「誰說我聽不懂，是我對老人嘮叨沒興趣。」C一副超齡的老成樣。

「你聽得懂？那麼深奧的人生體會，你聽得懂？！」

「哼！你不就是要說，聰明反被聰明誤，這麼簡單一句話，講這麼多。」C搖著頭露出輕蔑的笑。

伸手向這屁孩比出中指——紹奇出現了幻覺，但，他很希望是眞的。

幹！剛剛的喜歡立馬消失，紹奇眞想把這兔崽子掐死。

還來不及回應，C又加碼，「還有還有，老人就是喜歡用過來人怎樣怎樣，好像你都經過，什麼都懂來恐嚇年輕人。老套啦！」

顯然，他已整頓好反擊的力量，這是他自己防衛父親和成年人的方法。

「看來，你已經決定，沒有人可以幫得上你、或是聽懂你，除了你爸爸。」

「啊！我就沒有要地方需要人幫忙呀！有，我一定會找你的！！」他拍拍胸脯再指指紹奇，就像哥兒們一樣。

「那今天是最後一次嗎？」紹奇問。

C意外地說：「爲什麼？我們不是還有五次？」

「啊你不是已經拒絕我的協助了。」

「對啊！但你至少比較有趣。我不想換人。」

「我又不是來娛樂你，給你交差的。」

「心理師，要對自己有自信一點呀！幹嘛自貶身價。」

紹奇沒有回應，被父親再現的既視感動搖著。

看紹奇沒接招，「你不是很喜歡建立關係嗎？我們可以來建立關係呀！交個朋友。」

「哪種朋友？」紹奇回過神來。「酒肉朋友？嘴炮朋友？義氣相挺的兄弟？」

「我都可以喔！」C得意洋洋地說。

「可，這些我都沒辦法。」

「哎！你真難搞又囉唆耶！」

「以我們一週見一次，剩下五次的時間，我知道有一種朋友的形式會留在心中很久……」

不等紹奇說完，「哎呦，你該不會是說那種說噁心話的那種吧！」C猛翻白眼，做出白痴才會答應你的表情。

「呵，我要重新評估了，你的智商跟我還有得比咧。對，就是剛剛你覺得我老人嘮叨、過來人心情的那種，欸～我剛剛跟你分享的是我內在的心情耶，講得我眼淚都要掉下來了。」紹奇隨意地搭著話。

「吼，就知道你喜歡這種。真噁心。」繼續白眼。「好啦好啦，那我來做心理師好了，你應該要付我錢呀！」C討價還價地說。

「欸，我傳授我的技術給你，讓你更強大，你才是徹底賺到好嗎。」

「那要怎麼做？」C問。

「等一下，剩十分鐘，你回去，你爸爸一定會問，今天我們談了什麼。你要怎樣回他？」

「喔～就照之前那樣呀，把你說得很沒用就好。」C不假思索地說，自然到完全理所當然。

「他不是會說浪費時間要排補習什麼的，用藉口讓你不用來？」

「說你呆，你還真是呆呀！」C露出你也太純真的表情。

「喔～所以那只是放話，你們都知道要完成學校的規定，可以減少麻煩。」

「什麼放話，多難聽，這叫什麼，聲張主權！呵呵！！」C得意地說，一點都不在意心思被看透。

「那下次要怎麼進行？」

「你回去好好想一想呀！」C一副很樂的表情。

「欸，你那麼聰明，戲碼那麼多，又超愛演，應該是你回去想吧！我只有等著接招的份了。」紹奇苦惱地搖著頭。

C一改無辜受害者的表情，應該是這個角色演久了、也悶了，而且今天彷彿找到新玩伴，他興趣盎然的、鬥志十足的走到門口，轉身，「下週見！」是他說的。

C走了，紹奇整個人神清氣爽，這真是出乎意料。

以歷程上來說，他是被C壓著打，如果在以前，他不會讓這個狀態如此明顯地呈現。長C一倍的年齡加上心理師的訓練，總有些伎倆能讓自己不要輸得那麼明白。

但，這次很奇妙，表面上C掌控全局，但相對於前兩次那種膠著、陷入流沙的無力感，今天竟然在紹奇棄械投降時，C終於意外地流露出真實自我。雖然仍可看到家庭對他的影響，但他明確地與父親拉出了距離，嘗試以C這個人本身跟他建立關係，就像比賽腕力時，鬥智、鬥膂力、鬥耐力，勾纏的手臂拉近兩人距離，紹奇意外地發現自己從沒有像這次這麼靠近個案。

他簡單地記錄：

主訴：諮商結構重整。個案從覺得諮商無用到找到關係繼續下去的動力。

評估：個案展現出他的價值觀、符合其價值觀的人格狀態能力十分完備，也展現了諮商的動機與意圖。

處遇：挨打！

哈哈哈哈，紹奇沒想到自己不僅沒因這兩個字而羞愧，竟然還笑出聲！但，這可不是能留在記錄上的。他拿起立可白塗掉。

處遇：讓個案在歷程中，自由展現原生家庭的影響，協助……

他猶豫了一下，有嗎？他有協助到C嗎？放下心理師自尊不回手防衛，算協助了吧。

協助個案減少防衛性地呈現自己。

突然間，紹奇竟然出現了有能感。嘿！這感覺還真不賴。

他不知道剩下的諮商中，兩人將會走到哪裡，也許完全不在計畫中。但對冒險的好奇心，讓他整個人清醒過來。

「你先走吧！我去打球。」他傳了訊息給裴莉。跟體育老師借了顆籃球，昏暗的天色，籃球場的燈「啪」一聲開了，混在學生中，盡力地流汗，是不矯情的青春。

第9章

第三次諮商結束了。整體來說，B的進度都在裴莉掌握之中。跟學校窗口敏華老師的合作雖然花了許多心力但也算滿順利。裴莉很期待下週一的督導，她希望這次能完全依照自己的評估，爲B與這個學校設計出系統合作的配方。

剛跟敏華老師說明個案會議的預備步驟與可能邀請的人選，花了些時間，五點半了，紹奇想必等不及，先走了吧。

她滑開手機，紹奇的訊息跳了出來，「打球去了！」看來，也是突破一關了。裴莉微笑地放下心。

「今天有點晚了，我回去好好整理跟B工作的評估，週五會跟督導整理下次個案會議的內容跟作法。我們保持聯絡。這次的記錄，我下週會補上。」今天不寫記錄了，裴莉把團體室稍做整理後，收拾起跟B一起做的小作品，拜託敏華老師代爲保管。

「每次都耽誤心理師很多時間，沒問題的。」敏華老師連聲點頭。

經過通往校門口的川堂時，裴莉繞到警衛室，跟警衛王先生寒暄，「我去旁邊逛一下再回來開車。」「哎呀這邊很荒涼，都是賺學生的錢啦，沒啥好東西。老師，你開車，翻過山頭，那裡是有名的風景區，熱鬧多了。」裴莉微笑地揮揮手，感謝警衛的熱心。

站在校門口的街上環視附近店家，校門正對面的是令人聯想到解憂雜貨店的古早味小雜貨店，旁邊是年代久遠的文具行，門前的電動玩具機台旁圍著幾名學生，路邊有輛卡車賣著臭豆腐、麵線，再過去是幾家小吃店，早上賣早餐傍晚賣小吃的那種，有黑白切麵攤、鹽酥雞、蔥油餅，約兩百公尺外則有家漫畫出租店。這間與風景區各占山頭兩邊的完全中學附近，連一家連鎖便利商店都沒有，夜幕將垂，年輕人到哪裡去宣洩青春能量呢？

她暗自記下這環境的重點，走回學校去開車。警衛看她哪兒都沒去，以為是沒挑到像樣的餐廳，「老師我跟你說，你沿著路開個兩公里，山那邊就熱鬧啦！」裴莉靈機一動，跟警衛聊了起來，「那年輕人下課都去哪裡玩啊？」「回家啊！」「那不想回家的呢？去景區？看夜景？」「他們才不會去景區呢！那裡的店都是家長開的或是同學爸媽開的，會被打小報告的。」「王先生，謝謝你耶。」「叫我阿福就好啦！」阿福警衛給裴莉報了路，主幹道往後兩條街，有幾家年輕人會去混的店。

驅車轉了幾條巷子，果然，離學校不遠處有電玩店、夾娃娃機台、飲料店跟賣韓星東洋流行雜貨的時髦小店。裴莉放慢車速滑過，從店門可以望見學生身影，門口也站著幾群在聊天，有穿制服的、也有沒穿制服的。

她下車，在飲料店叫了杯珍珠奶茶。對面的路燈下有五、六個學生，圍著兩輛機車或坐或站著聊天。

裴莉的出現，明顯跨越了某種界線，除了年紀、還有穿著。

裴莉迎上了其中最警戒的眼光，掩飾在那佯裝不在意的姿態中寬大的男友牛仔外套，幾乎看不見的超短褲，女孩倚在機車坐墊上，修長的腿恣意跨坐伸展，裴莉深吸了口氣。這濃濃的性的味道，讓旁邊穿著白襯衫制服圍繞著她的男孩們，即便敞開了鈕釦、拉出了衣角，努力裝出成熟的模樣，卻顯得更加稚嫩。

青春啊青春！

裴莉拿了飲料，沒有立刻回車上。性的味道真是誘惑，不在於這群人組成的畫面，而在於去感知每個人內在隱隱的擾動。她坐在飲料店門前的長椅上，含著吸管吸著奶茶，讓自己感受內在波動，甜膩的感官刺激，更推升著體內慾望的湧動。

青春啊青春！

稚嫩、無知、青澀，卻又散發最純淨的性能量，那純粹的滋味真令人回味。裴莉回憶起在一切變得髒汙前的那一刻，那完全超越她短短十四年的人生所體驗過的任何感受，從那令人屏息的靠近、滑過的指尖、身體的溫度、氣味、那勾出魂魄的眼神、讓全身酥麻的雙唇，她到現在都還記得。她從不知道體內住著一個她完全不認識的自己，她冒險，也無從抵抗地只能任另一個她主導去體驗，性——震撼身、心、靈的力量——完全拋開大腦，在九霄雲外的體驗！

但大腦回來後，從九霄雲外下墜的速度比遊樂場中的自由落體還快，卻沒有任何煞車機制或安全網，只能直直墜入超我與本我激烈對戰的地獄，一切開始，髒汙了。

思緒流瀉至此，性的能量消失了，現實讓裴莉反胃，手中的奶茶也甜得無法入口。她起身把還剩八成的茶請店員回收，回到車內，從副駕駛座前的置物箱拿出Light 7跟打火機，吸了兩口，隨即在菸盒裡捻熄，菸草味入肺的感受，是成年的滋味。

菸草的餘韻猶存車內，在嗅覺疲乏之前捕捉最後的一絲味道，女孩則在廉價的香水味中，試著掌握性能量中的自己，享受調情所帶來純然感官的刺激、性所帶來的力量感與權力感。這性的美與原罪，是來自夏娃或是蛇？

在網路手機覆蓋率百分百的今天、純樸偏鄉與慾望之都已無邊界的現代，那從遠古到當代，文化中

「性」給女性標籤的重量，是否已比自己年輕時輕了些？

裴莉注意到少女的眼神，從未完全離開她，警戒地評估著眼前的情勢。「祝她知道自己在做什麼。」隨即又笑了出聲，這是年輕時可以一秒激發她煩躁情緒的話：「要想清楚你在做什麼！要爲自己做出對的決定！」吼，我那時要有這能力，我就不是青少年了！

眼前這些年輕人所不知道的是，她並不是多事的大人，而是當他們的世界因爲性能量的引爆而開始失控時，這個曾經出現、被他們無視、也將遺忘的成年人，已許願支撐他們崩塌的世界，還性一個發展的可能。

裴莉腦中浮現超人特攻隊的畫面，但主角換上了自己、紹奇、陳歆、雨橙的臉。以青少年性諮商師爲職志的自己與團隊夥伴，是亞當夏娃面對禁果後趕來解救的超人特攻隊，這群人想成爲的是，自己年輕時沒機會遇見的人。「噗哧！」裴莉被自己的奇思妙想逗樂了，在意形象的紹奇一定會爲緊身褲外搭紅內褲抱怨不已，話說內褲外穿，在超級英雄身上，暗喻著什麼呀！裴莉搖著頭笑：「設計師，眞是中二男！」

裴莉笑著緩緩開車上路，青春啊青春！暫別了！「我得回到大人世界了。」

＊＊＊

回到家，裴莉才在小陽台把自己安頓好，打開電腦準備整理今天的工作反思時，便收到雨橙的訊息，說週一督導要看他們三位對個案的評估與系統合作的方向。

裴莉打開屬於B的記事本，上面有許多只有她看得懂的心情代碼，電腦檔案則是她的工作記錄。就著這兩份資料，裴莉再次回想與B相處的三個小時，想確認評估是否還有疏漏之處。

第一次的工作目標，是評估與建立個案與系統的依附能力。雖然雨橙曾大致說明她所觀察到的K校面對性議題時的能力，但對裴莉來說，將評估落實爲能力建構是她的任務，因此她喜歡透過親自跟師長互動來重新細緻化評估的細節。因此，她根據工作習慣與B所呈現的議題，設定了第一次的目標。

她謝謝雨橙特別跟輔導主任表明希望安排兩位主責老師，因此校方安排了雅慧老師負責聯繫C跟紹奇，敏華老師負責B跟裴莉。

這並非一般學校的習慣，裴莉好奇雨橙是怎麼讓主任接受這樣的安排。其實，裴莉原本覺得這安排費時耗力又不符合成本，因爲要請兩位心理師分別跟兩位老師建構系統合作的概念，而且又是同門師姊弟，所學與理念皆相同，一人處理不是省事又省時嗎?但裴莉沒有提出異議，因爲她知道雨橙總是有她的妙想，相信週五就能見眞章。

更有趣的是，雨橙希望兩個學生安排在同一時間諮商，這個原因裴莉可以猜得到，應該是希望降低每次諮商時B與C之間動力的干擾。這點，裴莉倒是很有感。

選擇諮商空間時，裴莉要了團體室，雖然團體室設在輔導老師辦公室內，門外就是老師們。她直覺如果能給曾被診斷過動的B大一點的空間，會帶給他多一點可能性，而且諮商時的各種動靜都會引起老師們的好奇，這倒是可以成爲與系統建構合作的媒材。

五月十八日 B第一次諮商，15:00，團體室

目標：評估B的依附能力。

第一次晤談時，除了說明自己是因爲拍照的事才會出現在這裡，並解釋心理師、青少年性諮商師的角色與任務外，裴莉沒有再對拍照的事做更多探問。

事前跟敏華老師簡單核對B的基本資料時，她注意到B很喜歡動物，生物課上得最認眞。於是裴莉問B是否養過寵物，B一開始以無聊的表情回覆沒有，裴莉便打開電腦，點開事先準備的照片，包括貓、狗、流浪狗志工、蜥蜴、守宮、蛇、動物園保育員跟紅毛猩猩合影的照片，還有她已經往生的愛犬。B從保持距離觀看、慢慢被吸引、投入地傾聽，到不自覺地靠近裴莉，最後好奇地問怎樣才能成爲動物保育員，也失望地說媽媽不可能讓他養寵物。

裴莉順勢跟B討論起要養寵物的話，主人有什麼任務、需要具備什麼能力。裴莉想起朋友最近在臉書上傳了獨角仙照片。她打開在養獨角仙的朋友的網站，B好奇地湊近觀看，兩人熱切地討論養獨角仙需要的準備，還在網路上搜尋介紹獨角仙的影片，說好兩人回去看，下次再來討論。

「我很開心我們能在第一次就找到共同好奇與學習的事。你走後老師會問我諮商進展得怎樣，我會跟老師說，我們一起研究了怎麼養獨角仙，也給你回去看的影片跟功課。」裴莉在紙上寫下：「要看『下課花路米』，寫下看到的重點。」，並在紙上簽了「郭裴莉心理師」，說：「這樣如果老師或媽媽問你，他們就知道你說的是實話。然後他們就會說，這心理師可不可靠啊！不講正事，講什麼獨角仙！」她模仿著師長們狐疑不信任的語調，一面把紙摺好遞給B，微笑地看著他：「去吧！下週見。」

果然，B開心地走了，裴莉迎上敏華老師困惑中帶著質疑的表情。「獨角仙……這個我們跟他討論就好，心理師你還是跟他談行爲問題吧！而且這會造成家長困擾，如果B要求要養……」

這樣的回應裴莉一點都不陌生。她想起年輕時經歷過的各種質疑眼光，這些質疑跟性沒有關係，卻跟師長的焦慮有很大關係。

沒談到性的時候，師長質疑你的專業；談青春期的性生理發展與性心理好奇，師長質疑會引發孩子太多對性的好奇，更擔心你的談話尺度超過師長能忍受的範圍。若追問他們的想法，答案大多似是而非，比如：

跟孩子談性就是鼓勵孩子發生性行為。

讓孩子理解自己的行為，會讓他覺得這是正常的。

如果沒有讓他知道錯，他會一直做下去，就會上癮。

如果沒有讓他付出代價，就等於鼓勵其他同學效法。

如果接納他，等於是認同，這行為會傳染給其他同學。

你們自在談性，那我們怎樣教小孩。

而這一切最終導向：如果沒有緊緊掌控，孩子一輩子就會毀了。

還有些家長，明明孩子面對的是性的困擾，卻認為孩子什麼都不懂，只是不小心、一時好玩、好奇、不是故意的，質疑把孩子轉給性諮商師，是不是太刻意把這行為跟性連在一起了？

裴莉想起過去聽到這些質疑時內心總會翻白眼，現在想來，那些白眼主要是挫折感使然。跟非自願案主建立關係已經很難了，自己跟師長工作的能力又尚未成熟，特別是被年紀比她大或自以為什麼都懂的強勢家長質問時，特別會失去信心、覺得不被信任而受傷生氣。

每當她挫折鬱悶，雨橙總會跟她一起氣噗噗地抱怨家長白目、老師不懂她的用心。待她冷靜下來，雨橙再協助她盤點資訊，從學校校風、老師能力、學校替老師選取的性議題進修取向、個別家長的親職能力與性價值觀、對個案的分析，來全盤評估，再設計整體諮商策略與系統合作計畫。

如此讓她的心定下來後，雨橙再跟她一起練習如何跟師長溝通：以性諮商專業有系統地講解策略評估，以青少年身、心、性發展的概念來建構學校、親師面對性發展的視野。然後以具體的計畫，來調整師長因爲對性的焦慮而產生的各種想像以及對心理師的期待。

而要讓上述概念能發揮作用，要注意的細節可多了：從表達的方式、個案研討會上提報的方法、所坐的位置，到穿著打扮，全都攸關著能否在有限時間內產生最大的影響力。

「接下來就是實際上的工作成效了。機構端衡量的標準是個案的成效，但我們的標準是，能否與該機構建立長期合作關係。

「因爲機構看的是，我們能否爲他解決這個個案的問題。

「而我們看的是，這個機構是否願意長期耕耘性議題，因爲性，是發展，從不是問題。發展是長期的現象場，不是偶發在個案身上的單一事件。

「『發展』這個觀念，不著眼在解決單一行爲，而是把所有問題行爲都看成個體建構能力的機會。

「而該發展的不只是孩子，文化脈絡、系統、師長、家長，都需跟著孩子一起成長。」

第一次系統合作目標：評估師長依附專業的能力。

第一次晤談結束，當敏華老師遲疑地說，獨角仙我們跟B談就好，心理師還是跟他談他的問題時，裴莉拉了張椅子坐下來，認眞傾聽老師的疑惑。

「敏華老師，我感受到你很想確定我的介入是有用的。能不能請老師再分享一下對B的了解，還有覺得他會發生這行爲的原因？」

「哎呀，他就是過動、沒朋友、上課無法守規矩、愛惹事、媽媽管不動。之前是還好，就是秩序問題，現在跟C湊成一對成天惹事，如果沒有制止，這樣下去會出問題的。」五年資歷的輔導老師看過的問題也不少，敏華做了她能做的預測。

「以老師對B的了解，他的狀況常造成班級經營跟老師很多困擾。」

老師急著說：「現在班級經營是小事，就怕以後通報不完。」

「難怪老師希望我對焦在談B的性問題行爲，因爲比起管秩序，這些性人際界線產生的問題影響更大。」

「對啊，我很擔心，他不是壞孩子，但就怕他衝動，你知道的，到時候傷害了女生……」

「這確實是我們都不樂見的，從性的好奇、嬉戲到傷害，有時只是一線之隔。」

「對呀！對呀！」敏華老師因爲焦慮被理解，明顯地放鬆下來。

「這也是你們會找青少年性諮商團隊，還有我會出現在這裡的原因。B本來只有一般人際關係問題，但遇到C之後，他的性好奇有了玩伴一起冒險，這時性不只是慾望衝動，還滿足了人際需求，也有被陪伴、有連結、有歸屬感，而這些是B在人際中始終無法滿足的。

「我必須找到一個能跟B連結的工具，心理師俗稱叫『建立關係』。因爲，對缺乏人際能力的B來說，他習慣性地以問題行爲跟學習成就低下得到關注，這部分是師長必須處理的，要B符合師長的期待然後被肯定、被關注，以他現在的狀態來說很難。」敏華老師專注地聽著。「所以我運用他喜歡的昆蟲、動物，來評估他跟我這個意圖不確定、甚至可能對他產生威脅的外來者建立關係的需求和能力。我用一個讓他意外的話題，而非他的問題，來評估他情緒辨識、調節與表達的能力，同時評估他與C之間同盟的動力。今天我們一起找到獨角仙這個他有興趣的主題，讓他回去找資料看影片，目的一，現在孩子都喜歡用網路，這個功課難度應該不高，再加上他很有動機，我就可以評估今天這份連結的持續力是否能維持一個禮拜……」

不等裴莉說完，「所以，獨角仙只是個幌子！」敏華老師恍然大悟。

裴莉笑了，「能力建構取向性諮商的用語是『媒材』！獨角仙只是個媒材。今天我們一起找出這個媒材，讓B經歷了有人陪伴、引發興趣、觸及情緒的歷程。能夠對話，我才有機會多認識他，來形成離開問題行爲時所產生的壓力之下，對他的人格脊椎的評估。

「而他下週來時，無論有沒有做功課、進展如何，都在呈現我們之間是否能靠這個媒材形成連結。」裴莉腦中閃過「信物」兩個字。她微微一笑，是啊，以關係作爲治療工具的心理師與個案爲了維持治療效果，彼此不能任意聯繫，只好在天涯若比鄰的網路世界裡找出一個「信物」，讓一週一次在諮商室裡發生的事持續發酵。

裴莉喜歡用「連結」這個字眼。關係是心理師常用字，但關係需要時間、要共同度過很多起伏才能了解對方，才能逐漸稱之爲關係。而連結是一種狀態，你知道有我這個人存在，但主體是「你」。並非我要你聽我的、要你跟我建立關係、要你相信我、要你被我治療。主體是連結之中的「你」！切記，切記！

對於自願案主，「信物」是他對人生的想望。

對於非自願案主，「信物」則必須讓他有動機想記得、有正向感受、讓他好奇，**從非自願到自願，是不可能被迫跨越的鴻溝**……裴莉眼前突然浮現陳歆、紹奇跟雨橙。面對生命，我們都是非自願案主，每個人都在成長中經歷那一刻——帶著好奇且眞心誠意，爲了多靠近自己一點而努力增長能力，因爲唯一能使自己加速的只有生命與自己呀！

「心理師的意思是……」敏華老師打斷了裴莉的沉思，「意思是讓他回去看影片、做功課，但有沒有做到也不是重點……」裴莉點頭，「功課也是『媒材』，重點是這個媒材所引發的效應，目的是評估。」

「喔，是這樣啊……」

裴莉接著說明：「目前兩人都說是B一時興起找C去拍這些照片，無論眞相如何，這兩人組成的關係動力，我希望能涵蓋進對B的評估中。」

「獨角仙也跟這有關嗎？」敏華老師睜大眼睛。

「無論是B或C，他們心中都不會認同老師通報、找心理師，是來幫助他們不要『誤入歧途』。」

「你是說……」

「我是說，他們現在只有彼此。我希望知道這個『彼此』的強度、又是以什麼形式呈現。」

「哇，這個獨角仙……」沒等敏華老師驚嘆完，裴莉微笑：「嗯，這個獨角仙，我想讓B有不用拉扯、不受威脅，就能跟我連結的機會。」

「時間差不多了，耽誤老師很多時間。」裴莉站起身，中斷話題。她開啓了老師的好奇，跟老師一起建立起對B和C心理動力好奇的連結，同時也完成了讓老師信任專業的任務。

她微笑看著老師，「下週我會徵詢B的同意，跟你分享我對獨角仙這個媒材所產生的觀察。」

她拿起包包，老師送她到辦公室門口。

臨走前，看著敏華老師，裴莉再次強調，「我沒忘記這是一個因爲性好奇而產生不當人際界線的案例，我也很清楚，B這行爲主因不只是性，更多的是人格與他欠缺的能力。」裴莉合十拜託，「如果B媽媽問起來，請老師支持一下我的作法，給我一點時間評估。但請老師不用對B提任何有關獨角仙的事。」

老師點頭如搗蒜，又說了好幾次謝謝。

五月二十五日 B第二次諮商 15:00 團體室

目標：修正評估，建構依附。

第二次晤談，因爲前一個個案研討時程耽誤了，裴莉匆忙趕路，只提前了十分鐘到校，連午餐都沒吃就衝進輔導室，匆忙穿過輔導老師們的辦公桌，只能一一點頭致意，無暇好好打招呼。

裴莉進了團體室，包包往地上一扔，迅速掏出電腦跟三明治，單手開電腦，另一隻手忙著撕開三明治包裝，塞進嘴裡。她搖搖頭，這週案件實在太多，到處奔波支援，答應B回去看的影片還沒看呢！

一打開瀏覽器，首先跳出來的是她正在追的影集，「可惡，好想看啊！」捨不得刪掉，裴莉另開了個網頁搜尋獨角仙，影片以兩倍速播放時，B打開門進來了。裴莉把最後一口三明治塞入嘴裡，目光沒有離開螢幕，伸手招呼B來坐她旁邊的和室椅。原本有些不情願的B禁不住影片的誘惑，湊到裴莉身後看了起來。

裴莉沒問B回去看了沒，有沒有記錄養獨角仙需要的準備等等，只是目不轉睛地一面看一面驚呼，語句中自然地邀請B，「你知道原來幼蟲長這樣嗎，喔～獨角仙吃果凍耶……好小一隻，你看殼好美喔，腳也是，很容易斷吧！」

「不會啦！」雖然B跪在身後，但裴莉能感覺到B的投入。影片結束，裴莉指指和室椅，B就一屁股坐下了。顯然剛剛一起看影片，讓他開心得忘了防衛。裴莉一邊收電腦一邊不經意地問B，「你是陪我看的吧！上週回去你沒找C一起看嗎？」

B搖頭，「他沒興趣，他說現在還看……這個……很幼稚。」

「喔～你是說『下課花路米』啊！就快速增進知識啊，若不是這個節目，我永遠不會知道竟然有獨角仙牧場。」

B左顧右盼有點坐不住的樣子。

「還是說獨角仙……你沒興趣？」

「那是小學生才會做的事。」

「C好像覺得這個不太酷呀！」B點頭。

「那你們覺得什麼才是酷呢。」B不自在地起身走到團體室另一頭的抱枕區，倚著抱枕、踢著、勾著，「就是不酷啊！」把自己的臉埋在抱枕裡。

裴莉瞄了一眼，「不酷，好吧眞可惜，我還覺得很酷呢！那我再研究一下，我實在很好奇獨角仙牧場。」裴莉又打開電腦，繼續認眞搜尋獨角仙的資訊，還不時發出各種感想和驚嘆。

B抵抗不了誘惑，又爬過來看，兩個人你一言我一語討論起來，從獨角仙品種、養殖，到興趣如何成爲工作，甚至到經營牧場。

B雖然很投入討論，但約莫每五到十分鐘，就會在地上滾一下，或突然跑到另一頭跳一跳，摸摸角落的玩具，踢一下抱枕又再跑回來。話題是沒停過，但用肢體動作來調節情緒的需求不少。裴莉默默計算著他動靜之間的時間與頻率，在心中感嘆，要乖乖坐在教室上課，眞是難爲他跟老師了。

四十分鐘過去了，「嘿！我們來玩一個，用肚子吹氣球的遊戲好嗎？」

B露出好奇與不解的表情。「我們比賽誰能吸氣把肚子鼓起來，鼓得大大的。然後要憋住，不能笑出來。」B開心得像個孩子一樣，已經開始吸氣，兩個人又鼓肚子、又鼓頰，漲紅了臉，又噗嗤笑出來，被自己這些無腦的動作跟表情逗得笑倒在地，又拍地板又跺腳的。

「眞是太好笑了，下次我還要跟你一起做些有趣的事，你讓我有個愉快的下午呀！」裴莉笑著起身，「嘿~我跟你說，B，接下來我要跟你講的話，會讓你緊張。你如果覺得緊張或不自在，你就像剛剛那樣跑來跑去就好，我要講的話不會超過三分鐘，你忍耐一下。」

B倏地靜止，太突然，完全不知怎麼反應。

「然後，我講完了以後，」裴莉起身走到離門最遠的牆角，做出賽跑的預備姿勢，「我們比賽誰先跑到門邊。」B跟著她到了牆邊準備著。「等等這個太簡單了，你一定會跑贏我。」裴莉跟B商量要用哪種好笑的方式賽跑，最後他們決定用四足跪姿模仿小狗跑步。

「一下下緊張，你忍耐一下。我跟你說，我猜，C可能會希望你不要跟我玩，不要聽我的，又或許他會跟你說我不懷好意，要讓你們做不了朋友，或要衝康你們。我覺得以你們現在的處境有這樣的感覺是很正常的。你有C這個朋友很好，但如果你跟我相處覺得愉快，我也很希望我們能享受見面的時光……」

B跑到門邊又跑回來，裴莉繼續說，「今天結束他會問你我們談什麼，哈哈哈，他一定會覺得我們幼稚到極點。」

裴莉又鼓起臉頰鼓起肚子。B也跟著做，兩個人又大笑了，「你跟他要酷，你跟我幼稚。不衝突。」

「等一下！」裴莉突然從牆邊跑到電腦旁，B不明所以地跟過來。裴莉要B幫忙打開電腦，她自己則戴起眼鏡，一改剛剛的幼稚，整理了一下頭髮，也示意B跟她一起把衣服拉整齊，做出成熟的樣子。

「我們很幼稚，也很成熟。」裴莉點開了獨角仙牧場的畫面，轉過臉認真地看著B，「獨角仙讓我們有機會討論、思考了，從別人的人生故事學習到如何把興趣、夢想變成職業，還可以賺錢。如果C問你，我們在幹嘛，你可以跟他說，就是諮商啊！聊獨角仙啊！然後他會說，幼稚的傢伙！呵呵，你可以回答他，對啊這個心理師眞的很幼稚。呵呵這也是事實呀！然後你們會繼續去做你們覺得酷的事。」

裴莉把身體轉過來正面看著B，「我跟你相處很愉快，我很希望能多認識你，我的任務就是跟你一起收拾，你們酷完了，後面會接著來的不酷的事！」

「現在讓我們成熟的告別吧！下次我們一定要來比狗狗跑步。」

B愉快地點頭，裴莉望著他穿過辦公桌朝輔導室大門沿路小跳躍地前進，裴莉不禁想像外面是一片空曠的草原，可以讓他自由地奔跑、跳躍、找昆蟲、發現自然中有趣的事，但B眼中所見的只有老師辦公室，他一路探索的是老師們的OA辦公桌、翻看的是老師們成堆的文件……

「咳咳！」裴莉壓低聲音：「成熟！成熟！」B微微轉頭，看不見表情，但從B控制著步伐走出輔導室大門的背影，裴莉具體感受到兩人的連結。

帶著微笑，裴莉嘆了口氣，是開心卻仍不能大意的階段。她回團體室寫完記錄，也沉澱一下自己的能量狀態。

「連結上」，對裴莉是與個案工作時非常重要的「關鍵時刻」，彷彿就像雙人聯手簽名一樣，獨一無二地烙印在裴莉的大腦中，也彷彿個案開了門允許她進入他的能量場，兩人的能量場產生了連結。能量場裡儲存著豐富資訊，等待靈光乍現的適當時機來提取。

第二次對裴莉跟B來說，是重要的相遇。第二次結束，裴莉維持了她原本的評估，這次的問題行爲只是凸顯B原本人格脊椎所缺乏的能力，性只是徵狀呈現而已。自己的任務，在於如何組織他身旁的老師家長，幫助他們減輕長期面對B的無力感與挫折，逐步調整對應B的方式。

「在還來及的時候……」耳邊響起雨橙的話，曾在中學任教三年，青少年諮商工作十三年裡八年專注於青少年性諮商，裴莉也懂得這句話的心情。

一開始從敏華老師口中就已明白，每次渴求人際連結的B受到懲處時，老師、家長都跟B一起反覆經歷B達不到成人期望的傷害。「評價」訴說著師長們的無力感和挫折，「標籤」則是B即將背負的失望的重量。

而B是誰？他究竟是怎樣的一個人？所有愛他的人包括他自己，都將會忘記。

尋求認同是青少年發展的重要階段，尋求主流價值觀之外的認同，也就是給了「自己是誰」一個定義。

我們的工作是在師長失去耐心之前，爲個案盤點資源或建構起能支撐他的資源，給個案不同的可能「所以是超人特攻隊呀！這哪裡是一個人扛得起來的！」想到這裡，裴莉感覺心安，因爲她知道不是自己一個人在協助這個學校，紹奇在另一個空間，也在想辦法突破跟C的關係，雨橙更像健身教練，會在學員舉不起重量時適時引導，會在他們能力有限時給予提點，那就有機會看到成果。當然，失敗時也有一群夥伴包括督導一起反思、靠北，整裝，再戰。

爭取「在還來得及的時候」！

第二次系統工作

目標：修正評估，建構依附。

「敏華老師，我跟B的工作有些進展了。」裴莉收拾完團體室寫完記錄，找到了敏華老師。

「獨角仙跟B現在怎樣了呢？」敏華老師像期待連續劇的情節般好奇地問。

裴莉笑了，「獨角仙眞的產生功用，但我還在觀察，等我有更具體的評估再跟你討論，也很需要你的意見。」老師猛點頭，宛如期待參與拯救世界的小尖兵。

「我這次觀察B，覺得他跟授課老師們都很辛苦。以B有興趣的事為媒材、以他有興趣的方式跟他互動，他會很投入學習。他是否還有其他過動或是衝動難以控制的情緒，我不太清楚，但我知道的是，當他感受到情緒，他會需要透過活動身體來釋放。情緒是一種能量，適當說出來、表達情緒讓他人理解接納，是一般人抒解的方式。但B的能力還不到能用語言跟認知來處理情緒能量的程度。」敏華老師專心聽著。

「我希望下週，我能完成對B人格能力的評估，並且得到B的同意，開始盤點他的資源，協助家長、老師一起調整與他互動的方式。如果這邊逐漸穩固，那麼我就能完成對B性問題行為的評估，就可以一起找到方法來處理老師們擔心的部分。」

「心理師的意思是，你還不知道B為何會做這件事？」敏華老師疑惑的表情，表示性仍是她最關注的。

「我的意思是，B的性問題行為跟他的人格狀態息息相關。在他的青春期階段，這問題行為明顯呈現出他的人格能力不足以應對即將接踵而來的各種壓力，包括青春期的性發展與性慾啓蒙的能量。如果我們能藉這個機會，我更想說的是，盡量把握這個機會，在老師家長還沒有被B挫折到放棄他之前，我們能找到合適的方法來跟他一起合作，支撐他的人格發展。我可以負責他的性發展所面臨的問題，那麼就有機會看到不同於老師的經驗所預測的未來。」

老師專心地聽完，嘆了口氣，「我大概懂心理師的意思，但，他的老師們……」敏華遲疑著，「人格要調整喔，人格是家長的事吧，哎，我想說的是，我不確定老師們會願意花這個心神，應該說大家都已經被他弄得很煩了，要再多花那麼多心力矯正他的人格……」遲疑的語氣，表達出的是輔導老師這個角色在學校的辛苦。

「我了解，要其他老師多給惹出問題的孩子一些理解支持，我相信輔導室跟老師你之前也做了很多。」老師搖著頭嘆了口氣，表情完全表達出輔導室在學校體系中的兩難位置。

「要再去要求老師配合什麼，如果孩子的行爲問題沒有改善，要承受壓力的是你們。」老師苦笑了一下，「就是呀！」輔導老師的辛苦能被理解，也是種支撐，但敏華的神情還是很苦澀。

「老師不用擔心，等我盤點完B的資源，只要麻煩你幫忙連繫老師們到現場，我會跟他們說明我的治療計畫。能不能說服老師合作，我不確定，但這是我該努力的。」

兩人之間突然有種陰霾散去，光透過雲層撒下的感覺。不再一直被迫獨力承擔把孩子變好、聽話、配合的期待，敏華老師也鬆了一口氣。

「請老師跟我一起盤點一下，師長們跟B互動的狀態好嗎？這會讓我下週跟B談時更能掌握協助他與老師合作的重點。」

兩人到敏華老師辦公桌旁坐下，一起評估資源。同心協力的感覺，更讓願意爲B付出的老師感覺被支持。

敏華老師堅持送裴莉上車，今天裴莉的車被安排停在大門旁的空地上。就在裴莉上車前，一隻黑狗不知從哪跑出來，「黑胖黑胖——」敏華老師喚著牠，顯然還是隻小朋友，蹦蹦跳跳圍著老師的腳邊繞，不時還躺下來翻肚討摸。「這隻流浪狗，不知何時跑來的，大約四、五個月大吧！警衛會餵牠吃飯，看來會養牠作伴吧！」

阿福警衛看到是裴莉要離開，便抓起黑胖揣在懷裡，「老師再見！開車小心。下週見。」玩笑地敬個禮，開了學校的大門，跟敏華老師一起目送裴莉的車離開。

這是第二次，藉由與每個不同角色的成人建立關係，一步一步把B的資源串連起來。

「希望我們能以知識調整師長們的思維、以評估協助師長形成共識，再考量每位師長的能力，設計出他們輕易能做到的事——因爲輕易所以能『持續』，讓師長能穩定『持續做同樣的事』的治療策略，是把師長調整到不太費力的位置，他們也就不會因爲期望過大而挫折、失望、落入放棄的情緒。若師長們能維持平穩、一致地面對孩子，就能爲孩子、爲我們爭取工作的時間。」

裴莉記得受訓時聽到雨橙的觀點，覺得十分驚訝。她記得，當時的她在心中盤算著，這樣的工作量相較於時薪，實在十分不划算。而現在裴莉可以理解，兒童與青少年的諮商工作對家長、老師與學生而言都有其界線，但評估沒有分晤談室的門內、門外，能掌握更多的資訊與資源，就能讓自己有更多的工作媒材。學生不該是孤島，校內或外派心理師也一樣：在工作媒材上是，在心理支持上也是。

如果有幸能架起一同合作的資源網絡，那麼與青少年工作就不會腹背受敵、壓力橫生了。而且，這從不只是爲當下這位個案，是爲個案未來的成長，更是爲施展堅信的哲學所必須的耕耘。

這兩次算是成果豐碩的吧，但即使自己已經連結了老師與學生，但關係還是十分脆弱，不能就此鬆懈。關係建立需要時間，時間卻是最奢侈的。如果不把孩子當問題，那麼陪伴孩子成長，多少的資源灌注算是奢侈呢？她嘆了口氣，要在許多限制下晉級，實在得花很多心思。

＊＊＊

雲散了去，一輪滿月掛遠方，把天空襯出寶藍色的清亮。

今天早上，她就坐在這裡，望著窗外的河景，反覆思量。她看著陽台的菸灰缸中清晨抽了沒兩口就熄掉的菸，翻到今早的筆記，回想起出門上班前關於B的沉思。雖然是今天最後一個工作，也是手邊案情最輕的個案，但能夠接到第一次犯行的青少年，裴莉總是格外珍惜，格外用心準備。

因爲這也是孩子第一次接觸到心理諮商的資源，如何讓這個經驗爲他保留未來自主求助的可能，是裴莉放在評估與諮商計畫中的習慣。

她看著早上寫的筆記，提醒自己的目標及在過程中反思的重點。

今天第三次，要評估的重點是：

1. 以B跟C之間的動力在裴莉介入後產生怎樣的變化，來評估B的人格狀態與需求。

2. 如果B能跟裴莉建立關係，評估把性放入兩人談話中的方法與份量，同時兼顧B能持續與裴莉連結。

如果B連結的主要還是C，那麼如何把性變成動機，放入我跟B的談話間，能建立B、C跟自己的三方連結？這部分就要看紹奇的進度，如果各個擊破有難度，那麼該如何運用聯合戰線來讓兩人成長，或與現實接軌？這個部分得等週五督導後才知道該怎麼處理。

3. 還有，要在這次取得B的同意，讓我有機會爲他努力，試試看能否組成支持網絡。

目標設定了，裴莉再盤點介入的作法。

獨角仙要再能引起他的注意力，除非B自己提起，或我能找到一隻到現場，不然一切是空談。

到底我跟他能有什麼樣的連結，是他需要的？不那麼酷，但卻是他需要的？

成人的陪伴！從陪伴中不著痕跡地讓他學習人際互動，從中感覺到一點能掌握的東西。

這是他成長中缺乏的對待吧！如幼兒成長逐漸脫離最基本的需求後，孩子如能有安全依附，就能在依附關係的支撐下體驗學習、鍛鍊成長。

裴莉思考了一下目前爲止對於B所有的認識。

在離著名景點兩公里的村落，雖在大台北的範圍內，但算是偏鄉。遠離塵囂、純樸自然，是吸引遊客到訪的想像，但並無法訴說在其中成長的孩子所經歷的落差。無遠弗屆的網路，把花花世界帶到眼前，名車、網紅在自家附近穿梭取景，用鄉村生活的保守來襯托時髦的裸露。什麼是眞？什麼是假？什麼是應該？錯的又是什麼呢？

三歲喪父，母親靠賣掉祖產還了父親的債，用剩餘的錢在景區做小生意。母親辛苦地把B跟姊姊帶大，姊姊發展得不錯，不用母親擔心，在外地大學就讀，難得回來。但B從五、六年級到國中，在老師眼裡就是個學習成就不高、人際關係不佳的孩子，常跟同學起衝突，還有幾次差點打起來，B體格粗壯，很容易帶給同學威脅感，母親爲B的行爲苦惱得不知如何是好。國一這一年，B唯一沒有惹出事的是生物課、體育課。

以上，是諮商室外的資訊。

以這兩次諮商得到的理解，是B看影片能專注討論，利用有興趣的事，可以重建B依附的需求。

語言方面，藉由裴莉的協助可以溝通，但要自己主動表達，有難度。

情緒的部分，藉著身體的「動」，來調節情緒。

人際能力，薄弱……

他的案件，是性好奇涉及他人。作法並非以肢體強迫，C說是B挑選女孩，B設計謊言，B選好地點，B開口說服女孩……

但根據這兩次跟他的互動來看，B的能力實在不可能做到這麼高難度的思維、評估、計畫、策略、執行。

裴莉判斷，找到年紀小又認識的女孩，對B來說，比較不能算是有意識的挑選，應該就只是因爲，女孩是唯一他認識的對象。

然而，B在老師們詢問時，並沒有駁斥C的論點以自保，反而可以說是同意了這個說法。是因習慣了被斥責與怪罪，習得無助？

揹黑鍋、被處罰也是慣事，但至少友誼還可以維持？

唯一確認的是他確實認識那個女孩，女孩確實只認識他不認識C。他對於自己讓女孩遭遇到他跟C的行爲，有任何感受嗎？會愧疚嗎？

母親常常因他的狀況跑學校，他怎麼看待這樣的自己，怎麼看待母親的傷心失望？

以前都是跟同學起衝突，這次則越界到與性有關的領域。自己有可能會被釘上性騷擾犯的牌子，B心中怎麼想呢？

仍然懵懂無知？不知現實輕重？還是，沒有能力消化這麼多感覺，只能隨順生命之流？

未來，對他來說是什麼？

沒人能懂他、沒人能協助他了解自己，他語言和情緒能力都跟不上發展需求，再加上人際能力困窘，要爲自己求助是困難的。能爲自己求助，需要的是「想要被聽懂」的心，那個「想要」，意味著內在有一個自己被自己看見。

如果他對人生的看法是「別人眼中的那個不受歡迎的我，就是我」，裴莉覺得哀傷，但也不意外。

裴莉把玩著菸灰缸裡倒插的半根菸。雖然是清晨，但裴莉點了菸，放棄與被放棄的心情，即便是從學心理諮商到執業已經十三年的她，青春的過往早該療癒成過去，然而那種在生活中找不到重心、在生命中找不到自己的混亂感，時隔二十年仍然不陌生。

性，是很本能的忘我解脫，興奮、投入、刺激、爽，免費的人生解藥，在年輕時刻，如果你曾隨慾望奔流，品嚐過那種滋味，誰不想要？

年輕時想知道人生的解答在哪裡？

現在才知道，人生既沒有解答也沒有意義，只有去經歷。

隨順生命之流。

心理師在與青少年個案短暫相遇中，能爲他留下什麼？

願我能在他心門完全關上前，留下一點進入他內心的小縫，爲往後的心理師保留一個允許進入的機會，並讓他知道怎麼爲自己求助。

而資源使用、能求助，應該是人格脊椎中最重要的能力。她決定這是第三次的目標。裴莉開始寫今天的分析，也想把這些資料整理成週五督導時再確認的工作方向。

六月一日　B第三次諮商

目標：個案求助能力建構。

系統：爲B建構能被求助的系統。

從大都市到K校一路蜿蜒的美景，抒解了剛剛處理完他校個案研討的挫折。

車到K校門口，裴莉看到那古早味的解憂雜貨鋪，決定停車進去晃一下，看看能不能解個憂，轉換一下心情。Poki 吸引了她的目光，想到跟孩子一樣的B，Poki實在很適合他。帶東西給個案不是裴莉的風格，但就是莫名想買，她嘆了口氣，心知第二次諮商順利，便代表第三次有許多關鍵性的進展必須讓它發生。唉，評估、計畫要真能按期望進行就好了。每個心理師都得面對，在青少年面前晤談室裡充滿是全然未知的張力啊！

好想討好個案啊！如果會讓工作容易點。裴莉明知這只是個心情，討好並不會讓工作容易點，但她就是想買！

「老師也喜歡古早味啊！」跟阿福隨意寒暄了幾句。

經過川堂走進校園，不遠處，中庭有個熟悉的背影映入眼簾，「這個人的字典裡面，應該沒有『求助』兩個字」！

裴莉把Poki給了紹奇。坐在隨時顯得胸有成竹，張嘴就是一番論點的紹奇旁邊，裴莉覺得羨慕。男性，天生就有著性別優勢，即便是在心理諮商這樣強調連結、溝通、情緒照顧等等女性優勢特質的行業中，男性仍然可以輕易地得到更多的信任與肯定。

「總之，主謀不是我手上這個年輕人。」裴莉聽到自己口中的話，那是很想替B申冤的心情吧！每一個行爲都會帶來好處。能承受冤枉是種能力，就如同被霸凌的孩子，不一定喜歡如煙火般的正義，因爲很多時候正義無法改變世界運行的方式。

她想起有個年輕人曾對她說：「不要給我希望，如果你以爲光明、正義可以改變世界，那你就不懂我的世界的黑暗。滾！」

嘆了口氣，「主謀不是我手上這個年輕人。」裴莉說給好夥伴聽，算是抒解自己無法任性爲B主持正義的鬱悶，不料卻引起了紹奇的混亂。想到這裡，裴莉好奇起紹奇工作的方向，以及接下來雨橙會如何協助他們合作。

「哎呀好燙！」手上已燃盡的菸的熱度，將裴莉帶回當下，她開始振筆疾書第三次的歷程。

因爲跟紹奇在校園多聊了兩句，這一次裴莉仍然是匆忙奔進團體室，她走過老師辦公桌旁時，瞄到敏華老師桌上有一堆看起來是剛購進的黏土，立刻靈機一動，「我可以拿一包諮商時用嗎？」老師連連點頭，塞給她四包。

才剛坐下，把玩著手上的黏土找靈感，B就來了。B一進來就以小跑步滑進牆角的抱枕堆，裴莉對他笑著招招手，B又跳起身馬力十足地衝過來，在眉毛動也沒動一下的裴莉面前急剎車。裴莉讚許地看著他，「肢體協調性不錯嘛！你應該去打球。」

「籃球。」B做出運球上籃的動作。

「是打好玩的？還是？」

「沒打了。」

「爲什麼？」

他聳聳肩，無所謂的樣子。

裴莉想了一下，沒有繼續追問，「欸，上週回去C有笑我是個幼稚的心理師嗎？」

B傻笑著，沒有回答。

「那，你們有去做什麼酷的事嗎？」

B聳聳肩。

「不用跟我說沒關係。你看我跟你們老師要的。」裴莉推了推那四包白白的東西。

「紙黏土喔！」

「你知道怎麼用嗎？」

B靠過來，「這個我教你。」B沒有徵詢裴莉，直接拿起紙黏土一把撕開包裝，動手揉捏起來。

裴莉笑了，這實在很符合他肢體與語言連結有困難、人際互動敏感度不佳的評估。但願意參與、願意幫忙。

「拿去，這樣比較好用。」B丟下紙黏土，滾回抱枕堆裡。

「來啦！跟我一起做。」裴莉狀似無助地看著這堆白白的東西。

「我不會。」B把頭埋進抱枕中。

「我才不會呢！你至少還知道要先揉。」裴莉試著說服他，「你不會的話你怎知道這樣弄！」

「美術課有做！」

「喔，那你做什麼？」

「我做得很爛。」

「是你自己覺得很爛，還是老師覺得……還是同學覺得你做得很爛？」

B開始把抱枕對著牆丟、撿、丟、撿。

「感覺不是開心的經驗。」丟抱枕的力道大了些。

「你在這個安全的空間，感覺有情緒的時候，能以適當的方式抒發一下，我覺得很好。」裴莉平靜地說。

B持續地丟、撿。

「不舒服的感覺，有時候很難講出來，也不知道該怎麼講，不然就是講了會被罵。在我面前，在這個空間裡面，你能抒發出來，我很替你高興。」

B持續丟、撿，「如果可以，你試著表達講出來，我試著幫你，也許我們會一起找出來，知道你怎麼了。」

B丟了最後幾下，窩進抱枕堆裡。一會兒又突然起身，爬來裴莉的桌子旁，問：「今天不看電腦囉？」

「欸，我這個紙黏土不做會乾掉吧！你來跟我一起捏，隨便捏也沒關係啦！」裴莉不死心地邀請他。

「我不會啦！」

「哎呀！我也不會啊，不會就學就好啦！來。」裴莉打開電腦，「天下無難事，萬事問谷歌！」她查到紙黏土入門的教學影片，B也擠過來，裴莉一邊看影片一邊抓了一塊紙黏土開始捏，B也跟著做。「還可以吧！不難吧？」裴莉露出不確定的音調。

「把他當湯圓來捏就好了。」B說出這句話，裴莉感到很開心。

B捏到一半，突然站起身跑到抱枕區，手裡一邊揉捏紙黏土，一邊把抱枕當毽子踢了幾下，感覺得出現在流過他身體的情緒是正向卻莫名的。

「有開心的情緒，也會需要動一動把感覺抒發出來。哈哈，花枝亂顫就是這個意思！」

「是章魚啦！」B從抱枕區朝她喊。章魚？「我在做章魚！」裴莉突然會過意來，原來B正在捏八個像湯圓的小球，黏在一個大球身上，再加上嘴跟眼睛，就成了章魚。

而他把成語「花枝亂顫」的「花枝」，想成海裡的花枝！裴莉忍俊不住笑了。「那我來做花枝好了。」裴莉一面捏出長長的觸鬚，一面說：「你能在我們這個時段、這個空間，把情緒抒發出來讓我了解，我覺得很好耶。」

裴莉想了一下，「我們來體驗一下緊張的情緒好了，看你的身體會怎麼反應。不開心時會用力丟東西，開心時會手舞足蹈。」

B沒有回她，他已經捏完八個小球，正在揉大球，想把它揉得渾圓一點。

「這三次跟你見面，雖然每次的時間都短短的，但我認識的你是一個想跟人互動、想交朋友、喜歡有人陪伴，對有興趣的事很願意學習的人！」B揉得差不多了，左右端詳，也舉高給裴莉看。

「嗯，很圓了！」裴莉肯定他。

「我要把它們黏起來。」B說。

「我還知道，你感受到情緒的時候，身體會想動來動去，坐不住……」

「嗯！我有過動啦！」原來B確實有在聽。

「也是啦！但我了解的是，有時候『動』是因為有些情緒沒辦法表達、也沒辦法被聽懂，感覺煩躁身體就會想動。」

B的章魚已經做好了，看看裴莉手上的花枝，似乎覺得很可愛。「我也要做一隻！」

「好啊，你做！」

B拿起裴莉的花枝端詳了一下，隨即放下，開始做花枝的身體。

「你跟著C一起去做他說很酷的事，國二生覺得很酷的事，多半都是會讓大人不喜歡的事，比如抽菸、喝酒、翹課、逃學……」

「我沒有翹課、逃學。」

「嗯……也可能是對性好奇，做些有的沒有的事。」

B把手上已經成形的花枝身體，又一把捏壞。「有點緊張嗎？」裴莉拿起一包紙黏土，撕開包裝袋遞給B，「緊張就用手大力揉。」

B接過去揉。「你緊張是因爲你不知道我要幹嘛，是不是會像其他老師那樣覺得你是壞孩子。」

B抿著嘴，繼續揉黏土。「你緊張是因爲好不容易我們有了一些愉快、放鬆的時光，如果講你跟C做的事，我們之間就變得不好玩了。欸，感覺怎樣，你發現緊張身體會想怎樣了嗎？看起來不是丟，是捏。」裴莉指指桌上B剛才無意識地搓揉之下所掉落的紙黏土碎屑。

「你剛剛的感覺是緊張嗎？」

「不知道。」B聳著肩。

「你因爲不知道我要幹嘛，突然感覺很緊張，是很正常的，一緊張就更不知道要怎麼反應、要講什麼。你又常被處罰，那種被點到名，說你又搞砸什麼的感覺，會讓你緊張，也不知道怎麼回應。」繼續揉。「你覺得我在罵你嗎？」

B聳肩。

「你不知道，不確定吧！目前爲止，我了解了你在不開心、開心、放鬆、緊張的時候，身體各自有什麼反應，這可以幫助我了解你的情緒，我覺得很好。」

「你起來動一動發散一下吧。這些話可能讓你覺得被了解，但被了解的感覺有點陌生，你比較習慣被罵，不大知道怎麼接受『被了解』，所以覺得不自在是很正常的，去動一動吧！」

在裴莉的鼓勵下，B跑進枕頭堆把自己埋起來。裴莉走過去，坐在枕頭堆旁，輕輕地拍著靠近B背部位置的枕頭，「一直被人誤會，也許你可以讓自己不在意，但卻不好受呢。」

裴莉想像著B透過枕頭，感受著她的安撫。

「讓媽媽失望，也會讓你不知道該怎麼辦吧。你會覺得抱歉，讓媽媽傷心，沒面子，也會覺得生氣，媽媽不懂你不挺你，不相信你。」裴莉嘆了口氣，「但到底要怎麼說出這一切，沒人幫你實在太難了。特別是C那麼會說話，好像有他在學校你比較不孤單，但，你還是很孤單。」

這大概是除了看影片，B維持固定姿勢最久的時刻。

「你先不要出來。我跟你說，剛剛你可能經驗到你很少有過的感覺，」裴莉用平穩的聲音，放慢速度：「就是我懂你，我幫你說出你自己都不清楚的感覺。等一下你如果從抱枕堆裡爬出來，覺得有點尷尬，不知道怎麼跟我互動的話，這都是很正常的。你就跳跳跳踢踢踢抱枕，把這些情緒能量都疏散掉就好，我會跟你一起做的。」

裴莉走回電腦旁，選了五月天的〈離開地球表面〉，逕自放起音樂開始跳上、跳下、甩頭。

「來吧，把情緒都甩掉！」

B從抱枕堆裡坐起來，丟了抱枕沒兩下，就爬到桌子旁，「我想把花枝做完。」

「喔？不用抒發情緒了？」B搖頭，開始專心做花枝，裴莉關掉音樂，也坐回桌邊，這次她做的是螃蟹。

「我跟你說，我跟你互動很開心，你是個好孩子，但你身旁的大人不一定懂得怎麼了解你的狀況、怎麼跟你互動。你媽肯定也不知道。」

「她都說我老是給她惹麻煩。」B小聲地說。

「我不覺得你是故意的。」裴莉溫柔地說。

B搖頭。

「嗯嗯，因爲沒人懂你，你的狀況就會是麻煩，我可以當你的翻譯機一陣子，幫助你媽媽了解你，讓老師知道怎麼協助你。怎樣，你要試試看嗎？」

「翻譯機喔！你要跟我回家？」B繼續手中的動作，眼神專注地看著塑形中的花枝。

「呵呵，不是喔！我會請你媽媽來，還有願意了解你的老師一起。我會跟他們說明你的狀況，然後我可以試著和他們跟你一起找到，能讓他們理解你、相信你的方法。你願意讓我試試看嗎？我不一定會成功，但我會盡力。頂多就是維持你現在的狀況，不會更糟的。」

「隨便。」

下課鐘聲響了。

B把裴莉顧著說話時手中停下來的螃蟹接過去做。「哎唷，下課了，謝謝你相信我，但我的選項裡沒有隨便耶。給你選，一，好，我願意但我有問題要問。二，不行啦，我還沒準備好，我有問題要問。你有什麼擔心要問的嗎？」

B聳聳肩，繼續做螃蟹。

「一般來說學生會擔心的是：你要跟我媽說什麼？有些事我不想跟媽媽說。有些事我不想跟老師說。我不想要老師管我。」

「無所謂啦！」B不在意地說。

「也是，你也沒說什麼，這樣吧！我跟你說我會跟媽媽和老師說什麼，我首先會說的是……」

B打斷裴莉的話：「隨便。」

「我不接受隨便啦。」

「好啦好啦！」有種年輕人表示需要你時的尷尬與不自在，求助真的是很難的能力呢！

「還是你需要再一個禮拜來認識我，看我值不值得你信任，我們再來跟媽媽說？」

B很快地回答：「不用！」

裴莉簡單向B說明她會跟老師與媽媽說的三個重點：「一，你是好孩子。二，你需要人幫忙找到有趣的事，來協助你學習很多能力。三，我希望他們能支持我協助你。就這樣。」

B放下螃蟹，把花枝們、章魚跟螃蟹排好。但，沒有回應裴莉。

裴莉再快速重複了剛說過的三點，「可？」

「好啦～」

裴莉邀請B跟她一起把亂糟糟的團體室整理好。兩人在排墊子的時候，裴莉問：「欸，糟糕，我今天明明想說要成熟一點，結果我們在這裡做紙黏土、又跳來跳去，如果C會問你我們談了什麼，你要怎麼辦呀？」

「我就說我們在做紙黏土啊！」B一派輕鬆。

「呵呵！C一定會說這個心理師好幼稚！」

「幼稚又沒關係！」語氣中帶著氣魄，彷彿他會罩她，安啦。

「欸，你這兩隻要帶走嗎？」B搖頭。

「我幫你保管吧，搞不好最後我們會做出一個海底樂園也不一定。」

B點頭，又起身滑壘到抱枕區，翻滾了一下。裴莉看了一下時間，超過十五分鐘。「今天比較晚，要我陪你走出去，跟社團老師說一下原因？」

B搖搖頭。「我陪你走到回班上？」裴莉逗他。

B急了，「不要！不要！不要啦！」

「也對，被幼稚的心理師陪，一點也不酷。」

「哎呦！不是啦！」B帶著哭腔，又不知怎麼表達。

「去吧。我逗你的啦！」裴莉笑著，打開了門。

B跳著離開輔導教師辦公室後，敏華老師走進來，「紙黏土又是怎麼回事？」

「謝謝紙黏土，眞是幫了很大的忙呢！」裴莉把兩隻花枝、章魚、螃蟹小心地遞給敏華，拜託老師幫忙收好。

「我取得B的同意，我會寫一封信，要請您幫我轉交給家長跟老師。」

「下週要開個案研討了嗎？」

「下週我要邀請這幾位對B可能產生影響的成人，與我一起創造能讓B跟這個系統合作的方式。當我們解除B人生中孤立的狀況，讓B體驗到成長，當他不覺得自己是問題學生，我們就有機會看到不同的結局。」

「但他確實創造出很多問題啊！」

「是啊，但他不是問題，是他的能力不足以支撐他此階段的發展，這，才是問題。」裴莉誠懇地說。

這句話聽在願意改變視野看待青少年的老師耳裡，很有道理。但在學校中，每天要面對這麼多學生，師長們習慣看行爲來管理秩序，要個別化地看待每個學生，實在是非常強老師所難。因此，此話雖有道理，但要怎麼做，顯然敏華老師仍然存疑。但她沒有再提出更多疑問了，應該是覺得這個心理師是知道她在做什麼的，而且也很難影響她治療的方向，「也是啦！總之，我負責轉交信件，其他就交給你囉！」應該是盡力了，也放下了，就等著看會出現什麼狀況的心情吧！

裴莉揹起包包，跟老師比了個OK的手勢，要老師放心。

走到門口，敏華老師突然想起，「啊，那個獨角仙，還要嗎？」

裴莉露出困惑的表情，敏華老師從桌子底下拿出一個裝了培養土的採集箱。「生物老師阿正，聽我講獨角仙，他說那個山上很容易抓啦，就挖了一個，應該是蛋吧！」她舉高箱子左右端詳著，想找出那個應該稱爲雞母蟲的卵，「我忘記給你了。」

這是多麼美好的開始啊！裴莉笑了：「超級感謝的，幫我保管到下週好嗎？你們眞是太棒了！！我非常期待下週見。」

敏華老師最後的一句話，頓時讓裴莉感覺好被支撐。愛都在，只是沒找到能被接受的適當路徑去表達。

裴莉踏入通往校門的川堂，夕陽微暗的天色下，隱約可見一個身影很像B的人向校門走去。沒了包裝逞強，這背影有種說不出的孤獨感。

他走到警衛亭前，一個黑影從暗處蹦蹦跳跳地奔出，是黑胖。B蹲下身，看來在跟黑胖玩，警衛阿福走出來跟B一起逗弄黑胖，接著阿福進警衛亭拿了像是便當盒的剩飯，要B餵小黑吃。裴莉站在川堂欣賞這畫面，不一會兒，阿福又出來，看似是催B趕快回家，黑胖咬著B的腳跟，跳前跳後，顯然黑胖跟B都捨不得中斷彼此的陪伴。警衛一把抱起黑胖，揮著手叫B快走，B邊走邊回頭看了黑胖幾次。最後B一步步離開了警衛室燈光的範圍，這光圈，彷彿是他離開校園踏入黑暗前的最後交界。阿福抱著黑胖跟著B走到校門外，顯然在做最後的叮嚀：「不要在外面逗留，趕快回家。」裴莉彷彿聽到阿福喊著。

「回家，多無聊，也只是看爸媽吵架而已，或是掃到颱風尾，被罵、被管而已。」

「讀書，多無聊，浪費了上天賜給青春的天賦。」

裴莉站在川堂，青春呀青春，深深吸了一口氣，想吸進青春的各種氣味。

突然，她不急著回家了，決定去一探這個山區、景區，純樸與享樂一線之隔的小鎮，青春如何顯現它的滋味。

與學校相隔兩個街區，青春的肉體、性的誘惑，B知道了嗎？探索了嗎？學習了嗎？經歷了嗎？不是透過手機，而是有眞實可觸的人體——味道、溫度、柔軟及曲線。

以他現在的能力，哪有可能掌控這些即將迎面而來的、驅動本能的，令超我、道德、規條、管束皆無法抵擋的感官喚起。

生之本能，讓性如海妖般讓人只能跟隨誘惑前進。

而性，無論自慰或是做愛，初在其中，那各種衝擊的力道，將如海嘯般迎面而來。產生衝擊的不只是身體的體驗，更多是因爲，性是超級複雜的人際行爲，而且有著眾多社會規範的期待。

因此，除了性行爲本身，各種性的副作用將把一個孩子捲入各種風暴當中，而他眞的只是個孩子。

她聽過無數家長說，我的孩子很單純，他還小，他不懂。家長用否認來安頓那無措的心情。

青春啊青春，「超人特攻隊」幾個字又浮現腦海，裴莉笑了。親愛的家長，我們的存在，是將協助你的孩子，希望搶在這一切開始之前讓孩子知道有値得信賴的人，可以陪伴他度過。

街道上救護車的聲響劃破了寧靜，夜深了，該休息了。

闔上筆記本。從清晨到深夜，今天算是與B完全同在的一天吧！

裴莉舉起紅酒杯，敬了月亮，嘿，送點愛給那個小傢伙吧！他只是個孩子。

第10章

六月二日週四晚上，Line群組傳來雨橙的訊息：

下週一的定期督導，我思考了一下，三位的諮商技術與評估能力已精熟，與性議題個案個別化建立關係的能力都有很適性的展現。

五月十一日派案會議派出的三個案，皆進行了三次諮商，應該已完成個案與系統的初步整體評估。這次的督導，我想很適合再整理一次各位系統合作的能力。

進行方式將依據各位的評估，呈現你對個案會議的設計與動力推演。

作法：

請依照你對個案與系統的評估，決定你是否會為此個案主動提出個案會議的需求。

1. 你決定不主動開個案會議的評估，與你接下來的工作目標，及如果學校要求，你的作法為何。

2. 你決定開個案會議，原因為何？針對此個案與此系統的評估，此次會議的目的為何？哪些人需要出席，原因？

你在事前做了哪些事，以協助該系統準備？

你在事前做了哪些事，以協助當事人做準備？

會議開始前你會給出什麼資料、過程會如何設計，以期達成你的目的？（包括穿著與PPT呈現

方式）

※當天要演練，所以請穿著適合的服裝。

訊息一傳出，群組立刻炸鍋：「要死了，週末泡湯了，這哪是這幾天做得完的呀！雨橙！！」紹奇哀嚎。

「不賴喔！至少你有想做完的心思，噗哧！」裴莉給了紹奇一個「你好棒」的貼圖。

「你少約些炮，就有時間了。」陳歆糗他。

「哈哈我直接選，不開個案會議，這個選項要寫的東西最少。」紹奇給了一個偷笑的表情。「裴莉大美女，幫幫忙，別開了吧！我們才能放假呀！」

「哎呀，不管做多少雨橙都會幫大家整理的，不用緊張。要我，我是要開的，但沒空寫報告，哈！」

「前輩，你少來，每次都說沒空，每次拿出來的東西都嚇死人。」陳歆立馬回應。

「哎，就虛長兩位幾歲，總是多見了些世面，知道怎樣應付。」三人你一言、我一語的，快速地在Line上面糗起彼此了。

雨橙闔上手機，期待著兩週一次的週一早晨督導來臨。

自從去年陳歆提出督導需求後，雨橙將這三人組成團體督導，至今差不多二十次了。這一年中，雨橙實驗性地將三位單打獨鬥的心理師，組合成一支專為青少年性議題工作的團隊，實踐她的專業理想：團隊支撐心理師、心理師支撐系統、系統支撐家長與孩子。

在性諮商領域工作這麼久，雨橙深知，如果沒有性議題友善且願意成長的系統，孩子所面臨的性發展狀況就會演變為成人與孩子關係斷裂的起始。雖說播種不一定有機會耕耘、耕耘不一定有機會發芽、發芽不一定有機會成長，但這就是夢想。只要有一個機構、甚或只有幾位願意的人，天時地利人和之下，能持續成長茁壯生根，就能證明夢想雖難達成，卻不虛幻。

週一一早七點，雨橙已到達工作室。她把咖啡豆倒入研磨機，按下開關。如果可以讓氣味現形，就可以看到咖啡香逐步蔓延到整個空間。這樣的早晨，很適合冰滴咖啡的萃取！

她拿出冰塊，和磨好的咖啡粉一起加入冰滴咖啡壺中，再從冰箱裡拿出三天前做好的冰滴咖啡。她在吧台邊坐下，極其小口地啜飲，讓咖啡香完整在口腔及喉頭釋放。你必須要等待，因爲那極少的液體，將在口腔的不同部位隨著時間與溫度不斷變化，它用滋味告訴你，第一時刻的接觸不能表達它的全部，你必須細細地、耐心地，品。而且，即便同一支豆子、同樣份量，也無法完全複製每一杯的滋味。

雨橙一面品著，一面享受另一杯冰滴咖啡生成的過程。冰溶成水，一滴一滴滲入咖啡粉中，再萃取出精華，一滴一滴地濾出。最先品嚐到咖啡精華的，是那依序滲入咖啡粉的水滴吧！每一滴品味到的都是獨特的香醇，最後帶著這整體的香醇成爲被稱爲冰滴咖啡的完成體。咖啡的精華，藉由水滴入粉中，萃取，咖啡的個性藉由水來詮釋。

雨橙安靜地準備這個空間，十五坪大的工作室，有會議區、也有可以席地而坐的抱枕和室椅區，還有一個小小的咖啡吧台，麻雀雖小五臟俱全。四人團隊常窩在這裡討論個案，設計與各種機構的合作方案。隔週的週一早晨，不受外界打擾的珍貴的三小時，對雨橙而言，就是把平日四處征戰的戰士招回碉堡滋養，協助他們萃取出出征的目的、意義與戰役中最精華的成分，亦即在與個案、相關人與系統相遇的歷程中，所映照出自我深處尚未完全揭示的篇章。這是心理工作最有價值的所在，那讓個案與心理師交會最深的，永遠不是外在問題，而是內在靈魂相遇的火花。

這是雨橙的哲學，但她並未跟學生們說，因爲哲學是很個人的事，是每個人與世界的關係——它不能被教導，自己的哲學更不能成爲他人的信仰。一切的樂趣，只能發現或是憶起，沒有必須與戒律。

她打開電腦，叫出三位受督生的檔案。週三時她重新盤點三位受督生的資歷、專業發展，與她決定以系統合作作爲這次督導主軸的原因。

雨橙整理出三人能力與發展方向的評估，與需要突破的瓶頸：

裴莉，三十八歲，畢業後三年輔導教師資歷，考取輔諮所，取得心理師執照後，在她最擅長的青少年領域工作至今十三年，參與性諮商訓練與接受雨橙派案至今八年。是全能型的心理師，非常擅長與青少年、家長、師長演講，班級座談與小團體的帶領能力也很精熟，青少年諮商與性諮商技術游刃有餘，跟著雨橙見習過非常多次系統合作，目前要挑戰的是獨挑大樑的承擔與自信。

裴莉的強項是「連結」，她擅長與人連結，總是能跟各色人等自然地建立關係、取得信任。她腦子靈活，喜歡嚐鮮、更喜歡把隨手可得的媒材融入專業工作，去實驗各種可能性。她生命中有許多性與愛的體驗，也因此而接受諮商，這讓她跟青少年工作時展現出的視野既深且廣，即便不談性，都能快速取得青春期孩子們的信任。

專業發展目標十分清楚！

目前挑戰的是督導的學習，而情慾移情，是青少年督導必須精熟的議題。

顯然上週一，他們三人在同儕督導做了練習，雖然不確定發生了什麼，但裴莉分享在群組中的那封信，呈現出在與陳歆工作時同時整理著自己。急著劃下的那一刀，除了是分享自己的體會，不能說沒有揭露自己的渴望。信中已經預示了裴莉下一步，即將突破的——自己！

揭露自己那麼重要嗎？

一點都不，若揭露不到重點，反而會主客易位。滿足了誰？

重點在於超越無法揭露自己的層層阻礙，那是每個人在社會期待中所習得的自我評價，大腦自動內建的羞愧、自貶與汙名，是過去在關係中承受失望而至今仍栩栩如生的感受，也是邁向「自己」的幻影路障。

青少年到成人發展的路徑之一，是將他律變成內心自發的自律，就能成功地社會化，符合大家的期待。

但身為心理師，我們還努力探尋另一種路徑，是逐步修整他律的框架，選取我相信的成為我的一部分，同時也永遠不放棄向內在自我叩問，倘若清理、消融、揚棄這些社會化的依歸，內在的我擁有什麼？能運作嗎？我們總是不放棄思考與探尋人心的奧祕，建構著想體驗各種人生的能力。保持這樣的狀態，是為了讓心理師不因一己的限制和渺小的視野，限縮了當事人的無限可能。然而，我們也必須在其中一直努力的前進，親身體驗，才能避免輕忽做自己的難。

「做自己」，是一大眾心理學常用的字詞，但卻是具有雙趨衝突的矛盾議題啊。

陳歆，三十二歲，心理諮商資歷六年，不算沒完成訓練的那一次的話，進入青少年性諮商領域兩年。是性諮商領域的新手，目前正在熟練個別諮商，演講、團體、系統合作都尚未涉獵。

個人特質、學習的積極態度都稱得上是學霸，對這兩位前輩發揮了敦促用。但她如此積極卻是出於對情緒敏感、執著於想參透，這也讓她特別難以消化挫折的無力感，讓她盡全力想掌握所有能掌握的。

從衝出教室的那一刻起，陳歆內心經歷著此事對自己的衝擊，想必會自責、自貶或攻擊他人，比如我。這麼做是為了防衛，但更多的是想把難以消化的無力感交託給帶領她的師父。

但她沒想到，拜師求藝，只在沒有急迫性的需求時才能沉靜品味。她期待速成的解藥，卻不知「承受失望」是最有效的一味基底藥方。

她捲土重來，或許是已經醒悟到量力而爲的重要性，明白面對青少年時，承認渺小是每個心理師首要學會的心理素質，同時在時間壓迫中不放棄自己能種下的種子——當然，沒人保證會發芽。

以上次緊急督導爲例，僅僅是提點她去思考晤談室內、外的連結，她就能快速掌握系統觀的概念，這個女孩爆發力十足，或許能越級成爲戰將?!

一般來說，要讓性諮商師掌握系統合作的能力，有個重要的基礎訓練，就是各級演講。演講時必須把腦中龐大的知識轉譯成易懂的話語，且要依照對象的能力與需求，給出適量、符合需求且具影響力的資訊。這個歷程的目的是協助聽眾轉換思維角度，讓聽眾更加願意理解自己與他人。

陳歆能跳過演講的磨練，一舉達成系統合作的任務嗎?雨橙督導目標的簡訊裡，並沒有給陳歆符合她專業發展階段的任務，主要是因爲在沒有「失敗」兩字的督導關係裡，一切的發生都能讓雙方看見彼此更多。雨橙對於待會兒陳歆的表現非常期待。

紹奇，三十六歲，心理師資歷八年，投入性諮商資歷四年，個人諮商、演講、班級座談、帶團體都有其魅力，能夠勝任、聰明、能掌握技術。End。

技術的效力是強是弱，關鍵因素是使用技術的這個人。話說ＡＩ人工智能到底能不能取代心理師呢?「溫度」這兩個字所蘊含的深意，才是心理諮商奇妙的地方。

八點五十，電鈴響起，三位受督生彷彿約好一般一起到來。

電梯門一開，雨橙還沒見到人影，「咖啡！咖啡！」陳歆衝進來，忙著安置她的行李箱，不知是結束後有工作還是爲系統合作準備的器材，一路哀嚎著：「我需要咖啡！」

緊接著是紹奇，一派悠閒地，一手捧著他的寶貝安全帽，一手拎著五星級飯店烘焙坊的精緻甜點，「系統合作個案會議對吧！一定要有好吃的收買人心。吃人的嘴軟呀！」

裴莉跟著進來，「有那麼容易就好囉！」手中拿著剛印好的資料，敲了一下紹奇的頭。

三人安頓好自己，手端咖啡，走向四張面朝投影白板的椅子。

九點，督導準時開始。

「從上上週五，陳歆的緊急督導諮詢、上週六你們同儕督導，上週日收到裴莉的信，雖然我沒參與，但很感動你們所經歷的開放與反思。接下來週三，兩位對陳歆的鼓勵與支持，看來陳歆是突破了跟A的關係，而紹奇與裴莉你們也見了B、C第三次，這是我們約定好一起討論的次數。因此我盤點了各位的能力，我很期待這次的督導，希望我們能一起整理系統合作這門藝術。」

陳歆以爲雨橙口誤：「是技術吧？」

紹奇笑了：「藝術啦！」

裴莉原本點頭附和紹奇，突然她想到翻譯機，說：「是譯述，翻譯敘述的藝術。」裴莉解釋道，心理師像是個案與世界翻譯機，大家聽了，紛紛點頭。

「那麼，我們就從技術開始吧！」雨橙看著陳歆。「你先開始，我們來把技術整理一下。」

陳歆點頭，用電腦投影出事先做好的簡報：〈個案會議前的評估〉，並走到台前，「首先，讓我先感謝各位前輩一路陪伴，你們的支持讓我在邁向性諮商師的路上不孤單，各種情緒都有人理解、釐清，還能聽到各種作法，也謝謝雨橙提供緊急諮詢的資源，讓我遇到困惑時可以立即突破。我相信我一定會持續成長，成爲勝任的性諮商師，非常感謝生命當中有你們。」語畢深深一鞠躬。

「這是什麼？預演得獎感言？」紹奇開玩笑地露出不解的表情。

「哎呦，我就是想說出我的感謝，你收下就好，囉唆。」裴莉、雨橙露出微笑，微微點頭表示收到。

「另外我想說的是，收到雨橙訊息後我思考了很久，我知道青少年系統合作的重要性，也知道今天要練習的是系統合作，」陳歆看著大家期待的表情，乾咳了兩聲，簡報翻到下一張，「評估過後，不召開！我選擇，這個個案不召開個案會議。」

紹奇挑了眉毛，「欸，你搶了我的台詞。原來，你前面開場白講這些，是覺得此次督導無法符合雨橙的期待？」

「我願意相信，雨橙不會以我的決定來評價我，但我還是感到不確定。」

紹奇好希望自己也能像陳歆這樣坦率。他看著自己的電腦螢幕，爲了應合雨橙的期待，他做了系統合作個案會議的PPT，但此刻眞想把它刪掉，他心裡明白自己是不會執行的，沒什麼原因，他知道系統合作重要，但他從沒喜歡過這種工作方式，也從沒喜歡被看穿。他喜歡自己一個人做，好壞，也就是這樣，以學校給的時數，根本改變不了什麼，爲何要這麼努力？

一度，他很希望陳歆說出他的心聲，在這麼精進的團體中，他的心情也想被同理。能不能，不要這麼認眞活著。能不能，就把這一切視爲工作。笑了，要陳歆說這樣的話，不異於緣木求魚？紹奇回過神來，陳歆已報告完對A的基礎評估，而接下來這句話讓紹奇想被同理的內心小劇場確實落空了。

「我也不確定我自己是否做得到想達成的，但我想試試看。」

紹奇定了定神，仔細讀起陳歆的簡報。

個案認知與口語表達的評估：話很少，幾乎不用口語表達，但不代表他語言能力不足以支撐他的認知。

第一次諮商：肢體語言爲主要溝通媒材，以身體距離表達對他人靠近內心的不信任感，但仍透露出一絲連結的需求。

第二次諮商：肢體語言爲主要溝通媒材，情緒卡爲輔助。一般性的人際互動能力是適當的。在參與心理師邀請的互動中表達出人際連結的需求。對讓別人理解自己有不確定感，但在能掌握的情況下，允許他人靠近。需學習調節與性相關的訊息出現時，所引發的情緒狀態。

第三次諮商：文字溝通加上語言溝通能力的展現，情緒卡爲輔助。針對其性議題作連結，對諮商關係從先前的不確定感，到願意冒險來體驗被理解所要經驗的心理歷程。

「以一般人期待的速度來說，A慢到會讓人失去耐心，我確實也在第三次諮商中，徵詢他的同意，呃，是沒有聽到他具體地說『好』啦，但有微微點頭。總之，我說明了我八次的計畫，與接下來五次的工作重點。」陳歆把她跟A說過的計畫呈現在簡報上。「這是我在課程中學到的作法，當時我也覺得該這麼做，所以我就這麼跟A說了。原本我自己也深信不疑，直到雨橙傳了督導目標來，我開始仔細思考。確實，在有限時間內，要A釐清自己、還能表達自己讓我理解，我覺得實在太強人所難。也許雨橙或裴莉能做得到，但我必須承認，我的能力做不到。」

裴莉發現陳歆沒有針對ＰＰＴ再多做說明，直接切入她放棄符合督導期待的思考歷程。這份ＰＰＴ是寫給雨橙看的，展現了陳歆對個案的評估技術，與建立關係時細緻的觀察與思考。

這是陳歆跟個案互動時個人的內在體會，也是他們之間獨特的連結，換一個心理師，就可能有不同的解讀。**心理師的評估，有如把脈**，藉由細微的接近、碰觸，望聞問切，個案與醫師、脈搏與解讀者，互爲主體，共構評估，與這一趟相遇的人生。

裴莉感受著陳歆與Ａ之間的連結，感受著陳歆與督導群的連結。原來今天的督導，個案與系統工作不是重點，陳歆整合她對自己的評估與反思，她掌握了這次督導機會，體驗更成熟與勇敢的自己。

> 行爲不一定找得到理由，理由是安撫身旁的每一個不理解自己的人，甚至會讓自己信以爲眞，但那不一定代表內心的眞實。

「我反思了第三次跟Ａ說明的計畫。是的，幫師長了解Ａ的狀況，會讓他跟我此刻的壓力緩解一些，但一旦這麼做，師長們很自然會希望從我這邊知道他去女廁的原因，我不確定當他們在會議上問我時，我是否會因爲扛不住專業自尊的需求，而去替Ａ詮釋他的行爲，說出我猜測的原因。也就是說，以我現在的能力，要能理解Ａ，又能支撐師長給我跟Ａ空間，我也很懷疑我做不做得到。」

陳歆沒有給督導跟夥伴任何插話的機會，她眞的認眞地想過各種可能了。

「我想過，如果我沒有跟系統溝通取得信任，Ａ和我的壓力無法緩解，我會跟Ａ坐在同樣的位置上被拷問，但至少，我可以跟A在一起，並且忠於事實。目前為止，我真的不知道能掌握A多少，不知道A的內在與在廁所的他發生了什麼事。」

陳歆回到個案認知與口語表達評估的那一張簡報，「也許一般人覺得慢。」陳歆想起明美老師每次提到A的主要形容詞句，「但，我覺得以這三小時的進度來看，A開放了很大的信任給我，我希望替自己和A爭取更多時間，我相信我跟他合作，能讓他自己說出他經驗到的自己。」

紹奇還來不及反應過來，裴莉已站起來為陳歆鼓掌。

陳歆直視著雨橙，想確認雨橙的看法。

「專業的重量。」

「呃？」三個人一下子沒聽懂。

雨橙起身走到陳歆旁邊，在白板上寫下：「專業的重量」。

「專家位置是有重量的，指的不是我們付出多少努力才得到專家的地位，更是得到這個地位，取得信任，而這份信任是有重量的。衡量自己拿得起多少信任的重量，是建立信任關係最重要的練習。

「陳歆，記得嗎？緊急督導的時候，我擔心你概念不完全，想在白板上寫下要做的事，你跳起來擦掉，想自己達成。是的，那時你的每個陳述都是系統合作中該做的事，但你尚未有足夠練習讓概念轉化成能力，以妥善支撐師長們的疑惑，這是技術的部分。這也是為何我希望這次督導要做系統合作的沙盤推演，因為我知道你有爆發力，但能力需要示範、推演、實踐、修正，反覆地鍛鍊，才會踏實。」陳歆直點頭。

「你讓自己跟個案一起同在沒有能力回應系統期待的位置，這個部分，確實讓我非常驚豔。能涵容承受『不知道』所帶給心理師的無力與焦慮。」雨橙笑了，「我想起三年前你奔出教室前無力感如火山爆發的樣子，今天的這個決定，呈現出的恰恰是你的成長！」

陳歆想起過去的自己，瞬間掩起臉，但聽到雨橙的肯定，又跳來跳去比著YA！

雨橙微笑繼續說：「你的反思非常精確，我能做到的你不一定能做到。選擇適合自己能力的策略，你保有了自己的平衡。這是很成熟且真誠的作法。」

得到雨橙的回饋，陳歆在與個案的治療世界裡的自我反思得到迴響和支持，整個人放鬆了下來。

「對啊！！你上課教的我聽得懂，我也跟著你和裴莉工作過，但仔細想想，要我自己執行個案會議，我覺得我會搞砸！」

裴莉笑著說，「哈哈哈，那你怎麼沒有使用資源？你不用自己處理啊，我們三個都可以支持你呀。你可以把壓力轉嫁給我們啊！」

「你是說緊急督導？」

「我是說讓我們跟你一起出席會議。」

「幫我做個案的能力背書？」

「幫你跟學校提出對學校系統的性議題處遇能力評估，並且提出我們的專業意見，必須要給你跟A空間去真正理解A，最終應該由A說出他的狀態。即便結論還是不知道，但我們必然會找出跟不知道共處的合作方式。」裴莉看了一眼雨橙，這是之前雨橙協助她成長的歷程。

雨橙笑著說，「我同意陳歆，能承受不被信任，還能堅持跟個案在一起，這個能力是相當重要的鍛鍊。」又轉向裴莉，「我也同意裴莉，專業的重量，不該由一個心理師來承擔。」

裴莉思索著，點點頭，「我瞭解了，這是雨橙常說的，每個心理師都有他獨特的熟成路徑，督導需要能以多元多樣多角度敏銳觀察，才能貼近受督生的發展歷程，為他量身打造適合他發展的能力建構策略。」雨橙微笑著點頭，「督導與受督生，心理師與個案，都是一樣的概念。」

雨橙指了指自己跟陳歆，又指了指陳歆跟代表A的PPT，對裴莉說：「平行關係。」留給裴莉思考，隨即轉向陳歆豎起大拇指，「你很棒。」

陳歆觀看著雨橙與裴莉的對話，知道那不是她現在能掌握的層級，直到雨橙轉過來給她兩隻大拇指，「耶！！」陳歆笑了，「你們剛剛的對話我放棄跟上了。但『我很棒』這句我就收下了，謝謝你們，我愛你們！」她花枝亂顫地跳躍著，大夥兒也跟著笑了起來，共同享受陳歆的喜悅。

＊＊＊

但跳起來慶祝的，不包括紹奇。

裴莉推了一下紹奇，「欸，在想什麼？難得看你這麼安靜！」

「我覺得你們很變態，反思到這樣極致，有必要嗎？」紹奇聲音不大，卻在空間中迴盪。「不過就是個人作法不同，沒有標準治療流程，本來就是因人而異，有必要剖心挖肺成這樣嗎？」

平常吐槽習慣了，一下子分不清這是玩笑還是認真，裴莉和陳歆愣住了，甚至沒用眼神互相探詢一下。

紹奇無法相信自己竟然說出了內心的OS。他暗自吸了口氣，想打個哈哈混淆視聽，解除此刻被六隻眼睛注視的窘境。但湧上腦門的情緒，讓他連最擅長的插科打諢都變得異常困難。他誇張地伸個懶腰，「休息一下吧！這咖啡太濃了，利尿。」逕自走去廁所。

關上門，以為能鬆口氣，卻發現如果剛剛撐過這泡尿，一定有辦法可以轉移焦點。現在，紹奇一面解手一面盤算著等等出去面對三個女分析狂魔，該怎麼圓場。

「唉，我竟然在廁所沙盤推演如何讓系統不要跟我合作！」他抖了抖陰莖，順手抽了衛生紙想清理噴濺出的尿滴，這是他一貫對女性的貼心禮節，但——「哼！」我今天偏不！

他洗了手，看著鏡子，理了理早上抹過髮膠的頭髮，等一下出去就眞誠地說自己只是開個玩笑，咖啡眞的太利尿；再盯著我，就說督導速度太慢，有點抓不到重點；還不放手，就說自己是來學習系統合作的，拿出已經準備好的系統合作PPT請雨橙給意見。

要不就說昨晚沒睡好，耐性比較差，打一手同情牌。

他看著鏡中的自己，對自己如此擅長脫身之計十分得意。看著鏡中人皮笑肉不笑，嘴唇往兩側拉開堆高臉頰肌肉，紹奇突然一陣反胃，這是C離開晤談室時最後的表情，也是常在自己父親臉上看到的表情，意味著自認爲擁有操弄他人的能力，只是爸爸年紀越大越不掩飾，甚至以此爲傲。

一陣焦慮湧上，胃酸灼熱的感覺讓他想吐。

還沒搞定外面的那些分析暴露狂，這些情緒又這樣湧出，不趕快出去那些女人還以爲我廁所裡哭！念頭閃過，突然一陣慌，不受控的自己，「我怎麼了？！」

「石紹奇，你給我振作一點！」

他捧水洗了臉，想辦法冷靜。抽了張衛生紙擦去尿漬，再重新洗了手。雙手撐在洗手台上，紹奇看著鏡中的自己，閉上眼睛深呼吸，緩緩調勻呼吸。

「我既不想失控，卻又不想再錯過一次冒險的機會。」嘆了口氣，稍稍掌握了自己內在的狀態。沒關係，頂多退出這個督導團體，太女性化了，不適合我！他安頓著自己，打開了門。

「餅乾很好吃耶！」「眞的是五星級的！」「雨橙以後多模擬系統合作會議，我們就有好吃的！」紹奇觀察了一下這是否是幫他圓場的舉措，會不會下一刻又要來解剖他的失態？！

三個女人坐在吧台邊招呼他過去品味咖啡跟餅乾。紹奇不禁有點失落，顯然自己在廁所裡的瘋狂小劇場全是個屁。

「紹奇，你先吃個餅乾，第二輪督導要開始了。」雨橙說。

「欸，等下你先，還是我先？」裴莉擠過來。一向敏銳又貼心的裴莉竟沒察覺他的心情，紹奇感到不開心。

「你先好了。」裴莉親暱地推推他，「我的作法很老套，就跟雨橙教的差不多。你跟陳歆比較會有創新的論點，比我精彩啦！」

「我沒什麼特別的。」紹奇平淡地說。

裴莉做出要他附耳過來的動作，「我說的又不是你，是因為你們都不按牌理出牌，我才能看到雨橙的功力啦！」

兩人習慣互相吐槽，再機車的話也沒少聽過，紹奇從來不以為意只覺得好玩，沒想到此刻這話卻刺耳得想哭。「幹，我該不是大姨媽要來了。」紹奇自言自語地自嘲。

「什麼？」裴莉沒聽清，「你姨媽要來？」甚至認真疑惑起來，「你要去接她？」紹奇被裴莉的反應弄得又好氣又好笑。他親暱地推了一下裴莉的頭，「我先吧！」

大家陸續回座，紹奇起身走到白板前，電腦沒開，簡報沒放。

「這個案，我不打算開個案會議，因為沒有做的空間。」他停了下來，全場專注安靜等著。時間流過，一分鐘、兩分鐘，陳歆瞄了兩位督導幾眼，看她們沒動靜，也憋住想說的話繼續等待。

「我不想再見到他爸爸、不想見到他媽媽、不想見到讓他成為這樣的一個人的系統……

「我不想打沒有勝算的仗，我不想被幫忙，不想被支撐，不想看到你們為我努力最後卻失敗，這失敗是我早就可以預料的結果。

「你們贏不過堅信『善！就是等著被屠宰的羊』的價值觀的人。我必須承認我也贏不過，所以我評估，選擇放下。

「我的專業沒有重量，我就做完該做的次數，把孩子還給他爸爸的世界。

「我會給老師我的說法，讓這一切合乎專業評估的包裝。

「不會丟你們的臉……」

「我絕對可以做到，沒有被挑剔的空間。」

八句話，像震波，一波比一波更強烈地推進了每個人的胸口。

紹奇不等任何人回應逕自走向吧台，撕開幾包餅乾塞入嘴裡，「嗯，好東西，好吃！」塞滿餅乾的嘴，掩蓋了帶著某種情緒的聲音。

他將座椅拉離會議桌，從四人圍桌討論的角度轉到背對雨橙、面對投影白板，重重坐下，擺出準備聽裴莉長篇大論的姿態。看裴莉沒動靜，他轉身拿起筆敲了敲裴莉的電腦，「your turn ~」隨即避開三人的目光，向著白板低頭滑手機。

紹奇想逃離，但這裡應該是他離痛苦最遠的地方。走出這扇門，門外他所擁有的一切——重機、房子、諮商所辦公室——都是爸爸的財產。

但這些自剖狂引誘他看清自己的存在，還讓他有一絲幻想，以為能因看清自己而有新的人生、新的感受、新的決定、新的可能。

而，他，聰明如他，竟曾有一刻想相信。

這無疑是對他人生最大的嘲笑，對他痛苦最深的諷刺。

紹奇轉著筆、滑著手機，弄出些噪音，蒼白地想攪亂餘波震撼的威力……哼！這三個多話的女人，該吵的時候這下倒安靜了。

雨橙站起身，

紹奇轉著筆，

雨橙繞過桌子走到紹奇面前，

紹奇手機滑得超快。

陳歆屏住呼吸瞪大眼睛盯著雨橙，她不想眨眼，就像開刀房裡跟著主治醫師的實習醫師，深怕錯過下刀的位置，但其實坐在桌子斜對角的她只能看到紹奇的背。

雨橙蹲下來，一七五公分的紹奇低頭彎腰的角度，陳歆一點不陌生，跟A一模一樣。

雨橙緩緩將她的頭靠過去，頭頂微微靠上了紹奇的，紹奇沒有抗拒，也沒有閃躲。

就這樣，時間流過，空氣中傳來吸鼻子微微的聲音。

誰、誰、是誰在哭？陳歆壓抑著想立刻找出答案的衝動，緩緩把頭歪近桌面偷瞧身旁低頭沉思的裴莉。裴莉發現了她的意圖，搖搖頭，不是她。

陳歆很想蹲到桌下，看看那兩顆頭的下方到底出了什麼事。

裴莉突然指指陳歆旁邊置物櫃上的面紙盒，陳歆趕忙起身拿了面紙，猶豫著該如何拿給他們而不突兀。她小心地伸長手，把面紙放在靠近紹奇的桌角，她想這樣雨橙應該也拿得到。

紹奇抽了面紙開始擤鼻涕，同時雨橙稍退後一步，兩人的頭分開來了。雨橙站起身，伸展了一下，對紹奇說：「謝謝你願意。」又雙手合十，對著陳歆、裴莉微笑。

陳歆不明所以，慌張地看著裴莉，見裴莉也雙手合十，她也跟著做了動作，但心中滿是疑問。

雨橙走向窗邊，將窗戶整個打開，說，「很適合來杯康福茶呢。」

裴莉立刻起身到吧台沖泡。陳歆看著這三人，彷彿就只有她沒有經歷過這一切，她跟著裴莉起身，擠到吧台中，「這……」

裴莉微笑搖搖頭，把茶壺遞給陳歆，食指在嘴唇上比了個靜默的手勢。陳歆深呼吸，把滿腦子的疑惑壓下來，深呼吸，保持安靜。

雨橙在窗前站了一會兒，轉頭到櫥櫃邊上取出墊子抱枕，放在有地毯的角落，播放起靜心音樂。她順勢坐下，紹奇吸了吸鼻子，起身走來躺在地上，抱怨：「累死了。」陳歆趕緊跟到地毯邊上看著他倆，裴莉也將茶安置在旁邊的茶几上。

「喝點茶吧，情緒流動很耗能，舒緩一下。」雨橙說著，不知道是在對誰說。

「就跟你說，你比我精彩多了吧！」裴莉語帶關切，推了一下蜷曲窩在墊子裡的紹奇。紹奇手枕著額頭遮著眼，給了裴莉一根中指。

＊＊＊

「我們繼續聽聽裴莉的評估跟想法吧！」雨橙微笑邀請大家。

陳歆瞪大了眼，就這樣把焦點從紹奇身上轉開，這……不會太冷酷嗎……但她硬生生吞下這句衝到嘴邊的話，想辦法專注。

裴莉把電腦架上小茶几，「雨橙，我想直接模擬現場演練，再補充我的評估。」

「今天有需要我特別關注的地方嗎？」

「我有個想法，很不成熟喔——也很冒險，你們先聽完我的報告。我想問的是，B是否適合出席這次的會議？」

「哇！」陳歆忍不住驚呼：「讓個案出席自己的會議，有些學校都還避諱讓學生知道老師在背後討論他呢！這也太……冒險……太先進了吧！」陳歆爲這點子感到極度興奮，但又突然閉口，她看了紹奇一眼，仍然不知該怎麼應對他的狀況才好。

雨橙用手勢邀請裴莉開始，裴莉從講義夾拿出三張紙，發給雨橙、陳歆，也放了一張在紹奇腿上。

「是一封信！」陳歆驚訝道，「爲什麼不是發公文，通常不都是發公文嗎？不是比較有強制力或公信力嗎？『系統合作共識會議』？！爲什麼不是個案研討？『共識會議』是什麼意思？」陳歆對裴莉的創新作法太好奇了，連珠炮地發問。

裴莉點頭，「我解釋一下。我跟雨橙學到許多看待系統合作的思維，這次你特別希望我們替個案與系統整體評估並設計相應的作法，且要在會議前協助系統預先準備，這給了我靈感重新去思索，雖然一樣是開會，但我想試試不同的方向，也許只是微調，但有機會產生不同的可能。」雨橙跟陳歆期待地看著裴莉。

「個案研討，是以學校爲主體，學校藉由心理師專業對個案有更多了解，由學校來主導如何處理個案、資源怎麼分配。

「系統合作共識會議，則是發起人爲主體，比如這次會議，是我，郭裴莉心理師的需求。如果我能見B的次數有限，我希望評估後邀請適當的對象，以我的評估爲主軸匯聚他們的想法，來形成合作的共識，大家對B都採行一致的作法。這架構能集中相關人士的力量，彙整我們的共識到對個案有益的介入上，這會比每個介入者各別幫助B，更有機會把衆人的心力與成效留在B身上。」

陳歆猛點頭，「光聽你這樣說，就能想像這樣的共識會議能讓坐在晤談室的我覺得不孤單，而且更有力量……那是種……也被系統支撐的感覺。」

裴莉笑了，「是不是！一樣是個案會議，換個角度就有不同的可能性。」裴莉接著說：「同時，以會議後B的狀況來修正評估和策略，再回頭與師長交流，再次修正，我想這應該更能凝聚成人的力量來支撐孩子，也能支撐想爲孩子盡力的成人。」

雨橙微笑地點頭。「系統、孩子與心理師，一起在實作中螺旋式成長。」

陳歆回到現實了些，「姊，聽起來這是一個長期承諾耶，而且……」陳歆滿腦子想的是跟孩子工作不難，難的是跟系統工作，系統中的人對性的價值觀南轅北轍，還有系統中原本就存在的各種角力更是令人頭痛……

「哈哈！承諾也無法一廂情願呀！還得看我的評估能力，我挑選的關係人與我介入的方式。要讓他們願意，不容易。」陳歆搖著頭，「不容易啊——姊！」

「是不容易。但，你很棒。」雨橙欣慰地嘆了口氣，「你知道不容易仍然不放棄嘗試，裴莉你同理了我，也鼓勵到我呢！」兩人對望，相知相惜勝過千言萬語。

「超棒的，姊！」陳歆看懂這是避免讓系統站在孩子性發展的對立面，忍不住讚嘆。

裴莉點頭收下了陳歆的鼓舞，「其實是要感謝大家，如果我是一個人接這樣的個案，應該就是做完我能做的諮商而已吧！是你們支撐著我，讓我可以思考各種可能。」除了躺著不動聲色的紹奇，大家都連連點頭。「之所以會這樣發想，也是因爲B。B的問題除了牽涉到發展中各種能力的缺乏，人格養成中重要的需求也都無法滿足，依附能力、情緒能力、人際能力、資源使用能力……而更重要的是，他與

C有依附著彼此的關係動力需要破解。」裴莉轉向雨橙，「我很感謝你特別跟學校說明，這兩個學生需要派兩位心理師，也希望學校端派兩位窗口，才能安善地獨立看待這兩位心理師。」

「學校可以理解，兩位負責老師也願意配合，這是個可以合作的系統。」雨橙加入她的觀察。

「嗯，我跟紹奇沒有核對個案事件的是非，也沒有核對跟老師合作的狀況，我不知道紹奇的經歷……」三人都瞄了動也不動的紹奇一眼。「但就我的經驗，敏華老師確實做到不分享與比對資訊，這對我來說是非常好的基礎，如此一來心理師可以很清明，處理關係動力中的角力時也不被干擾。」裴莉繼續播放簡報。

> 能力缺乏的孩子的各種需求 vs 依附：成人一致性地給出適合他發展的支撐，才能更有效率地成長。
>
> 能力缺乏的孩子的各種需求 vs 依附：利用他的欠缺而掌控他的人、創造各種行爲問題。

陳歆睜大了眼，「原來，這個動力在雨橙介入時就開始處理了！」裴莉點著頭：「派案是門學問啊！」陳歆在腦子裡重整裴莉的報告，「在個人諮商當中確認連結，在共識會議中佈局處理關係角力，姊，B遇見你眞是幸運。」

裴莉謙虛地說：「我也還在實驗，希望三次對B的評估是精準的。要鼓起勇氣拜託老師們來跟我合作，在某個程度上由我主導，這種壓力以前看雨橙承擔過，我，還是第一次。」

「B是單純發展能力落後的孩子，我知道我一個人在晤談室中要去對抗C對他的影響力，非常困難。我很努力，是因爲我常常想起雨橙的話『在還來得及的時候』，能在這個時間遇到他眞的是很寶貴，他跟C的關係才剛開始，也還沒有太多破壞與傷害性的違紀行爲，就本案而言並沒造成女孩跟B自己太大的傷害。也就是說，他身上的標籤還沒有多到讓師長跟他自己完全放棄。」

她看了紹奇一眼，他蒙著頭，不知是睡是醒。

「紹奇的個案C，剛聽他的報告，與我猜的相同，是智力發展很好且在操弄文化中薰陶出來的孩子。雖然還不了解C的全貌，但我同意紹奇不開個案研討或共識會議的作法，至少不能找家長，因爲要改變人生哲學難度太高，實在不是幾次諮商可以處理的。」

陳歆忍不住盯著紹奇蒙著的臉，她很想知道紹奇聽到這些話的感受。她知道裴莉也關注紹奇，沒有人想傷紹奇的自尊，但誰也不確定這些話聽在他耳裡是什麼感覺。

陳歆忍耐著，她很想叫暫停，叫大家把心裡的感受核對抒發，心裡藏著什麼的感覺實在很不舒暢。

合作共識會議聯繫信函

Dear 主任、B媽媽、敏華老師、陳老師（體育老師）、張老師（生物老師）：

各位好，我是郭裴莉心理師、性諮商師，負責協助B。截至今日，我和B進行了三次的諮商。

首先感謝各位願意撥空給我一個機會，說明我的想法，這封信是邀請各位參與6/8下午

15:00～15:40的與B的合作共識會議。

會議目的：

邀請對B有影響力的人來理解如何一起合作，可以讓我們的關心與影響力成爲成長的養分。

流程：

1. 十五分鐘：說明我對B與近身資源的評估。
2. 二十分鐘：依據對B的評估，說明合作共識的主軸，依現場參與夥伴的角色、特質與心力，一同激盪分別對應B的態度與作法。
3. 五分鐘：討論是否成立Line群組，目的在於分享對B的觀察，交流與B互動的體驗。

協商完如蒙各位同意，我們嘗試三週，可行的話，我會再請敏華老師召開個案研討會議，讓我們一起協助其他老師理解，並與B相處。

非常感謝大家撥冗讀信。

師長寶貴的心力需要被有效支撐，希望我能成爲各位的後盾，也相信有各位願意一起參與協助，能大大增加B成長的機會。

郭裴莉敬筆

「我好想旁聽啊！從這封信可以完全感受到你的努力。」陳歆敬佩地豎起拇指。

「哎，我寫好久耶，要從公文模式、專業權威模式轉到人對人的模式，又怕字句沒斟酌好引發師長們被要求、被期待、被評價的挫折感。如果他們藉故不出席，就可惜了。」裴莉苦笑，即使信已經寫好，但還沒實踐誰也不知道效果如何，想起來眞令人皮皮挫。

「即便如此，你也盡力了。」雨橙的同理，令裴莉感到莫大的肯定與支持。

裴莉又看了紹奇一眼。她還是對紹奇十分掛心，且隨著自己的報告逐步被肯定，也越加擔心是否會造成紹奇的壓力。

「裴莉，你怎麼選出這些人的呀！」陳歆好奇。

裴莉把心神拉回到報告中，「我的報告中會說明，這樣吧，我來順一下我的講稿。」陳歆猛點頭。

「敏華老師會大略先跟參與者提我想請他們來開會，然後他們會接到這封信。」

裴莉站起身，開始演練。「啊，我會簡化那個同理他們挫折感的部分喔！」雨橙：「嗯嗯，跳過。」

「主任、媽媽、體育課陳老師、生物課張老師，非常感謝你們來參與這個共識會議。請容我先報告我的想法，讓各位明白這次會議的目的與作法，再看各位是否願意參與協助B的計畫。首先大家一定好奇，與B有關的人很多，爲何是各位出席這場會議呢？我將以我對B的評估說明邀請各位的緣由。」

裴莉在螢幕上投出檔案，將青少年發展／性發展任務中所需具備的能力，與B因能力缺乏導致的問題行爲，整合成一個大表格。

陳歆忘我地把整頭貼近螢幕，「姊，這個表格……」

「嘿，這厲害吧！我想了很久，如何在最短的時間內把能力建構的概念和思維清晰置入聽者的大腦，還要拉開視野，避免對焦在問題行爲上，我可是花了很多心思呢！」

裴莉等待著凝視投影的雨橙回應。「字很多，要如何在講解時讓師長一面聽一面看懂表格內容，不造成更多焦慮與困惑，相信你也費心思考過了。」

裴莉猛點頭，爆出遇見知音的開心笑聲，「這個才是我最花心思的地方啊！！你看！」

裴莉用手指劃過每一橫列，「你看，每一列裡就是我會講的一句話。」

陳歆試著加入些連接詞，朗讀起來：「青少年發展任務是自我認同的歷程，在其中需要藉由五組能力來逐步達成：依附能力、情緒能力、人際能力、資源使用能力和人生哲學。

依附能力——青少年自我認同的建構是從依附到分化。每個人都在社會文化的洗禮下長大，社會文化的價值觀來自家長、師長的傳遞：我是怎樣的一個人？年輕世代的文化則來自同儕眼中：我又是一個怎樣的人？所謂從依附到分化，說的是除了師長同儕的影響和期待外，我又是誰？

情緒能力——青少年需要經驗自己的情緒是怎麼一回事。在衝動與低落、高昂與脆弱的擺盪中，藉由建構梳理情緒的能力，學習理解自己與他人，並安頓情緒。

人際能力——在各種人際圈中發展相對應的人際能力。人際能力在這階段非常需要一、支撐，二、示範，三、練習。

資源使用能力——學習選擇資源／使用資源，是俗稱求助的能力，這個能力是青春期發展階段中需要持續建構的重要能力。

第五個能力，人生哲學——我們希望用能力建構的概念，讓孩子明白，生命中的各種經驗是用來了解自己的，如果想要有不同感受，只要學習不同能力就會有不同可能。也就是，他人生的經歷會怎樣影響未來，端看他的能力是否足以支撐。我們希望以此建構出青少年的人生哲學：青春期是我在支撐下探索我是誰，我在體驗我的能力及與眾不同的自己。」

「其實每個能力都龐大得不得了，姊，你用人格脊椎的概念，沒講理論，只擷取對應B狀態的部分來介紹青少年發展任務，這樣能讓師長們快速接受你對B的……分析？！」陳歆不知道該用什麼話語來說明，「我繼續唸喔。」裴莉點頭，把演練的位置讓給了陳歆。

「B缺乏以下的能力：在依附的部分，B沒有能力找到學習中的自我定位，沒能力在上課秩序規範中找到符合期待的自我定位，沒能力找到同儕中的自我定位，更沒有能力從社會與群體的價值觀中分化出自己確認自己的價值！而在情緒，B沒有能力理解內外在的狀態對自己情緒的影響，以適當調節與安頓情緒。

人際，B缺乏支撐他理解自己的人際環境，並缺乏他人的示範與回饋，以讓他練習相對應的人際能力。資源使用能力部分，雖然有成人這個資源，但成人提出的方法對B來說都太難了。因此，他目前很有可能逐步形成『我不夠好、我沒有能力達成大家期待的樣子』的人生哲學。由於這些缺乏能力，出現了下一欄大家熟悉的問題行爲。」

陳歆的頭依然霸占著螢幕，「姊，你把B的問題行爲，對回去每一列發展任務上的能力缺乏，可以拉開師長容易對焦在問題上的視野！你完全沒有提到原生家庭的因素與家庭教養動力的影響！」

「嗯，這是共識會議，不是個案研討，對我來說，這個會議也是我修正對B評估的媒材，我必須在短時間內激發參與者的合作意願，避免他們把自己的議題，比如教師帶班的挫折或家長教養的困境，混在其中。我希望他們離開時，能覺得面對B的問題並不難，只需要做一點他們能力範圍內可以輕鬆協助B的事，而且讓他們感受到自己助人的心願能輕鬆愉快地實踐。由我來架構好他們能做的事，大家目標一致，支撐的力量就會茁壯，兩到三週間，我可藉由這樣的合作再更精細地評估B與系統支撐他的能力，那麼就可以知道我的評估是否準確，且可預測B在性上面的問題行爲將如何發展與轉變。」

雨橙點頭肯定，「因爲一個問題行爲不只是發生的那一刻才產生，也不只跟這個人有關，而是有其發展脈絡。這個架構是要協助系統合力支撐孩子，才能還孩子的發展回到發展。」

「在，還來得及的時候。」裴莉、雨橙異口同聲。

裴莉接著雨橙的話，「同理，在性發展上面也是如此，我想先從師長們熟知的青少年發展任務開始，只是講法與呈現的方式不同。但師長們無論從那個角度理解，應該都可以推論到這樣的概念，以他們熟知的概念來理解能力建構的視野，再帶到性發展來解讀問題性行爲，如此便能調整視野。」

「不只調整，還因爲能有具體的能力可以增進，比較有方向感跟著力點。」陳歆說出她的感覺。

「嗯。我的目標是與師長系統資源合作，要讓人家願意，不能讓他們感覺有壓力或太難。」

「依能力評估提出適當挑戰，不正是能力建構量身打造的意涵嗎？原來不只是對個案，對系統也需要如此！」陳歆讚嘆著從簡報中具體感受到裴莉的作法，充滿了對師長的用心。

「在性這個議題上，系統需要被專業支撐。從參與的歷程中有好奇心、成就感，一點一滴體驗到些許進展，才能逐步形成信任與連結的共識。」雨橙塾了一句話，笑著說：「我刷一下督導的存在感吼，這表很厲害！」三人都笑了。

裴莉接下去把性發展、性發展任務，及B能力之缺乏與問題行爲這幾欄一併唸過。

「裴莉這樣的呈現讓性發展變得容易理解，有前面的發展概念作爲基礎，讓參與者看到性發展任務這一欄，比較容易對焦在你想表達的重點。」

陳歆搶過雨橙的話：「但，問題性行爲這邊，你講得很概略，你不擔心師長會執著在B的性問題行爲，或想對你下指導棋、說服你『導正』他才是重點嗎？」陳歆說出自己沒把握開個案會議的擔心。

「我仔細挑選過人了，出席會議的人——敏華老師跟媽媽對B的問題行爲有直接關連，我已經在這幾週處理得差不多了。生物老師、體育老師跟B互動友好，B在他們課堂上沒有太多干擾，生物老師還幫我找了雞母蟲，我猜他們對B沒有累積不滿，在沒有太多情緒干擾下提供簡單的支撐比較容易。」

「因爲不是個案研討，這些老師的任務也不在分析或遏止B的行爲，焦點比較會放在如何幫助

B。」陳歆恍然大悟，「吼，這眞的是關鍵耶，不然我總想像個案會議讓人壓力很大。」

「哈哈哈哈，你是看著雨橙處理困難的系統被嚇到啦！我是來自雞母蟲的靈感，綜合評估我的能力才有這樣的點子，感謝這個系統讓我能放手嘗試。感謝雞母蟲！」裴莉在筆記上寫下：記得放一隻獨角仙做PPT的底圖。

改變不會神奇發生，需要的是成人接力、一致地提供支撐，建構青少年發展中缺乏的能力

青少年發展	B的能力缺乏	B呈現的問題行為	性發展	青少年性發展	B的能力缺乏	B呈現的問題行為
任務：自我認同的歷程				任務：性自我認同的歷程		
依附能力 1. 依附：社會文化價值觀從家長、師長的眼中傳遞出，我是怎樣的一個人？ 年輕世代的	1. 沒有能力找到在學習中的自我定位、沒有能力在上課秩序規範中找到符合期待的自我定位、沒有能	1. 學習成就低落、影響授課秩序、無法融入同儕人際圈 2. 茫然、無重心	經歷第二性徵的發育，帶來許多對情緒與人際對於性的好奇、衝動與困惑	**性依附能力** 1. 青春期的孩子該依附誰學習性發展呢？在社會文化價值觀、法規還有同儕間，我該如何安	1. 在某些情境下，沒有能力找到能符合社會期待的性好奇與人際互動的界線。與同儕(C)的性語言、性好	1. 在不適宜的情境與關係中，如課堂上，性語言與性舉止及在不適宜的情境與關係中，邀請他人參與性嬉

改變不會神奇發生，需要的是成人接力、一致地提供支撐，建構青少年發展中缺乏的能力

青少年發展	文化從同儕的眼中傳遞出，我又是一個怎樣的人？ 2. 分化：除了他們的期待，我又是誰？	**情緒能力** 經驗自己的情緒是怎麼一回事，衝動與低落，高昂與脆弱 1. 藉由建構情緒梳理的能力，學習理解自己與他人的能力 2. 學習調節與安頓自己情緒的能力
B的能力缺乏	力找到在同儕中的自我定位 2. 沒有能力確認自己的價值	1. 沒有能力理解自己與環境的狀態，對自己情緒變化的影響 2. 與沒有適當的能力調節與安頓情緒
B呈現的問題行為		突然爆發的情緒，引發人際衝突
性發展	此階段需要能談性且界線適當的成人協助他釐清困惑，理解情緒學習調節與安頓，建構出相對應的人際能力，並能在有困惑與衝動時知道有人可以詢問討論協助自己穩健的邁向性發展	
青少年性發展	放我的好奇與欲求呢？ 2. 分化：我在性上面是怎樣的一個人？	**性情緒能力** 經驗我因與性相關的事物引發的感覺，是怎麼一回事？ 1. 藉由建構情緒梳理的能力，學習理解自己與他人的能力 2. 學習調節與安頓自己情緒的能力
B的能力缺乏	奇引發的注意力，有可能對應到依附需求的缺乏 2. 沒有能力理解自己在性上面是怎樣的青少年	1. 沒有能力理解自己對性的好奇中混雜著各種需求，而產生各種情緒 2. 當行為觸及法規時，沒有能力以調節、安頓及處理相關的情緒
B呈現的問題性行為	戲 2. 面對性很茫然	性好奇、人際需求、違反法規的行為，綜合引發的情緒無法釐清

改變不會神奇發生，需要的是成人接力、一致地提供支撐，建構青少年發展中缺乏的能力

青少年發展	B的能力缺乏	B呈現的問題行為	性發展	青少年性發展	B的能力缺乏	B呈現的問題性行為
人際能力 在各種人際關係中，發展各種相對應的人際能力，人際能力在這個階段需 1. 支撐 2. 示範 3. 練習	1. 缺乏能支撐他理解自己的人際環境 2. 並缺乏逐步在其中示範與回饋 3. 讓他練習相對應的人際能力	創造許多課堂、人際與師長管理的行為問題		**性人際互動** 在各種人際關係中，發展相對應的與性相關的人際互動的能力。性人際能力在這個階段需： 1. 支撐 2. 示範 3. 練習	1. 缺乏能支撐他理解性上面自己狀況的成人 2. 缺乏逐步在其中的示範與回饋 3. 讓他練習相對應性好奇的人際能力	綜合以上形成的人際問題行為
資源使用能力 學習選擇資源與使用資源	成人提出的方法，對B來說可能都超過他目前能達成的	C是B目前可掌握的資源，依附C得到情緒抒解與人際陪伴		**性資源使用** 學習選擇資源與使用資源協助自己在性上面成長	**成人轉介諮商資源介入** 由我們來協助他將性問題轉為增進性發展能力的機會	
人生哲學 生命的經驗是用來瞭解自己的，我在支撐下探索我自己是誰、體驗我的能力及與眾不同的自己	我沒有能力達成大家期待的樣子	「我不好」、「我有問題」、「我沒有選擇」，我就是大家眼中的那樣的我	體驗我的性，確實是值得我自己愛的	**性人生哲學** 在被支撐下，探索理解我的性自我，我的性，是重要的	因著這個事件，請老師們跟我一起試試看是否能協助B從「我不好」、「我有問題」，轉變成「我需要建構能力，讓我更能瞭解自己，包括性／更有能力調節情緒，包括在性上面的感覺／更有能力學習人我互動中的界線」、「我沒有問題，我只需要示範與學習」	

「從成人轉介諮商資源，請老師一起協助建構B的人格與性人格能力，總結得很好呢！」陳歆意猶未盡地看著螢幕，彷彿想把裴莉的精髓都吸進骨子裡，「那快告訴我，如果他們買單，你要他們這幾個人做什麼？」

陳歆終於坐回她的位子，期待著下一面的內容。

「那我繼續囉！我將以這個表格跟各位說明我目前解讀B的行為問題的角度，也請大家試著以我的視野，了解B的狀況。」

在裴莉講解的過程中，紹奇始終沒動靜，沒睜眼，這些概念在這團督一年中聽下來也能掌握六、七成了，但聽著這三個女人你一言我一語，他發現自己不確定的不是知識，而是「投入」所需要的「承諾」，正是他最欠缺的能力！「承諾」需要什麼能力呢？他不自覺地開始以能力建構的思維思考起來。石紹奇，搞什麼！！他在腦海中敲了自己的頭，這是他現在還不打算擁有的能力，畢竟他好不容易才建構了抵禦期待眼光、不被承諾束縛的能力，他可沒打算改變現狀。「我還是繼續睡吧。」紹奇跟自己說，竟也不知不覺打起呼來。

陳歆、裴莉聽到打呼聲，驚訝地看了紹奇一眼，交換了疑惑的眼神。裴莉停下來，但雨橙絲毫沒有遲疑地做了一個繼續的手勢，「因此我現在需要大家幫我的是，建構他缺乏的能力。換我演練囉！」裴莉投影出人格脊椎的圖。

「在跟他相處的三小時中，我發現B仍保有對成人依附的需求，被陪伴會激發他學習的動力，不過我指的不是學科，而是生活中他有興趣的事物。從B的基本資料、敏華老師的觀察及我諮商時的測試，

B對動物、昆蟲很有興趣，但無法靠自己閱讀或看影片，將訊息轉換成認知與更深的興趣，在我的陪伴下，他開始願意學習，並跟著思考。在過程中，他隨著訊息產生各種情緒，而這些情緒他無法區辨，當然也無法以認知來表達，很多時候他會以身體動作來抒解，而在不適宜的情況下，這就創造了行爲問題。

「我會做的事是協助B區辨情緒，逐步找到適當的方式調節身體無意識釋放情緒的動作，且用語言表達出來。這樣的練習能讓他瞭解與掌握自己。但他需要很多練習的機會，不能只靠一週一次五十分鐘，我必須創造出適合他的練習場景，各位成爲首要人選的原因，是你們身上都有他所愛與在乎的東西，此刻是關鍵階段，在他還對成人有依附需求的時候。

「請大家看表，各位要做的事很簡單，你們無須在意B的問題性／行爲的狀況，這個部分交給學務處依校規懲處即可。你們只需要找出每週兩次能與B互動的二十分鐘。這二十分鐘要做什麼呢？

「我們看一下表格：

	B的重建方案	**每位成人可以設定不會超過自身負擔的與B連結的時段，一次不超過二十分鐘，一週建議兩次**
依附能力重建	將成人與B共同有興趣的事物當成媒材，重建連結依附	媽媽：我們一起找出簡單能展現連結與愛的事 生物老師：B對生物的興趣 體育老師：運動與任務 敏華老師：支持與鼓勵大家 警衛阿福與黑胖：狗狗讓B與阿福無壓力的連結

	B的重建方案	每位成人可以設定不會超過自身負擔的與B連結的時段，一次不超過二十分鐘，一週建議兩次
情緒能力重建	理解B發展情緒能力上的缺乏，以共同有興趣的事物中，出現的情緒情境來練習情緒辨識／練習適當的情緒表達方法／練習情緒安頓	針對B的發展，協助增進情緒能力的原則 1. 情緒辨識：簡短，越短越好，標示你能觀察到的他的情緒，如：我觀察到你對這件事很開心／你有興趣／你很專注／你對這件事沒興趣／你想專注但需要動一動調節一下／你現在可能比較想動一動，想瞭解更多有興趣再來找我 2. 使用資源：對於較難標示的情緒，或是你跟他有衝突的情緒而不知怎麼處理，交給心理師處理。如：現在我們有些不開心，我們都記下來，我回去想一想，也請你跟裴莉老師說討論一下，我希望我們不只是對彼此生氣，也能學習說出內心的感受，也是著學習理解對方
人際能力重建	理解B發展人際能力上的缺乏，當共同有興趣的事物中出現的人際能力情境，由師長來示範適當的人際互動	示範人際互動中的連結方式： 1. 以他的情緒回應你的感受 ＊我看到你很開心／有興趣／專注，我也很開心／也被鼓舞／也想更投入我們正在做的事 ＊如果你現在需要動一動，你可以告訴我你現在需要動一下，大概需要多久的時間試試看自己調節，這樣我會比較清楚你的狀況，也知道怎麼跟你互動能讓我們都放鬆與舒服 ＊我看到你沒興趣，也會覺得可惜，或許我們可以找到有興趣一起做的事 2. 如果彼此間有衝突的情緒，表達完情緒需要幫助學習去理解與安頓後，示範人際間衝突後的連結 ＊我們現在不知道該怎麼辦，沒關係，先放著 ＊下次我們還要一起做（你正在跟他進行的事） ・媽媽：我明天還是會煮好吃的食物讓我們一起享用 ・生物老師：下次我們再一起觀察獨角仙 ・體育老師：下次課程我還是需要你當我的小助手喔

	B的重建方案	每位成人可以設定不會超過自身負擔的與B連結的時段，一次不超過二十分鐘，一週建議兩次
資源使用能力	求助與資源使用能力，是建構方在成人前期的青少年發展中，最重要的能力	遇到困惑與不知怎麼處理的狀況時，可以找裴莉老師幫助我們一起了解發生了什麼事
人生哲學	在跟他的互動中，我們也能有收穫，是互為主體的關係	能在你成長過程中，學習了解你，會幫助我更理解情緒能力與人際能力在青少年期時是如何建立的

「這個作法是集結各位的力量：穩定的成人藉由他的興趣作爲連結彼此的媒材；大家重複一致化的應對能幫助他練習辨識情緒，同時示範人際能力。重點是重建他的依附能力。孩子是依附著成人學習社會化，但B因爲很多原因落後了，我們試著給他一個重新學習的機會。我們這組人的存在目的不是解決他此刻不符學校期待的問題，而是讓他得到人際連結與肯定，增強他社會化的動機。

「過了青少年這個階段，即便有所愛之物，他也會因爲不需要我們，而不在意那些他內心曾經很珍惜的熱愛。

「以下，是我想對每個人說的：

「媽媽，孩子很多行爲問題讓你很挫折無助，但這些並沒有阻擋你對他的愛。我們一起找出那些能讓愛簡單傳遞的時刻。

「生物老師，我超級感謝你的雞母蟲，藉由照顧動物、昆蟲，他可對人、對生命產生連結，他內在柔軟的特質有機會被觸碰——好奇、關懷、照顧、陪伴——這些都有機會讓同理心發展出來。

「體育老師，B需要運動來抒發精力與情緒。人際能力缺乏會讓他容易在玩與人相關的活動，比如籃球、排球時受挫。如果能讓他上你的課，甚至讓他在校隊練習時在旁邊做一點事，製造一些連結的機會，在他熱愛而能有所發揮的領域有一位教練的角色來協助他，是B發展自我認同的好位置。

「敏華老師，你很重要，你是各位老師與B的連結，你的任務就是幫我支持各位老師們。

「主任、各位老師，我想以兩到三週的時間來測試，看看成人改變了應對B的方式之後，是否能起一點點的影響。我們可以在這三週保持Line的聯繫，三週後一起來看看是否有產生變化，我們應對B的能力發展是否需要調整作法，也看看是否造成了大家的負擔。

「另外，我這次沒邀請，但我覺得是貴校資源人物的，還有警衛阿福跟黑胖。」

裴莉描述了那天下課的場景，「我知道要媽媽允許B養寵物有困難，但如果能夠陪伴一個生命、擁有依附體驗、有照顧的能力，會讓自我感更清晰。剛好警衛阿福在養黑胖，也關心學校的學生，我會把同樣的概念跟標準化動作跟阿福說明，也會協助B學習怎麼訓練調皮搗蛋的幼犬。

「無論是養雞母蟲、黑胖、運動，都是給我們一個媒材，跟B這個人產生連結，讓他願意因爲這些有趣的事我跟我們學習，而我們給他的學習方法，是依照他現在需要積極建構的能力來設計，以因應人生即將到來的更多壓力、更大期待。

「我們合力，就像是在他歪斜的人格脊椎加上一個脊椎復健器，調整他目前只有C可以依附的窘境，爲我跟他的工作爭取一點空間，來協助他分辨人際關係中的需求與選擇。

在性發展中，B自然會對性有好奇、想探索，我會負責協助他如何正視自己對性的感覺，尋找適當的方式抒解、練習衝動控制、維持人際界線，以及當面對性的人際壓力時如何尋求協助。

「你們可以想像，當我們這樣工作一段時間後，如果有人邀他以騷擾、侵犯他人界線來滿足性好奇或人際需求時，他能稍微有一點抵抗力。也就是說，他跟媽媽或各位師長的連結，有可能成爲他拒絕誘惑的內在動力，也因爲有你們，我才能協助他鍛鍊拒絕的人際能力，讓他在學校目前沒有朋友的情況下，有大人可以依附。

「否則，現在的他沒有任何依附關係，又要抵抗本能的人際需求、又要抵抗性好奇的衝動、又要做出正確不違法的決定，實在太難了。」

「我完全被說服了！」陳歆忘情地拍手，顯然已經把紹奇放下了。雨橙雙手比讚。「層次非常清楚，完全扣緊你共識會議的目標，以促成合作爲主導，也掌握了參與者願意幫忙，但時間精力能力皆有限的心理動力，簡潔清晰、切中要點。」

裴莉臉紅地說：「我現場會再舉多一點例子讓師長們了解啦。」

「我相信你會。你還少了一張簡報。」雨橙說。

「謝謝聆聽、歡迎指教？」陳歆說。

「噗，放那幹嘛。」從枕頭堆裡傳來紹奇的聲音。

「對啦！少這一張。」裴莉滑動滑鼠，畫面呈現出把所有概念簡化成具體步驟的流程圖。

「簡單具體，這我可以，如果我是老師，我可以配合。」陳歆筆記滿滿，開心地說。

紹奇伸了懶腰，坐了起來，給裴莉一句：「厲害喔！」

雨橙點頭，「技術精熟，能嘗試新作法、新位置，持續成長，令我非常驚豔。」

裴莉鞠躬高舉雙手，彷彿在謝幕接受歡呼一般。

雨橙舉杯敬裴莉，恭喜她，也同享她肯定自己的喜悅。

陳歆摟著裴莉的肩，「姊，你給了我好多東西可以思考，也給了我一個超讚的示範！」

「我也很被你鼓舞！」雨橙接著說：「現在我們來思考一下，裴莉想讓B出席這樣的會議，適合嗎？要爲B跟老師們做什麼準備？」

三人互看一眼，這又是另一個進階的挑戰。

＊＊＊

「這樣吧！因爲裴莉已經完整說明，也演練了她的作法，我想接下來的時間讓陳歆跟紹奇一組，討論學生是否能出席師長們爲他開的會議，還有評估的要件、目的與準備。」

雨橙接著招呼裴莉，「我跟你推演一下，依照你的作法，師長們可能有的各種反應。」

沒有徵詢紹奇的意見，雨橙彷彿沒事一般地分了組，跟裴莉開始了她們的討論。然而，陳歆卻無法像她們兩人那樣自在。

一向歡迎提問、喜歡激盪、腦筋轉個不停的陳歆，此刻卻感到一片空白。不只空白，喔！還有點烏雲！她覺得雨橙跟裴莉一國，卻把尷尬丟給自己，陳歆生雨橙的氣，彷彿她掌控一切，卻又不把事情處理完。

尷尬著，陳歆不知怎麼開口，紹奇則是一副到底要討論什麼的表情。「欸，你不會不舒服嗎？」陳歆問。

「你指什麼？」

「哎呦全部啦！」

「你是說暴走、跟裴莉比起來像傻瓜一樣、還是指我出席了一個不確定自己會被怎麼婊的會議？」

紹奇直接說出陳歆的擔心，陳歆倒是鬆了口氣，「都有吧！」

「我還好，沒什麼啊！第二、第三種狀況，我都還滿熟悉的，耐受力還不錯。第一種……」他想了一下，「高二以後應該就沒出現過了。今天確實有點意外。」

「為什麼是高二？」

「那是認清了逃不出緊箍咒的年紀呀！開始知道要用腦。任性，只是給自己找麻煩。」紹奇平淡地說，聽不出情緒。

「我有好多問題想問你啊！」陳歆這句話，說出了壓抑滿滿的情緒。

紹奇沉思了一會兒，淡然說：「我也有好多問題想問自己！」

兩個人低頭安靜了一陣，「你覺得我們有辦法討論雨橙的提問嗎？」紹奇抬起頭來：「當然可以，我不是才剛經歷過嗎？」

困惑地看著紹奇，陳歆覺得腦力耗竭想不出答案，只能連珠砲地發問：「是有我沒發現的平行歷程嗎？」「你可以解釋給我聽嗎？」「可以分享你的經驗讓我了解嗎？」

「你想像一下，如果你是國二學生，心中有很多自己也理不清的矛盾情緒，聽到師長們自以為是地要為我努力，我除了感受到他們的用心，也會覺得自己不中用。我如果覺得不耐煩，是因為這些情緒很難消化，忍耐則是因為要表現出懂事的樣子才能出席這種會議，但控制不住演不出大人樣時，失控又更證明是自己沒用。大人很努力要幫我、我很沒用、一直在出狀況，出席這種會議只會證明大人是好的，我是壞的。如果是你，會想出席這種會議嗎？」彷彿與自己完全不相干似的，紹奇平淡地說著。

陳歆聽不出他的情緒。她不確定紹奇是否在用這樣的方式幽微地表達今天的內在狀態，但要另開視窗思考平行歷程，陳歆有點無力：「你覺得，我們對你有期待，而你做不到？因而覺得……你是……壞的？」

陳歆從剛才那段話中，取出以中二生自喻的紹奇可能會有的情緒，但實在無法說服自己。她滿腦子問號，沒有任何線索可以找出為何紹奇會對自己有這樣的看法。

陳歆心中的紹奇，是令她敬佩的前輩，有自己獨特的工作方式，而且總是溫暖、支持、陪伴、鼓勵她。但他很少揭露自己，說到自己總是嬉皮笑臉。今天，可能是他表達最多的一次。

「應該說，我對自己有期待，才是我最大的問題。」紹奇低聲說。

陳歆很想說出對紹奇的感覺，想鼓勵他也看到她眼中那個溫暖的紹奇，但她壓抑了下來。

紹奇很想放棄對自己的期待，讓自己看到廁所鏡中那個防衛操弄的自己時，可以視為理所當然。

「討論得如何？」雨橙的聲音打斷了各自沉思的兩人，她跟裘莉一起來到地墊區。

紹奇看了陳歆一眼，「這個做法會給學生太大的壓力，不建議。」

「陳歆呢？」雨橙沒詢問紹奇背後的想法，直接問陳歆。

「嗯……嗯……我還沒想得夠清楚，這確實是壓力很大的場景，如果要執行，需要很多準備跟全面評估。但我還沒想清楚。」雨橙點頭表示了解。

「剩下一點時間，我們一起來討論這次督導的歷程吧，這個督導與工作小組成立一年，差不多進行二十四次了。藉由今天紹奇的發起，我們一起來回顧一下好嗎？」

「我情緒已經過了，沒事！」紹奇淡淡地說，想句點這個話題，但拒絕得很沒力道。

雨橙沒回應他，也沒有詢問陳歆與裴莉在歷程中的情緒。四人靜止著，時鐘滴答走著，等待與空白，給了每個人回到內在的機會，思索斷裂何時開始，連結如何修復？

「C，勾起了你埋藏得很深的自己吧！」

「沒有學心理諮商的你，會跟現在很不一樣吧！」

「有兩個你，在你內在衝突著吧！」

「你很期待能藉由突破C，來感受自己有能力勝過父親吧！」

「你很期待能藉由帶領C突破他父親，來感受自己的力量吧！」

雨橙一句一句溫和平穩地說出，在寂靜中，字字鏗鏘。

陳歆怎麼也想不到雨橙會選在這個即將結束的時間，如此直接地處理。陳歆好想拿筆，但這實在不是記筆記的好時機。

「以上五句話，相信你自己是知道的。下面兩句你可能不知道。

「能承認做不到、可以放下，是你對C最真誠的表達。讓他回到他的人生，讓你回到你的人生，你是一位稱職的心理師！」

「你很愛我們與我們之間的關係。」

紹奇沒有動靜、沒有回應。愛，又如何，能當飯吃嗎？能改變什麼嗎？「你不要引誘我！」他回想起陳歆衝出教室的名言。

「把原生家庭的傷揹在身上來詮釋你現在的生命處境，會讓你看不到內心對自己的渴望。」

「我有什麼渴望？」紹奇隨口回嘴，理想與現實，在沒有能力的人面前一樣殘酷。

「就像你剛剛那樣。」

「怎樣？」

「在我們面前眞實展露內在的各種面向，不是你擅長的，也從未深刻經驗過這樣的感受。這不只是受到你原生家庭價值觀的影響，也是出於男子氣概的要求。但你父親給你的一切，並不阻礙你成爲你自己——你過去從原生家庭中學到的求生能力是很重要的，但也不妨礙你拓展新的能力。」

「我需要學什麼新的能力？」紹奇滑著手機，一副對雨橙的開導興趣缺缺的樣子。

「你最受不了陳歆的是什麼？」

「暴露狂！」衝口而出，紹奇笑了，人回到了此時此刻。

陳歆驚跳起來，雙手交疊護著胸前，「我哪裡暴露了！」其他人忍俊不住笑了。

陳歆輪流環視著他們，彷彿在要求答案，裴莉、雨橙都微笑地看著紹奇。

紹奇嘆了一口氣：「我一直掩飾得很好，今天眞是功虧一簣。好吧！」他看看陳歆，又把眼神移開，「我一直，對你暴露自己的各種情緒與心理狀態，覺得，很不可思議，我無法相信一個人怎能這樣讓別人都看透，還會有安全感。」

「我是不得已的好嗎？」陳歆苦笑，「我也拿自己沒辦法，我眞心希望自己是城府深一點的人。」她突然看著雨橙，「那我是不是缺乏掩飾自己、虛以委蛇的能力。」又轉頭看紹奇，「啊！哥，我們交換能力，穿越一下。」陳歆天外飛來一筆，讓紹奇感到溫暖和放鬆，「這可以這樣交換嗎？」

他轉頭看了雨橙，「這是能力，還是我害怕跟人親近？」

「你是要說害怕關係、害怕承諾、害怕讓人失望？」裴莉接口，意有所指。

雨橙伸了伸懶腰，「沒有能力，無異緣木求魚，想太多也是枉然。」她看著紹奇，「你要分析，就去找諮商；若要練習揭露自己的能力，我相信姊妹們很樂意示範、分享跟支持，陪你練習。」

雨橙看了時鐘，剛好十二點，她站起身作送客貌，三人也紛紛起身收拾。「這個能力，對於你諮商技術的再突破，無論是對男性案主或是女性案主都非常重要。」

「欸～兩個性別都包括了耶！」裴莉拍了紹奇一掌，「你無處可逃了！」

紹奇一跨出門，就像穿越結界似的立馬恢復日常模式，「欸，性別彩虹你懂嗎？我空間還很大。」兩人嬉笑著走向電梯，裴莉回頭看了一眼沒跟上來的陳歆，「電梯來了，你慢慢來。」她推著紹奇進電梯，給陳歆一點空間。

雨橙注意到，陳歆並沒跟上學長姊們的鬥嘴。

「今天情緒濃度很高喔。」雨橙站在門邊看著陳歆。

「夠我這情緒分析狂兼暴露狂，花一個禮拜整理了。」陳歆自嘲。「但，」她突然轉過身，「雨橙我得跟你說，在過程中我有一度生你的氣，我覺得你跟裴莉丟下我。我覺得你沒有做好督導該做的事、我甚至覺得這次督導的目標沒有達成。」雨橙看著陳歆的眼睛，安靜地等待。

「我想說出我曾經對你的評價，才不會帶著愧疚離開。」

雨橙張開雙臂，陳歆回應了她的擁抱。「謝謝你。」異口同聲的話語，在兩人耳邊響起。放下雙臂，兩人安靜看著彼此的眼睛，言語與擁抱都無法到達的心底，只能用眼神碰觸。

「我們一起學習。」雨橙用這句話送陳歆離開。

「那為什麼我們要付你錢？」沒有了芥蒂，陳歆撒嬌地開起玩笑來。

雨橙拍拍她的頭，「你這個小毛頭，嫉妒嗎？怨自己太晚投胎吧你！」隨即推了她一把，揮揮手，送客，關門。

「喔，這太陽。」走出電梯，正午的豔陽穿透工作室大樓的接待廳，裴莉打破了她跟紹奇在電梯裡的靜默，「唉，還得去上班呢！」裴莉邊走邊在包包裡摸索著，「難得見你情緒展露，實在應該去喝一杯的。」裴莉掏出陽傘，準備走入陽光中。

「欸，」紹奇彷彿從沉思中回神過來，「不用安慰我啦！」

「什麼呀！我是要安慰自己。看你在情緒中掙扎，我那麼關心你，自然也會有很多感覺。你又這麼彆扭……不對，修正一下，你分享自己的能力還在建立中，話不能直說，我看陳歆憋得要內傷了呢……不是不是，再修正一下，陳歆正在建構涵容當下情緒的能力……吼，用能力建構思維眞是要多練習才能轉換觀點，」裴莉喃喃自語，「但這樣思考，會減少很多不必要的情緒牽扯。」

紹奇推了裴莉的頭，「夠了吧！督導都結束了！」

「好想去喝一杯啊！只可惜要上班。」陳歆的聲音從後面追上。

裴莉拍拍陳歆的肩，「走啦走啦！沒酒可喝啦。上工啦！」一面撐開陽傘對兩人說，「我們Line上見吧！」

紹奇正要戴上安全帽，裴莉突轉過身溫柔看著他，「找個咖啡廳給自己一點時間，整理一下這個歷程吧！也許可少約一炮。」

「給錯建議了喔，郭大治療師，我主訴裡沒有約炮次數太多的困擾！」紹奇彷彿剛剛受重傷的超人，被垃圾話充電恢復了防禦力，用插科打諢回應他暴露脆弱後被關心的尷尬。

裴莉撐傘邁入豔陽，腳沒停步地回敬紹奇一根中指，正是符合紹奇防禦網的回應。紹奇笑了，眞好，離開雨橙那詭異的空間，一切又恢復正常了。

紹奇再度拿起安全帽，才發現陳歆還沒走，還一直盯著他，紹奇深吸一口氣，這位才是大魔王，他心中默念著，「我可沒想隨時看到暴露狂啊！」

紹奇趕在陳歆開口前說：「我今天能接受關心跟自我揭露的量已經超載了。饒了我吧。」話一出口，紹奇懊惱得想掌自己的嘴，敏感如陳歆哪能接受「饒了我」這三個字而不受傷，這可是會激發她更想追問她在他心中的形象、更想澄清她不是他想的那樣，然後對話就會完全失焦，我會消失，只有她存在。其實，每個人關心的，都只是自己吧！

紹奇一面感受內在一面動腦想，除了自己最擅長的垃圾話之外，假使有人能眞誠地對別人說出自己感受，到底該怎麼做？！

紹奇轉身，面對一下子愣住的陳歆。

「我再修正一下我想表達的。早上我經驗到兩個我的衝突，我確實比較擅長各種防衛技術，來保護自己內在不被看穿、揭露、傷害，我確實非常不擅長自我揭露後的脆弱感、羞恥感、赤裸感，我發現我更不擅長接受關心與安慰甚至陪伴。這兩種不擅長加在一起，讓我說出剛剛的話，我只是想爲自己隔出安全距離，我怕自己太不舒服，會無法維持理性，開始攻擊。」

紹奇說著說著竟然湧現了舒暢感，而且靈感接踵而來。

「赤裸的、不安全的、不能掌控的、不能防衛的感覺，很可怕，這時候關心跟安慰的方式如果不到位，我不只接收不到還會全盤否定，更會把拯救自己的責任丟給想靠近我的人，覺得所有的關心都是虛僞的，只爲了讓站在安慰的那一方的人取得權力跟力量，」紹奇腦中浮現那些陳腔濫調，「決定我該怎麼感覺我的經驗是嚴重、還是小題大作，（你應該感謝、想想看那些比你更糟更慘的人。）

「決定該用什麼速度，（你不該被這樣的情緒影響這麼久，像個娘娘腔一樣。）

「該用什麼方式，（不要只想著你自己。）

「才能回報他們對我的關心，（我這樣關心你你都沒改變。）

「我不喜歡這樣的感覺，好意關心，卻附帶期待，對我來說，這是交換，如果你們追求的所謂關係是如此，那我寧願你們都不要靠近我。」

我情緒開關是壞了嗎？Fuck me!這一串清楚地說出自己，卻沒有前面那樣明晰放鬆的感覺，只有滿腔怒火，紹奇好想破壞些什麼來把這股煩、燥、鬱悶感抒解，他看了手上的安全帽一眼，幻想把它往地上猛砸。當然理智控制了他，他深深吸了口氣，吐出來的是深層的哀傷。

陳歆安靜地看著，忍住了不捨的眼神、忍住了想安慰他的輕拍、忍住了想保護他的承諾、忍住了想說服他，自己不是他想像的那樣、他誤解了。陳歆突然明白雨橙剛剛為什麼啥事也沒做的讓這一切過去，原來忍住不順著自己的需要去動作，看似無為，其實也是費盡心力的「做」啊！

她在心中合十向九樓的雨橙敬禮，難怪，一起學習，但收錢的人是你啊！

半晌，紹奇等情緒過去了些、胸口舒暢了些，卻有種被掏空的感覺，即便早上吃了大漢堡，現在卻感到十分飢餓。

「欸，陳歆，如果你可以接受無腦的互動，我可以接受你陪我去吃牛肉麵。」

陳歆噗哧笑出來，「我要跟你學習，我願意接受不暴露自己的挑戰。」

她率先走出去，「你要知道，要暴露狂不暴露，也是需要控制很多慾望、習慣，加強自我克制的能力呢！」

「好啦！辛苦你了，今天我也算是跟你偷學了自我袒露，牛肉麵我請客就是了。」

第11章

陳歆離開紹奇後，內心浮現了千百個問題，關於心理師這個專業，關於她自己。她好想抓住前輩好好對話，好好問到內心各種感受都安頓、滿意爲止。

她快速寫下內心的困惑，拋到Line群上。

1. 近乎法醫式地檢視內心各種念頭、感覺、思維、想法，到底是不是如紹奇說的實在太變態？
2. 「眞誠表達自己」與「抒發情緒」的差別是什麼？「涵容」與「迴避」與「壓抑」這三者又有何不同？

第三，她想了很久才下筆，今天的團體督導的衝擊力道很大，紹奇、裴莉跟自己在面對諮商工作時，因著不同的哲學與不同的能力，有著截然不同的風貌。

3. 心理師到底是怎樣的一種職業？

她看了一下接下來的行程，晚上才接案，她有四小時的空檔，非常珍貴。

伸手招了計程車，奔到她抒發心情最常去的極光咖啡館，在那裡她可以盡情創作、抒發情緒，也能享受用心烹煮的咖啡，及剛剛好的陪伴。

好久沒來極光了，站在店門口，陳歆細細地觀看了門前綠意盎然的植物朋友們，一一向它們問候，很開心老朋友們有被綠手指店長Ollie好好照顧。

推開門，吉他琴音流洩出來，琴弦撥動清晰單純的樂音，每一聲都清清楚楚地敲進心裡，陳歆閉上眼深深地吸，彷彿想讓咖啡的香氣、琴音的顫動，浸潤全身。

極光咖啡，保留迪化街老屋的美感，融合歲月的痕跡設計出木作風格，舒適簡約。咖啡廳的尾端不是牆，而是全透光的落地玻璃隔間，視線的遠端是天井，陽光灑在紅磚牆與鮮綠植物上，讓人一進來就忘了自己身在台北。穿過天井是Ollie的畫室，他分享出來給熟客，用一杯咖啡和自由捐獻的材料費，就可以享受這個創作空間。

「嘿，你來了。好久不見。」店長Ollie的聲音，一樣溫柔沉穩。陳歆並沒立刻回應，而是開放感官享受這個空間、氣息、溫度與人心所帶給她的撫慰，緩緩讓身上各種情緒能量得到安撫。

陳歆指指了後面的畫室，Ollie微笑著做出請自便的手勢。

陳歆其實很想訴說，但她知道，今天早上的經歷很難讓一般人理解，那些細微、幽暗、多層次的情緒，或許對一般人來說很微小，但在她心中卻是巨大的。她還沒進入諮商領域時，總覺得自己是怪胎，相較身邊的親友，她的情緒總是比別人多、起伏比別人大、衝動比別人強，她很希望自己情緒少一點，又挫折於沒人能懂她的感覺。直到她學了諮商，才知道情緒的威力與內在自我的關聯，才認識了一個從未看懂的自己，才開始學習與情緒相處，並且善用情緒的能量找出內在的智慧與聲音。

她從不知道，紹奇是以「暴露狂」來看待自己這樣的行徑。她只知道，展露各種感受會受外傷，但壓抑情緒能量是更重的內傷，而且會深深切斷她的生存意志。

以前的她很期待自己能穩重、成熟、隨時都游刃有餘地應對外界，沒有任何事情會激起她的情緒。現在的她，學習欣賞自己的各種失態，反正一咬牙就過了，她更享受在失態中所得到的洞察，與拾回的自己。

今天早上她經驗到的感覺是，「屬於卻又不屬於」的矛盾，雨橙、裴莉跟紹奇。他們已經是一個群體，這個督導一開始正是因她而發起的，這一年中她跟前輩大量學習，也屢屢得到大家的肯定，說她成長非常快速。一度，她覺得，融入這個群體了。

然而今天，她內在升起對雨橙的評價，與其說是評價，那情緒背後訴說著的是……陳歆站在畫架前，看著自己隨心情塗上的色塊，深紫、血紅、黑，看起來像是瘀青的色澤……是，嫉妒！

嫉妒的出現，讓陳歆嚇了一跳。這三位都是她深愛的前輩，她在諮商專業上原本如遊魂般沒有方向，直到這個督導團體形成後，她才開始有扎根的歸屬感、安全感與信任感，她怎樣都不希望自己討厭他們，這是她離開前一定得去跟雨橙說出自己在歷程中曾有的感受的原因。她不想虛假地掩飾、也不想自己安頓了就讓情緒過去，她必須講出來，不然她會開始因為討厭自己的虛假而討厭起雨橙，她必須要說出來，讓雨橙幫她分擔內在黑暗的情緒。

而在雨橙的反應中，她才能再次確認自己所以爲的是否爲眞、與雨橙是否一致。這是陳歆總是直視雨橙眼睛的原因。

陳歆在那一大塊瘀青的色澤中，換上了白色的筆，繼續讓嫉妒的成分自然流洩。

這個嫉妒是對著雨橙的嗎？還是對著這個自己想像中把自己排除在外的群體？

在那一刻她是生氣的，這三個人應該了解她、應該知道她在其中的壓抑、應該有能力照顧她，她可以等，但她期待在最後雨橙願意多花點時間把歷程梳理清楚，讓她能把內心壓抑的感受說出。她嫉妒的是，雨橙那麼恰到好處地照顧了紹奇，而動力掌握極佳的雨橙怎可能沒注意到我？

她讓白色的畫筆在瘀青色塊中勾勒出一個孩子。在心靈世界裡，時間是不存在的，年紀、經歷、資歷無法抹去心靈世界裡那渴望完美母親的期待。

她讓小孩環抱胸前的雙手，抱著一顆心。

搖搖頭，你說，情緒怎能不解讀分明呢？不解讀分明，就會分不清事實、想像，讓自己的情緒糾結成令人走不出的網。

她用粉紅色的筆觸，勾勒出一個母親把瘀青色塊當嬰兒抱在懷裡的模樣，訴說著她對雨橙的投射，但隨即又把粉紅線條塗成一個圓。

換了一張深藍畫紙，嫉妒的情緒還沒結束。

她想起在大廳中裴莉跟紹奇的對話，還有很多他們倆互動的小動作。她嫉妒裴莉總能拿捏跟紹奇的距離，總是那麼幽默的表達、不著痕跡的溫柔，而且，還完全符合紹奇的需要。相對於裴莉長袖善舞的優雅，陳歆覺得自己眞的很像剛剛學習拿刀叉禮儀的原始人。

她嫉妒紹奇就這樣自然地接受了雨橙的安慰、裴莉的陪伴，卻拒絕她的靠近，那一句「饒了我吧！」很傷人。

但她不是第一次聽到男性對她這麼說，陳歆突然羞愧了起來。

如果紹奇也是這樣的反應，陳歆突然停住畫筆，如果紹奇也是這樣的反應，她對情緒的執著，或許對親近的人眞的是一種壓迫。以前陳歆總覺得男友不想了解她，後來她懂了，對方不是不願意，是沒有能力。當時她也沒有能力懂自己，只能期盼對方了解自己、幫自己離開情緒的沼澤。這個洞察，協助她放下了在關係中的痛苦與強烈被拋棄的情緒。

但今天，如果紹奇也是這樣的反應，是否以情緒爲傲的自己，也只是對自己情緒不負責任的任性而已？哈哈這是所謂自戀情結吧！世界都該繞著我轉。陳歆看著畫紙，無意識地留下了三個色塊，深咖啡是紹奇、深紫是裴莉，而在黑色上非常醒目的，是代表自己的白色。因爲看見自己的羞愧，她現在的臉頰，應該是火燒般的紅色。

牙一咬，吞下了羞愧感，她將三個色塊暈開，讓白色、咖啡與深紫互相交疊，白色沒有被淹沒，而咖啡與紫色也因爲白色而產生質感的變化。

我感謝自己不妥協的原始，帶給這幾位夥伴的刺激，她腦中響起多次他們爲自己歡呼的聲音。多次，他們感謝自己的眞實，當她說出心中曾有的評價，她檢視過雨橙的眼神，陳歆知道，那不是包容自己的幼稚，而是尊重她擁有她自己的感覺。

接著，黑色的畫紙上三個色塊，被一個肖似金字塔的三角形包圍。人格要多穩健，才能時時區分人我，回到自己的中心？情緒能量滿溢如她，究竟要多少鍛鍊，才能像雨橙般穩若金字塔？

拿起了一張新的畫紙，這次是黑色的。

嫉妒還沒結束，她瞥見紹奇看裴莉的眼神，無法否認，她也想要。

這個浮現的感覺，震驚了陳歆。她從不知道，除了前輩，自己也把紹奇當成一個慾望的對象。身體突然發熱了，在冷氣房裡，她感覺自己在發燙，能量從陰部湧出，從肚臍、胸口一直熱到臉龐。

嫉妒的能量一波又一波，畫紙上交疊的粉紅色線條，在陳歆眼裡充滿著慾望。黑色的畫紙幾乎被粉色塗滿，她換上全開的紙張，鋪在地上，繼續——彷彿要把體內的慾望散盡。直到第四張，才感覺自己從這一波能量中慢慢緩解出來。

呼——滿頭大汗，坐在滿地的畫紙中，感受著抒解完的虛脫放鬆，頭一次不是以自慰的方式碰觸性慾能量。她抬頭望向窗外的藍天綠意，有一種從漩渦中浮出水面的感覺。

她不知是否該是紹奇，但陳歆確定，她想要成爲女人，想要擁有「性」的力量。

「很不一樣的情緒能量。」陳歆一驚，Ollie不知何時進來，坐在畫室的角落多久了。在作品中，陳歆從不害羞讓Ollie看見她的情緒，然而性慾是她從不曾顯現的。但，她沒想要掩藏，轉過身，好奇從Ollie的眼裡會看到怎樣的自己。

「非常搶眼，有慾望的成分，喔，不，這就是慾望。」Ollie竟然就這樣直接指出，沒有任何驚訝意外。「現在的你，散發著一種從未展露的光芒。」Ollie快步走到他自己的畫架，拿起鉛筆素描起來。

自己突然成爲被注視的焦點，不是因爲情緒的爆衝，而是性吸引力！陳歆失去了前一刻的力量感，她可以感受到自己的光芒因爲尷尬焦慮浮現而逐漸暗淡，遂惶恐了起來，想逃離這樣的感受。

「別動！」Ollie沉穩專注的聲音，讓陳歆只能服從，停在羞愧中。她發現，正視自己的性慾，跟性慾被別人看見，承受起來是兩件截然不同的事。

羞愧與害羞交錯，卻在Ollie的目光中，一層一層地剝下了性慾中干擾的雜質。陳歆的慾望因而再度活絡起來，這一次是明亮、鮮活的色彩，是自信的光芒，她保持著靜止，閉上眼純然感受被注目的自己，讓自己習慣接受被注目，那一直渴望被看見的心。而這一次，不必努力，不需精進，就是與自己同在。她享受著被享受的感覺，一切靜止了，彷彿身處另一個時空。

直到，一陣溫熱的氣息輕撫她的臉頰，她微微地張開眼，「May I?」她分不清是Ollie的聲音抑或是內心的聲音，再度閉上眼，唇吻上了他的，陳歆回應了她的心。

溫熱、豐厚。

忘情地感覺全身微電流通過的酥軟，卻無法取代姿勢太久的腳麻。

陳歆睜開眼，Ollie緩緩退去，在完全離開她之前，留戀著吻的滋味。Ollie又貼上了陳歆的唇一會兒，才不捨地離開。Ollie坐在陳歆旁的地板上，看著她微笑。陳歆希望自己能有優雅的姿態，來紓解麻到不行的雙腳。

「哎呦喂呀，好麻啊！」她忍不住叫起來。Ollie笑著說，「看起來不是慾望的電流。」Ollie自顧自地優雅起身，留狼狽的陳歆在地上哀號，原本清理與解讀得差不多的情緒能量，又再一次充滿了陳歆的大腦，「這代表什麼？」

「代表一個美麗的午後遇見一個美人，欣賞了她慾望能量的美。」Ollie隨性輕盈地接了話。

陳歆壓抑著腦海中自動播放著一百個問號的跑馬燈，欣賞了慾望的能量，就可以採取行動嗎？這是有花堪折直須折的意思嗎？我呈現我的身體、我的慾望，就給了你邀請我的權利嗎？你有徵求我的同意嗎？我們是什麼關係？這一切代表什麼？

「你跟我是什麼關係？」

「店主與客人的關係。」

「你會這樣親吻客人？」

「如果有感覺而她也同意的話。」

「我從不知道你是這樣的人。」

「你從未眞的認識過我。」

「那你認識過我嗎？」

「我不需要認識你。」

「那你爲何能親我？」

「你也同意就不需要理由？」

「我甚至沒有你的Line！」

「你需要我爲這個美麗的吻負責嗎？」

「我們的關係不能有這樣的行爲。」

「關係跟享受彼此、享受當下有關嗎？」

「如果我有男朋友那怎麼辦？」

「那是你的問題，如果這是個問題的話。我祝福你。」

陳歆關掉了腦中的自問自答。

呼——她沒想到，面對性慾最重要的不是擁有這個能量就會有力量，而是有爲自己負責的能力才能擁有駕馭性的力量。

她慶幸著自己只是在腦中度過了自己情緒的小劇場，而沒有在現實世界上演八點檔。她不再希望要別人照顧自己的情緒、慾望、需求。她也不知道，過往文化留在身上的羞恥印記是否會在今天過後讓她後悔，但她想要清清楚楚、明明白白地活在此刻。

她伸出手，Ollie也伸出手，她感受著Ollie的手，那是一雙厚實、溫暖、粗獷卻也細緻的手，支撐著她從地板起身。陳歆仰頭看著Ollie的眼睛，用眼神撫摸了他的平頭、剛毅的輪廓、微笑的嘴角，仔細審視剛剛吻過的唇，與她一般的身高，清瘦的肩膀，文青咖啡店老闆的穿著，咖啡的香味，若有似無的麝香味。

陳歆站定，並沒有放開他的手，「May I？」

她並沒有等他回應，吻，順著她的舌尖，進了他的嘴。

「我很享受這個下午，謝謝你的空間。」結束了這個吻，陳歆拿起包包，拉起了皮箱，往大門走去。走過天井，微風陽光，是傍晚的時刻，經過座位區，顯然客人或店員沒有人注意到她內心開天闢地的女媧誕生。走過了櫃台，突然想起一整個下午，她沒有任何消費，陳歆看著站在櫃台裡的Ollie笑道，「你那麼享受，就用剛剛兩個吻抵今天下午的消費吧！」店員揚起驚訝的眼神，映照著陳歆彷彿破殼而出的爽快。

走出門打開Line，一連串訊息跳出，是裴莉的問候。按照裴莉對陳歆的了解，裴莉知道想必早上會激發她許多需要訴說的心情。

陳歆沒有回應，關上手機，迎著夕陽，走到台北運河的河畔。今天，時間過得好慢。生命豐富地在這八小時當中展現，她想深深地記住這一刻走過的歷程，成爲自己的力量。

第12章

即便冷氣已調低至二十二度，兩人仍大汗淋漓，J趴在紹奇的胸膛，從高潮中回過神來。

「喔！」她撥了撥頭髮，「我沒時間洗頭了。」J一股勁挺起身，又回到女上男下的姿勢，拿下手腕上的髮圈隨手綁起馬尾，一邊作勢埋怨又嬌嗔地盯著紹奇，「下次，不許你這麼臨時約我。」她雙手一擰紹奇的乳頭，「不許你裝可憐，求我……啊！你們心理師說的是什麼？對！不許你情緒勒索我。」

J擰得更大力，紹奇喊痛卻又忍不住呻吟，J玲瓏有致的裸體，坐騎在他胯上的樣子，那種自信與掌控感，有如最強效的止痛藥，一炮見效。

「我要趕回公司開會了。」J一手抵住陰莖根部保險套的底端，讓身體離開紹奇的陰莖，一手貼心地抽了張面紙塞進他的手，準備翻身下馬時，紹奇卻雙手扣緊J的結實的臀，使了一股勁挺起上半身，胸肌貼上J的乳房，一把抱住J的背，讓兩人緊緊貼合，另一手若有似無地從J股溝順著脊椎往上輕撫，兩人緊貼著臉，輕聲在她耳邊說：「再陪我一下。算我求你。」

J撫著紹奇的背，也在他耳邊嬌柔喘氣，舔著紹奇的耳窩輕聲回應：「我很想啊。」隨即出奇不意地一咬他的耳垂，雖然力道不大，但仍然讓紹奇疼得鬆開手大叫：「很痛耶，你真咬。」

就在這一刻，J已毫不留情地俐落起身下床，撿起剛剛進房時一路脫下的衣物，迅速穿回去，留下一句「沒辦法，你自找的呀。」便消失在浴室門後。

紹奇倒回床上，揉著耳朵，五分鐘不到，J已著裝完畢，白襯衫黑窄裙蹬上高跟鞋，朝著裸體的紹奇走來，坐在床邊輕聲說：「石大心理師，不好意思啦，我只是小小的辦事員，我可不能丟了我的飯碗呀！」隨即拿起包包，「跟你做愛很爽快，記得，下次要約，請早。」隨即起身頭也不回地準備離開。

「要不，我養你。」這應該是整場約炮中最解嗨的一句話。

J停下腳步，沒有回頭。

紹奇對自己脫口而出的話感到驚訝。今天，潛意識實在很不受控。

「你得好好想想，你到底怎麼了。」J轉過頭來，面無表情，一貫地一刀斃命：「紹奇心理師，你要搞暈船嗎？我可沒興趣，同時，也非常不禮貌。這不是我的需要。」她從包包拿出口紅走進浴室，大概是忘了補妝。「你是在浪費我的時間。」聲音從浴室傳出，接著不浪費一秒鐘地，開門，發動汽車，走了。

紹奇大字型躺在五星級汽車旅館潔白如雲的床上，盯著天花板華麗的水晶燈，腦中一片空白。遊戲人間、關係沒有束縛、只享受當下、不談未來。約炮，是他最熟悉的場景，當下，是他最熟練的關係，性，是他最能掌控的自己，竟然在今天也一併被自己婊了。

留戀在性當中的感覺，紹奇不陌生。他非常擅長不著痕跡地讓留戀以言語及肢體表達，堆高性能量。往往，捨不得跟失落，都會在他滿足完自己各種需要後，留給在床上的那個人。

但，這並非是你去餐廳吃完飯心滿意足，留下杯盤狼藉給服務生清理的那種留。紹奇調情的功力，會讓他滿足各種需要後，將捨不得跟失落留給床上的那個人回味，也為下一次做了前戲的預備。

他總是自豪他是很有品味、風度甚至禮貌的炮友，無論約到的女人是不是他的菜，性技巧如何，他，男人嘛！不能物化女人，不能把女人只當洩慾的工具，也要感謝珍惜彼此的短暫相會。

紹奇想起在一次關於約炮文化的演講中，聽衆的發問：「那如果約出來，對方無法滿足自己的性慾呢？」

「性能量分成很多種，在性行爲中完成滿足自己的高潮，只是其中的一種可能性。在任何一種關係中，都不能把這樣的期待放在第一位，因爲這將侷限你的感官與性的豐厚層次。有句名言是說：『摔跤了，至少也得撿一塊有價值的石頭起來。』記得！性互動不能滿足，就追求自己的高潮；自己的肉體高潮不能滿足，就滿足他人的。你贏得的是自己的性自尊與口碑。出來玩，是一定要開心的。每一次都要爲下一次的開心留下些資本，那就是穩賺不賠的投資。」

把約炮當投資理財來比喻，他風流倜儻地分享他的哲學，當場圈粉一堆。

接著，對下一個問題的回覆，更是帥氣地讓現場掀起掌聲。

「那如果，在約炮中關係中暈船了呢？」

紹奇帥氣地回覆，「記得，每一種關係，都有它明定或隱形卻周知的規則。規則不是不能改，但千萬不要在床上修改，那是很倒胃口的事。出來玩，要像個成人，不要任性的把自己地需求投射到他人身上，如果自尊無法支撐，你需要的是心理師，不是炮友。」這句話讓現場響起了認同的歡呼掌聲。

呵呵，他笑了，笑自己，今天是怎麼了。暈船他沒有過，但以心理師的專業來說，誰都知道，那句我養你，用金錢來交換自己的需求，以他跟J的關係來說，J罵得眞對，實在太不禮貌了。

他翻身而起，拿起手機，得做一下客戶服務、危機管理。這年頭，經營自己得小心負評，在哪都一樣。

他滑開Line，跳過督導群中十幾個未讀訊息，尋找女神殿堂，這是他給J的代號。滑開對話，想仔細看一下早上雨橙靠近他時，他正傳給女神的訊息。

「迫切需要你的撫慰，我的女神。」

「迫切！女神！有這麼糟嗎？」

紹奇給了兩個哭臉：「求你了。」

J沒有回應。

督導結束，紹奇拿出手機，跳出J的訊息：「老地方，3:30，先說，我只有一小時。」

他跟J三年了，是紹奇最珍惜的固炮，兩人平時不聯絡，但約的時候百無禁忌。第一次約到J時，她說自己小紹奇八歲，但清秀的臉龐稚嫩得讓紹奇非要她拿出身分證才願意開始。然而，這個女孩清清楚楚知道她要什麼，直接乾脆、界線明確，兩人一拍即合，在性的世界他們什麼都聊，就是不聊彼此。

紹奇很珍惜跟J的時光，因此他並不常約J，他希望跟她都是在自己狀況最好的時候，也能回饋給J最完美的享受。

他記得演講的時候，聽眾問，「如果性很配合，成爲固炮，常常約，不就很容易變成伴侶？或跟固炮感覺太好，影響其他約炮的感覺，該怎麼辦？」

紹奇記得，那時候他心想，要一對一的世界裡的人把性跟愛當成獨立的兩件事，這對他們的思維實在是很大的挑戰。眞是辛苦他們了。

他分享了他對J的邏輯，「我很幸運，能遇到跟我非常契合的炮友，我稱她爲女神。天天見到神，就看不見神的光芒了。

記得，信衆去參拜時一定是沐浴淨身、吃齋唸佛好並備好牲禮，才去敬拜。

記得，有各種心理需求，找心理師，準備好自己最好的狀態，面對美好的炮友，要珍惜、要感恩、要克制貪念跟佔有欲，那麼你就能一直爲自己創造最美好的享受。

記得，約炮關係的意義，是盡力爲自己而活，是完全自戀的表述。是自己與自己的關係。」

今天眞是打臉。想到這裡，紹奇很感謝J清楚明確地打臉他。

眞的是女神呀！得好好跟J道個歉。

他一面想一面寫在Line上面，又一一刪去。

「說了不該說的話。眞的很沒禮貌。大人大量。下次還要讓我約喔」

「我今天狀況很差，沒能掌握好界線，抱歉」

「開個玩笑都不行呀，你眞沒情趣」

「只是隨意的一句話，沒別的意思，你別誤會」

怎麼寫，都像是搪塞的表面話，應付別人還可以，給冰雪聰明的J，肯定更是扣分。

哎呦，心裡的話到底要怎麼說，眞誠，到底是什麼啦！

他腦中閃過雨橙、陳歆跟裴莉，我在關係上不行，在性關係上也不行，我這個眞誠的能力眞的不行！突然紹奇用力甩著頭：「你們幾個滾出我的腦袋，別來干擾我的性！」

「如果不能克服，我見我女神都要陽痿了，爲了重振雄風，我一定得要度過我那重重的習性！！」

彷彿在額頭綁上了必勝的頭巾，紹奇鬥志高昂，誓言找到內心眞實不敷衍的聲音。

非常謝謝你，你因我早上的求救訊息，在你的行程中，硬是空出時間給我，我習慣性地用性來轉移我的心情，今天有點脆弱，要得多了，一時不經大腦，說了不是我心中眞的想說的話，「要不我養你」這句話也沒能表達出我珍惜你的陪伴，眞的是貶低你心意跟寶貴慾望的屁話。

我們之間的約炮時光，一向在當下是享受彼此的。

我謝謝你清楚地讓我知道你的感受，

你不用特意回我，我希望我的訊息能讓你明白我的抱歉與對你我關係的珍惜。

紹奇投入地感覺內在，刪掉那些習慣性的防衛造句模式，忍耐一段空白後，他發現他的心會慢慢浮現一些感受，他要很認真對焦才能捕捉到那些如吻仔魚的細微感受。在大海捕到小小的吻仔魚後，還要練習把它們化爲文字，「能說出內心話而不帶防衛跟保留，這眞不是人幹的事呀！」

但奇妙的是，他有點著迷這個過程，投入內在，而非習慣性地掌握防衛，心裡舒坦自在，身體感也從緊繃慢慢放鬆開來。承認自己，好像不如以前那樣脆弱可怕，而是，更有力量?!

他回頭看了自己的文字，「眞誠得讓我都想掉眼淚了。」他自言自語，「這是誰啊！」反正，絕不是八年前還沒進入諮商領域時能想像的自己。

突然電話聲響起，把紹奇拉回此刻，他左右張望才回過神來，找到旅館的電話機，原來是通知休息時間已到。

他看了手錶，驚訝地發現六點了。他匆匆起身，不是才傳個Line嗎?就這樣一個半小時過去了。換他要趕回諮商所接案了。他奔到浴室打算快速梳洗一番，拉開門，卻停住了腳，驚訝地發現浴室鏡面上有J用口紅留給他的訊息。

「我喜歡、我有能力，用性撫慰你。」

J流暢的字樣，跟她的人一樣，自由有力量。

紹奇感到心中一股暖流。也突然一驚，好在自己沒傳那些敷衍的垃圾話。實在太沒格調了。

他看著鏡中的自己，有一種平靜的清新感，跟早上在雨橙工作室的廁所裡看到的那個自己，神韻十分不同。

他笑了，多重人格，是吧！

低頭翻開旅館的精緻備品盒，突然看到接近鏡子底端有一行英文字：DON't fucking screw us.

（別他媽的，搞砸了我們。）

哈哈哈哈，頭一次與別人的靈魂如此靠近，讓他感受到喜悅從內在升起，這是他從未有過的體驗。不能說勝過「高潮」，卻是另外一種可以令人回味非常久的滋味。

能跟高潮比，那，可眞是前所未有的新世界。

離開雨橙工作室後，裴莉趕到大學諮商中心值班，接了三個個案。

第一個，大學一年級男生，在同班女同學不知情下尾隨她，拍了她在捷運、公車、學校、甚至跟男友互動的許多照片。不久前，他決定要跟她告白，傳了幾張他拍的照片給女同學訴說愛意，女同學非常驚恐，立即請老師介入處理。老師一問之下，才發現男孩手機中有上百張這女孩的照片。雖然男孩已經大一了，裴莉嘆了口氣，語言能力卻跟B差不多，只是裴莉無法用跟國二學生互動的方式來協助他增進語言能力。

十八歲以上的成人，若語言能力不足以將內心訊息提取出來、以適合人際界線的方式與人互動，如此龐大的情緒、慾望能量困在體內，理智也被其左右，現實觀也會失去掌控衝動的力量。

不像國二生還是孩子，還能在遊戲間親近，遊戲不需太多語言就可以促成連結，來舒緩那些情緒。理解、舒緩他的情緒之後，再建構支撐其練習表達自己的系統，來協助他增進人際連結的語言能力。「增進人際連結的語言能力」對個體來說是何等重要！

然而對成人，特別是男性，要他放下掌控、允許內心的情緒被碰觸，進而被揭開自己各方能力的缺乏，無疑是對其男子氣概的挑戰。要協助他練習表達脆弱，需要更多的心思與努力。同時，成人太容易逃了，太不能被強制，太想相信自己說能負責就做得到，太不願意承認能力不足，也太容易逃到其他需要關注的事之中，例如學業工作，或是癮。

錯誤的介入，會錯過了發展，我們跟多少孩子擦身而過？

在男人的外表下，卻是一個人格／性人格能力缺乏的孩子。每當接到這樣發展、心智與年齡及能力落差極大的成人個案，裴莉總感慨著，如果能在男孩時期遇見他，在他尚未進入男子氣概監控的心理柵欄前，不知能否在他心裡多放一點溫柔靠近自己的能力，讓他未來的人生容易改變一點——如果他願意。

裴莉知道這是雨橙推展親職教育與性教育的原因，讓成人具備能力，以減少代間價值觀的僵化傳遞，這也是裴莉堅持在青少年領域工作的原因，「在還來得及之前」。

第二個案，教授的研究助理，遇到虐心的男友，生活與身心都極度混亂，學習與工作的狀況一團糟。女孩來談，心痛是眞的，卻耽溺在口頭上愛的承諾、行爲上的一再傷害，在愛與虐中擺盪。教授轉介女孩來找裴莉諮商，憂心叮囑，希望可以喚醒單純的女孩離開男人，求學時還是要以學業爲重，否則人生將付出沉重代價。

幻想的愛情，有如施了魔法，愛、虐並無好壞，都是滋味。裴莉在女孩反反覆覆間，評估著她清醒的模式，奠基她清醒後面對自己在愛中痛苦的能力。希望有一天，當她想要跳脫時，不會因爲沒有能力面對痛苦而又回到自己佈下的魔障中。這，哪裡是理智的教授可以理解的，也非自己青春時所能掌握的。

另外一位是大二的女生，最近與男友性探索與親密接觸時，回想起幼時曾與鄰居家大她兩歲的哥哥一起玩過身體探索遊戲。女孩非常清楚自己的權益，堅決地表示她要諮商，但不希望通報，她知道通報並不代表成案。女孩清楚地決定，她要怎樣解讀自己的經驗、要行使怎樣的權利，都應該是由她出發，而不是由法、也不需要照顧心理師通報職責的需求。裴莉爲她清楚自己界線，以及有力量與能力清楚表達，感到敬佩。

寫完記錄、整理完資料，回到家已經七點了。

今天的工作並沒比往常多，不該這麼累的，但此刻放鬆下來，裴莉才感到自己的疲憊。她滑開手機，督導群組中除了陳歆下午拋出的提問，安靜無訊。

她不知道自己的心留在哪裡，也不知道今天早上自己的情緒。

她到陽台坐下，點了根菸。

這次的督導，自己得到了很多肯定與支持，也聽到陳歆、紹奇不同的作法與觀點。她欣賞雨橙對每人能力的評估，沒有給出超過他們能力的期待，但她心情並不像先前那樣，在督導會議後得到方向而振奮。

煩躁地回到屋內打開冰箱，找出疲憊時犒賞自己的甜點，楓糖鬆餅。她一面享受餅乾，一面思緒任意遊蕩，疲憊感讓她覺得這一切很辛苦。覺得自己太用心，太過堅持自己能做到的、想做到的，太過用了力。

耳邊突然響起陳歆那句任性的，「你不要鼓勵我，我要放棄……」

又想起紹奇說的，「你們這些變態，每個人作法不同，有需要分析到這樣嗎？……我不打算改變什麼，我一定會做得很漂亮，不讓學校有機會質疑。」

雨橙明明說這次是系統合作督導，但他們卻絲毫不努力地放棄了！

因爲這一年對彼此的了解，在督導現場，裴莉可以理解、也深深同理這兩位後輩的挫折，他們已經選擇他們所能做最多的方式了。

但當夜深，只剩自己，她無法不感覺到孤軍奮戰的孤獨。雖然事實並非如此，雖然她知道專業成長需要歷程，雖然心理師最重要的是自我照顧，但她實在無法就讓自己歲月靜好，像紹奇那樣把這份工作只當工作。

她甚至生雨橙的氣，竟然就這樣包容了他們，還鼓勵他們接受自己眞實的樣子。

呵呵，裴莉對自己反心理工作政治正確性的言論「接受自己眞實的樣子」，覺得好笑。

她嘆了口氣，她沒想生任何人的氣，當工作不只是討生活，疲憊、孤單，都是堅持理想的副產品。

但這些年，她也成熟了些，明白現在的想法只是以管窺天，「不評斷現在，就靜靜的觀看」，好難喔！不過跟青少年工作，所學到最重要的，就是不評斷與不設期待的等待。一切，只有因緣俱足，才能看到「時間」與「時機」施展出的魔力。

她手肘拄著膝蓋，雙手捧臉，生命是很多歷程堆疊出的處方。沒到最後，誰也不知道療效會如何呈現。心理諮商只是個案生命中的一味藥，不過誰也說不準，是毒藥還是解藥。想到這裡她仰頭笑出聲來。

原本是有些許酸味，但一轉念又想到以毒攻毒。有些藥本來就是毒，神奇的是生命如何將毒轉爲解藥。

她想起了四年前接受諮商的經驗。她換了兩位心理師，第一位是業界大佬，諮商了幾次，裴莉找了個理由中止，她既無法被心理師的同理安撫，也無法不從諮商的微妙細節中感受到對方看待同爲心理師的她，那評價的眼光。

裴莉現在完全知道，這直指了她內在對自己最深的失望與不原諒，同理與任何企圖協助自己在全然憎恨自己的階段中好過一點的技術，實在無異砒霜。

但四年前深陷其中的自己，無法理解這一點，只是跟雨橙抱怨諮商不順的種種情緒。

「這是多麼好的體驗。」雨橙眼中閃著光芒，「爲自己計畫屬於你的療程吧！以這個計畫，選擇最適合的資源！替你自己組合出專屬的療癒系統吧！」裴莉記得這超過她預期的簡短回應，讓她懷疑起雨橙的同理能力，卻也莫名地讓她從混亂人生與日日反芻的痛苦中拿回了些力量。於是，第二位，剛入行的菜鳥心理師，皮皮挫地接下了裴莉的委託，裴莉知道自己要的不是治療，而是見證，見證她一點一點看見自己。她從未認真回想這兩位心理師對她的助益，但此刻突然明白，生命替她做了巧妙的安排。

「哎，要看懂這個世界變化，得先具備等待的能力」，胡思亂想下她熄了菸，原先自怨自艾的孤獨感緩解不少。

叮！手機裡傳來訊息，「今天督導完，我有好多不可思議的體驗與發現，暴露狂陳歆，十分想與你們分享。文長慎入！」打開檔案，陳歆以約莫三千字的篇幅細細書寫了整個督導的歷程，到她之後的反思、畫作、嫉妒的聯想跟結尾模糊的提到Ollie，跟成爲女人的體驗。

「你這暴露狂，讓我這個防衛高手也染上暴露症頭了！」

紹奇也丟上一個，名爲「炮神反思，限制級請慎入！」的文章。

裴莉啞然失笑，突然覺得自己一整個弱掉。這兩位年輕夥伴，沒有放過任何一個改變自己的機會，爲著成長爲更統整的人而前進著。

如果，我也有一個袒露自我的檔案，名稱會是什麼呢？

「ＰＵＡ女的自白?!」這句話閃過腦海，速度之快讓她心跳加速。這是心理師裴莉可以原諒的自己，卻是女人裴莉很想切掉的過去。倒不是這個標題驚嚇她，而是她竟然有分享的念頭。

或許，她該對自己坦誠的是對「盡力」的癮，除了專業理想外，或許該爲自己開個贖罪療癒處方。突然，她羨慕起紹奇。他用性照顧自己，理直氣壯、管理得當，而且還得到堅固的自我認同，現在又在其中眞誠成長。更讚的是在享受「性」中昇華解脫。

好想念性的滋味啊！

裴莉突然鬱悶了起來，自己的癮，也太沒高潮了。哪一天，罪贖夠了，是否能把自己從雷峰塔下釋放出來呢？

欸不，應該是，我得重新檢視我的療癒計畫了。顯然，下一個階段的徵兆出現了。

她在群組中回覆，「你們的眞誠與開放，好動人，願我有一天，能走出我的牢籠，也能享受揭露自己與眞誠的力量。」

「週三，我們都要接第四次案。耶！努力吧！一定要分享喔！」

第14章

六月八日　A第四次諮商

陳歆站在衣櫥前，想了想，再次拿出白T恤跟牛仔褲，綁起馬尾、畫上淡妝、抹上淡淡的香水。打開器材箱盤點一下常用的媒材，翻開塗鴉冊看著她畫的A，「今天，我們能開始對話了嗎？」想起第三次畫的盒子，彷彿他們有了默契，在逐步認識彼此之前，難以面對的部分先不強行挖開，先穩住周邊可能加壓的影響源，再逐步建立探近盒子的地基。

她想起姪女最近心愛的磁性手寫版，功能類似攜帶型白板，不知爲何突然很想要帶出門。她好說歹說才說服姪女，用兩包乖乖的代價讓姑姑借去上班。

提早二十分鐘到，陳歆剛安排好所有器材，明美專輔就推開半掩的門，「哇，好像書展的攤位。心理師，你爲了讓A說話，實在好用心喔！」

陳歆笑了笑：「應該的，盡力而爲。」她朝門口張望了一下，「A今天應該會自己來吧！」

「我早上有提醒他，這個惜字如金的孩子說，」明美老師模仿一八〇公分的A低頭說了五個字：「我會自己去。」說完兩人都笑了。

「我來是想問心理師，何時要開個案會議？今天是第四次了，我也照週一你電話上跟我說的，請家長再給你一點時間，家長是很配合，說心理師或學校有需要，他們一定會出席的。」見陳歆沒回應，明美又說：「我是覺得要快一點，A生的事不大不小……主要是因為他都不講，不然懲處早就處理完了。」見陳歆仍然沒接話，「我們學校家長會連結很緊密，有些家長聽到這件事，有……在關心啦，我是怕拖著如果再出事，我們會不大好交代。是還好目前還沒有具體的受害者啦……」

陳歆低頭想了一下該如何回答。她想到週一才剛結束的督導，想到裴莉的作法，但看過不代表她做得到，也想到督導時她自己的堅持，是給A跟自己爭取時間。她暗暗吸了口氣，「明美老師，我知道了，我會放在心上，今天結束，我再跟你溝通我的想法。」明美點點頭離開。

陳歆定了定神，不能急，不能急，「真正理解A比要一個答案重要！」陳歆反覆提醒自己跟A工作的核心，「我要跟他一起扛著大人的焦慮。」但顯然這些打氣的話還是無法平復被挑起的焦慮，陳歆拿起塗鴉本，翻開上次畫的黑盒子，在下面多畫了一個A，再加一個想幫他一起扛著、打氣的陳歆。

關門的聲音響起，陳歆抬頭，「你來了。」她微笑著，拿起繪本讓A看了一下她剛剛畫的東西。「這是上週的畫，你記得嗎？盒子？」A點點頭。

「在盒子下的你，一個人，很重。」看著沒有反應的A，陳歆嘆了口氣，「是這樣的，上週我跟你說，我要找你爸媽來讓他們理解你的狀況，記得嗎？」A點頭。

「明美老師電話都打了，你知道嗎？」A點頭。

「你爸有罵你嗎？或是責備怪你嗎？」A搖頭。「媽媽？」搖頭。

「他們就是跟你說有這件事？」A點頭。

看來，A家長在老師和在孩子面前是一致的。「你希望他們來嗎？」A聳聳肩算是回答了，陳歆回應著他的聳肩，「我想也是。」

她停頓了一下，跟不確定是否願意被接近的青少年，每當狀態轉變，都要斟酌對關係有何影響。

「我後來又想了一次……我週一臨時請明美老師打電話給你爸媽，取消計畫。」A突然抬起頭，有點不明白。

「你爸媽沒跟你說我取消了會面？」A搖搖頭，睜大眼盯著陳歆。

看來不是完全不在乎。「我想再爭取一點時間，去認識你並與你合作。」她指了指盒子下的自己。

「原本我計畫……」她拿出塗鴉本，翻到上週她解釋給A聽時寫下的東西，順道讓A複習一下翻譯官、心理師聽診器的圖，跟想不到該怎麼畫而寫下的「教練」兩個字。

「一到三次。理解你且找到你我合作的方式。第四次，除了持續跟你合作外，也加入家長，理解爸媽面對你的情況時他們應對的能力，與你們關係受影響的程度。第五次，把前四次我所了解到的，結合師長的狀況，找到理解你與協助你的方式，然後在跟你討論過後準備召開個案會議……喔不！是『系統合作共識會議』，這個概念比較貼近我想傳達的。」陳歆笑了，「呵呵！這是我跟前輩學的，希望能幫助對你重要且有影響的師長們，調整跟你的互動，將互動的焦點放在你想增進的能力上面。」A看起來既困惑，又緊張。

「第五到八次。依照我跟你前幾次的互動方式，繼續瞭解彼此，合作改變處境。而第四次也就是這次，理論上我應該已經先跟你爸媽談過，讓他們了解你的狀況，支撐他們更好的陪伴你，或是若我無法與你產生合作，我也必須要在跟你爸媽談話時搜集他們對你的觀察，才能形成對你的整體評估。」陳歆停頓了一下，「心理師在有限時間內，要面對的不只是你，還有師長學校的需求。」她低頭看了電腦一眼，「這是正確的作法。」

這些內容，肯定無法取悅青少年，更有可能讓他們感覺無聊而拿起「我不在乎」的盾牌、塞上「whatever」的耳塞。

陳歆盡量精簡，她希望A不需理解她的字句，而是去感受她不同於其他大人的態度。她盡可能跟他說明自己的想法，目的是讓他更能掌握、參與自己的處境，並明白自己看似沒有選擇地來到這裡，其實卻是完全有選擇地可以決定如何讓陳歆參與他的人生。

陳歆抬起頭，「我仔細思考後，如果你真的沒能力理解、表達或跟我連結、建立關係，」嘆了一口氣，「這會是我的作法。但雖然你不說話，你的肢體語言卻表達了很多，你願意跟我互動，願意讓我知道你的困惑，願意讓我幫你處理那些你無法承受的壓力。我知道你有在聽，並且能理解我那些自言自語。」陳歆坐挺身子凝視A，A也不自覺坐挺了回視陳歆，等待她接下來要說的話。不如第一次的隔閡、第二次的進退失據、第三次雖願意讓陳歆介入但依舊茫然，這回A聽完陳歆的話，看來有點警醒，臉色嚴肅，是那種被看見能力，就要承受期待及壓力的緊張。陳歆改變了之前三次建立起的關係位置，「替個案去跟師長說明，是我很常做的事，但，我會失去你。」A表情更困惑了。

什麼意思？

「咦，你說話了嗎？」陳歆笑了一下，「我好像聽到你說什麼意思？意思是，我跟你工作的重點，」陳歆放慢速度，直視A，「聽清楚了，我跟你的工作重點，不是找出你為什麼去女廁。」A也直視陳歆，「工作重點是了解你，進而幫助你了解自己。」

我不需要。A用眼神拉開了距離。

「我知道你只想解決現在的處境，回到沒人注意你的日常。若讓我幫你跟師長溝通，給他們一個我依照你能力與發展判斷出來的理由，會安撫他們的情緒，讓他們給你空間，然後這一切就會過去，去女廁的行為會消失一段時間，而我諮商結束後也沒有理由再存在，然後你得到你想要的，回到沒人注意你的日常。」陳歆停頓，「直到下一次。」

不會再有下一次的。A往後靠，身體陷入沙發裡。

「我知道你心中想的是，不會再有下一次。是否有下一次或許是師長們關心的，但並不是我關心的。我關心的是那個需要被理解的你，」陳歆指了指盒子下的A，她把盒子下的自己用白紙蓋住，「安了他們的心，你得到你要的日常，我退場。剩下的就是盒子跟你。」

「回到沒人注意你的日子，我知道這是你想要的。也是你所知道能離開此刻尷尬處境的方法。這就是我說失去你的意思。」A從警醒又回到困惑與茫然。「同時我的意思也是，你會失去我——在你很驚慌、尷尬、想要獨自撐過的這個階段，曾經出現的一位，願意不帶任何標籤去理解你的人。」陳歆很想哭，她不知道自己會說出這樣的話。

她感到害怕，人言可畏，違背了所有人的期望，懷著這樣的心意，是否能被看見而不只是被評價、被標籤。

她感到無助，孤軍奮戰，她尊重A想自己解決問題的選擇，那麼自己的心意對A來說就是堆屎、多餘且無用，她可以理解、也可以接受。但如果這真的發生，A背叛了他自己，卻也在同時，陳歆也無法不感到被丟棄的傷害。

她感到感動。媽的，陳歆，你到底可以為個案做到什麼程度。

這個時候她羨慕起紹奇，做完心理師該做能做的，就把孩子還給家長，漂亮地給出評估與建議，優雅地轉身離去。「這個能力，確實我十分缺乏。」不小心說出了心中的對話，陳歆突然回過神，「喔！我剛剛不小心胡思亂想。我是說，我十分缺乏知難而退、優雅應付的能力，我爸媽名字取壞了，陳歆，哎，我就是太誠心了。

「抱歉吼，我的堅持，可能打壞了你對怎麼解決這個狀態的想像。但沒關係，你再忍耐幾個禮拜，就算我不開個案會議，他們頂多是跟我的督導抱怨，對我有諮商沒效能不合作給負評，之後不再找我或我們團隊來服務而已。

「我們晤談結束，你們學校自然會有方法解決。如果如你所願沒有下一次，那你就回到你的世界。如果再有下一次，會有新的心理師來，我猜想，你或許會得到你想要的幫助。」

陳歆看著磁性手寫板，這一堆話不是她對第四次計畫的目標。原本，她還想盡力讓A開口，即便用寫的，都是對話的開始，都能協助他逐步整合內在的感受，練習表達。

脫稿演出，連陳歆自己都很驚訝，不知A感受如何？怎麼理解？接下來的諮商要走去哪裡？

但，意外地，卻有一種一身輕的舒暢感。

她相信她對A的評估！能力建構取向性諮商的核心概念，在於個案有能力時要特別注意介入策略是否太難、或太保護，這兩者都會弱化他已有的能力，必須給予適當的挑戰，激勵他爲自己做出更好的選擇。接下來就是觀察個案的反應，來檢視自己的評估是否正確、是否需要調整。她安頓了心，放下，觀察吧！

「我說完了，」陳歆看著A，「Should we?」不期待A回應，陳歆張開雙臂，動了動肩膀，伸展了一下，「喔，不動都不知道剛剛身體好緊繃，我想你也是。你應該沒想到我會講這些，我也沒想到。」

「如何，我們還有四十分鐘，開始吧！」陳歆沒等A回答，自顧自開始了，「今天我們可以接續上週談的部分，有幾個面向，看你今天想從哪裡開始？」陳歆介紹了桌上的各種媒材，順便複習了之前三次他們做過的事。「我早上出門時看到我姪女的磁性手寫板，嘖嘖，現在小孩玩具眞先進。」陳歆拿起來寫了幾個字，按下清除鍵，「我用兩包乖乖跟她借來的，我是想，如果你有困難開口，可以寫在板子上，然後就消掉，不留任何痕跡。」陳歆遞給A，「要玩玩看嗎？」A接過手。

A低著頭，瀏海遮住了表情，不確定他在想什麼，陳歆在心中靜靜祝福，無論我們達到或達不到，我都接受。陳歆調勻呼吸，讓自己保持靜默，等待。

時間不知過了多久，A終於拿起寫字板，不知是在畫還是在寫，陳歆按捺著好奇心，繼續靜默。她保持一樣的身體姿勢，盡量把A的空間保持好。A動筆又消除，動筆又消除，又動筆一會兒，暫停。他慢慢地把板子轉向陳歆。「請幫我，我不知道我怎麼了。」

斗大的淚珠，從陳歆臉頰滑落。A露出吃驚的表情，陳歆回過神，抽了一張面紙，指著自己的眼淚，「這是感動的情緒。」她吸了吸鼻子，「當然好，我們一起，這是我在這裡的意義。你用這個板子寫，我用講的跟畫的好嗎？」A點頭。

「你剛剛說出這兩句話，你知道對你這個年紀的人來說，是非常不容易的嗎？」

陳歆深深了吸了一口氣，緩解既興奮又感動的情緒。終於等到A主動求助，這象徵著他們在建立關係的旅程中，一起合作到達第一個里程碑：從「非自願」到「有意願」。陳歆知道這不代表「自願」，也不代表關係已然穩固，關係本來就是時時變動且脆弱的，對懷抱祕密的A來說更是如此。因此，即便陳歆腦中有成噸的好奇想問A，興奮感動的情緒滿溢，但她克制自己冷靜下來。

「試著想想看，你覺得你不懂自己的部分是什麼？」

A拿著板子，低著頭思考。陳歆溫柔地說，「不用擔心，你隨便亂寫，慢慢寫，想到什麼就寫或是用畫的都可以，我會幫忙你整理出來。」

A寫下，「頭腦很亂，不知道要寫什麼？」

「嗯很好，能說出自己的狀況，很好。我先問你，我剛剛講了一堆話，你知道我在講什麼嗎？」

「知道。」

「如果5是全部了解、4是大部分了解、3是一半一半、2.是少於一半……」陳歆想確認A的認知能力與她的評估是否吻合。A很快的寫下4。

「因此，你的亂是你的大腦能接收訊息，但要整理出自己的想法、感覺、然後說出來跟別人交流是困難的。」A抬頭看著陳歆。

「了解了。」陳歆溫柔地注視A的眼睛。「你發現要表達自己越來越困難，你記得，大概從什麼時候開始的嗎？國小、十歲、國中、高中？明美老師說，你一直都很少話，顯然不是從廁所事件開始。」

A低頭寫，「我講話會很緊張，不知道要講什麼，會很緊張」。

「緊張，很不舒服吧！」A點頭。

「會臉紅、心跳加快？全身冒汗？胃痛？」陳歆舉出幾個焦慮的身心反應。A頻頻點頭，「很難受？」A猛點頭。

「是跟所有人講話都會這樣，還是跟哪些人比較不緊張，感覺好一點？」

A沉思了一下，「不知怎麼回答嗎？」A偏著頭，不確定的表情。「還在想是嗎？」A點點頭。

「嗯，很好，那可以寫『我一下子不知道怎麼回答，可以換個方式問我嗎？』你覺得如何？」

A點點頭，低頭拿起筆。在A寫的同時，陳歆換了問法。「如果不是對象，那是談話的主題嗎？」

A還在想。「比如問你的想法，要你講你的看法，說出你怎麼了，爲什麼之類的。」陳歆想到這是青春期時她最討厭被問的問題。

A寫下「對！我很怕被問想法或爲什麼」。

「吼，你讓我想到我年輕時，也最討厭這種問題，我不是沒想法，但我腦子好亂不知道要講什麼，最怕的是，講出來後別人又追問、或是反駁、或是批評，只是爲了講他們的論調，吼！很讓我不舒服。」陳歆不由得回想起青春期，自己特別不喜歡跟大人說話、大人也沒心思了解她，也不喜歡跟同學講話，現在想起來是話不投機半句多，而那時只覺自己是怪胎。「所以，我不喜歡說話，我就是一直畫畫。」回憶帶著陳歆離開了此刻。

唉～青春啊青春，那是陳歆再也不想回去的過往。

寫字板遞到眼前，陳歆猛然回神，「不好意思，我想到我小時候，覺得自己不屬於這個世界。」她看見板子上寫著：「對，就是這樣的感覺」。

陳歆邀請A，「你試試看把我剛剛講的，你覺得有說中的感覺，寫出來看看，寫完整。」

A低頭寫，又擦了幾次，最後總算完成了。

「我怕別人問我想法，我腦子亂，講不出來，別人不接受，我不知道該怎麼辦，很難受」。

陳歆忍著想喝采的衝動，A完全符合她的評估。她看著A的眼睛慢慢說，「我可以邀請你，把這句話唸出來嗎？」A猶豫著。「我想聽聽看你的聲音。」A猶豫著，「之後我們還是可以筆談，照著唸，試試看？」

A用跟他的身高不成比例的細微聲量，緊張地唸著：「我……我……我怕……怕……怕別……別人……問……問我問我……想想想法……」A緊張地口吃著，他講完一句話所要經歷的焦慮與聽者的不耐，可想而知雙方都是一樣地難以忍受。

陳歆並沒有因爲不願讓A難堪而免除這個邀請，而是溫柔地加入，「我……腦……子……亂，」A跟上，在陳歆的節奏中感覺比較不孤單，在陳歆的聲音中疊上了自己的，就像是腳受傷的人拄著拐杖，即使一步一步慢慢走，也到達了終點。

A講完這個句子，抬起頭來看著陪他的陳歆，眼神中多了一份被陪伴的溫暖。

「好想時間暫停，就這樣陪著你前進。」陳歆看著A，「謝謝你讓我幫你。今天眞的好重要！我們找到了可以讓你、我都放鬆的溝通方式。你可能無法想像，我有多開心。」他們相視彼此，A不好意思地低頭微笑。

時間差不多了，陳歆邀A一起收拾桌子上的媒材，一面叮嚀，「你離開後，千萬不要嘗試跟人家溝通或是表達你的想法，繼續保持現在這樣的狀況好嗎？我們慢慢來。」講完同時在心中快速盤點今天的進展與未來的方向。

突然她停下手邊的動作，拿起行事曆，「週五十二點午餐時間，你可以嗎？諮商。」

「下週五？」聲音很好聽吶，孩子。

陳歆搖搖頭，她看著行事曆想確定週五的行程確實可以來Z校。「這週五。」陳歆抬起頭，「我們加一次吧！終於找到我們連結的方式了，我很想認識你。」

陳歆努力壓抑著興奮的情緒，卻發現A加快了收拾的動作，「嘿，」陳歆叫住A。「我突然要加次，會讓你緊張嗎？或是你跟我一樣，會覺得期待、興奮或是不知所措，甚至有一點冒險。這都是我剛剛內在的感覺。」

A微微點頭。「嗯，」陳歆想了一下，「記得，把我當成你內在想法與感受的翻譯官。希望我們可以慢慢練習，讓你可以離開這種不舒服的處境。」鐘聲響了，A站起身，「等等。」陳歆也站起，「我們一起去跟明美老師說好嗎？」A點點頭。

一打開門，走廊上陽光耀眼，陳歆率先邁開步伐，「眞好。」陳歆刻意放慢腳步，配合A的節奏，也讓他跟上自己。陳歆一面走，偶而望望A，A慢了幾拍，但也彷彿可以感受到陳歆的眼光，稍稍點頭表示他留意著陳歆。就這樣，兩人一路無語卻又有某種連結地並肩走著。

到了輔導室門口，陳歆張望了一下，「明美老師，」明美抬起頭見到陳歆招手，有點吃驚，立刻快步出來。「怎麼了嗎？」到了門口，她才發現A在陳歆身後，狐疑地皺起眉來。

「明美老師，今天我們多掌握了些了解彼此的方法，因此我希望能多加一次，在週五中午，不知道可以嗎？」明美展露笑顏，「可以啊，我來安排空間。」明美老師轉向A，「你可以吧！週五？」A點頭。「那，週五見。」陳歆看著A揮揮手。A點頭，外加一個鞠躬。

見A快步離開，明美老師立即問道：「沒問題吧，都好嗎？」陳歆微笑著說，「我想，A現在比較知道可以怎麼使用我，讓人生容易點。」明美老師露出困惑的表情：「使用？」

「跟青少年工作，對我來說，最重要的是當他希望改變自己處境時，幫助他知道資源在哪裡、怎麼選擇與使用，這是很重要的能力呢！」

「這……跟他的問題有什麼關聯啊？」

「當他有這樣的意願與能力，我們才算開始建立了關係。」

明美老師困惑地說，「那前三次？」

「前三次是我表達了友善、呈現我能為他做的、並展現了誠意。這一次，是他開始了解我有可能對他產生的協助，而他不想錯過。這是很不同的狀態。」明美老師似懂非懂。

「對我來說，到今天，我們才算是建立了雙向的關係。並非一廂情願。」

「啊！對啦對啦！我跟他都很單向。他的話真的太少了。我懂我懂。」

「因此，我想把握機會，減少變數。」陳歆說明加次的原因，明美老師點頭，「好好，我來安排。非常不容易啊！心理師很有耐心。」陳歆欠身沒有再接話，回諮商室寫記錄的路上，興奮地拿起手機傳了訊息：「Break through and well done!」

第15章

六月八日　C第四次諮商

重型機車沿著蜿蜒山路奔馳，當時答應雨橙的派案，主要也是這條山路很適合飆他的愛車，不然困在台北市，這麼優秀的Kawasaki Ninja 1000簡直跟Gogoro沒兩樣。

其實，他對於接下來要怎麼做，即便督導時說得振振有詞，彷彿已下了決心、辨明方向，而督導後與J的體驗讓他知道自己已有些不同，但這些跟他突破與C的諮商瓶頸會有什麼幫助，他完全沒有線索。

「媽的，不到一百個字的內心話，提取出來花一個半小時。」他想到在汽車旅館寫Line給J，「吼，眞誠有屁用。在C面前，他可絕對沒那個耐心等我講眞心話，不用防衛技巧簡直是自找死路，等著被生吞活剝。」

「幹！」他催了油門，連壓過幾個彎道，發洩一下心中的晦氣。

怎樣都是一個注定孬的結局！就算是跟這個孩子鬥嘴完剩下的時數，結案，孬的還是自己。

無論評估給得多專業，自己也知道一點都不光彩。

他嘗試用慣性安慰自己的方法，「這就是工作，哪有人能把每份工作都那麼認眞盡力的。」他帥氣地狂飆起來，想給自己來點勁。討厭的是，下次督導，那三個女人一定會問他怎麼做……突然緊急剎車，啥時這裡出現一個紅綠燈了，切！

剛剛的帥氣，一秒蕩然無存。他挺了挺身子，調整一下急煞車的後座力，這時左側有輛車緩緩地停在旁邊。他拿下安全帽，撥了撥頭髮，正要戴回去時，車窗搖下，有一雙眼睛直盯著他。紹奇不想轉頭，剛剛煞車不大帥氣，他沒心情搭訕調情，即便是少見的紅色亮眼Mercedes Benze。

「嘿！心理師！」C興奮的聲音從車窗裡傳來。紹奇驚訝地轉頭，還來不及反應，Benze已在綠燈亮起的同時衝了出去，留下C高喊著，「等等見！」

「還可以更衰嗎？」他戴上了安全帽，悻悻然地往K校前進。

穿過景區，飆過一片墓區，K校所在的小社區就在眼前。等一下要跟C拚搏，紹奇努力地調整心情，就像選手上場前，最重要的是心理狀態，他希望沒有任何干擾的念頭進入腦中，突然，裴莉的影像！「喔拜託，我最不需要在這個時候看到她。」

「你給我振作點！」紹奇進入地下停車場前，忍不住敲了敲安全帽，「振作點，別淨想些打擊士氣的東西。」

停好車，兩輛車外，C從紅色的Benze中開門下來，「欸~很慢耶，等很久。」沒等紹奇接話，「我媽說你帶我上去就好，她要走了。」紅車開出車位，車窗搖下，一位打扮入時戴著墨鏡的女人向他們揮了揮手。紹奇目送車子開出地下停車場。

「快放學了，你怎麼現在才來？」

「沒辦法啊！要諮商啊！」

「你，今天請假？」

「哎呀，我今天不想上課，我媽說我頭痛，在家休息好了。是我跟他們說我一定要來諮商，不然又要延後一週結束。」C一副洋洋自得的模樣，「你看，我多重視我們的關係。」C油條地回話，一點兒也不在意說謊，更沒想要掩藏。

兩人從停車場樓梯一走上校園，映入眼簾的是籃球場，「怎樣，打一場？」紹奇不覺得現在跟C進入諮商室會有任何勝算。

「來呀，但要算諮商時數。」紹奇一面傳訊息給雅惠老師，一面回應C：「好啦！我們都為這狗屁諮商來一趟了對吧！」紹奇把安全帽跟包包放在球場邊的座椅上，C從體育用品室拿了球出來，「我跟體育老師說，是你要借的喔！」紹奇朝探出頭來的體育老師點點頭。

「先熱身吧！」他們輪流投了幾個球，紹奇幾個三分球順利進框，總算讓剛剛的鬱悶稍微消散了點。

C運著球，想要在假動作後轉身搶上籃框，硬生生被紹奇攔下來，又一個假動作從左邊突破紹奇的防線，擦框入球，「不賴嘛！」「彼此彼此！」兩人時而競爭，時而為對方的球技喝采，沒幾下，也是一身汗。

下課鐘響，學生們三三兩兩走出教室，有一群喧鬧的學生從較遠處走來，其中有個令人難以忽視的漂亮女孩，她跟男孩堆裡像是領頭人物的帥氣男孩間的互動，看起來是有點意思。紹奇注意到C的眼神完全被他倆吸引，卻在那群人發現他之前，C轉身撂下一句：「走了，走了啦！」便逕自往前走。離開球場前，C回頭看了那群人一眼，轉頭走入教學大樓。紹奇留在球場外多看了兩眼，是很有魅力的女孩，一點不浪費青春且恰到好處地妝扮自己，在男孩間顯然是注意力的焦點。紹奇想起裴莉說過她曾探訪的那條街道，那裡的女孩散發著濃濃的性吸引力，而眼前的這位清純浪漫，引誘出男孩們想成為王子的渴望。

紹奇暗自記下男孩與女孩互動的模樣，快步追上C，希望這是上天安排的一個契機。

進入晤談室時，C早躺在沙發上，翹著腳，手擱在額頭上。紹奇放下安全帽跟包包，「那個女生，很吸引人。」C沒動靜。「感覺有一種柔和的光圈圍繞著她。」C沒好氣，「你又知道了。」

「我看到那四個男生看她的眼神、跟她互動的樣子，很壯的那個平頭看起來是老大，顯然在把她，但還抓不到技巧。那女生還沒屬於任何人，但她很喜歡跟他們一起玩的感覺。」沒回應，C背過身，側躺著面向沙發椅背。

「你喜歡她？」紹奇沒多想，加碼一點玩笑的寓意，「還是他！」

C突然大動作翻身，「誰！你說誰！」突然驚覺自己失態，很快又翻過身背對著紹奇。

原來如此！每一個因著要跟C鬥智而萎靡的細胞，瞬間全都醒了。紹奇默不作聲，也沒有追問。

「那個男生很聰明耶，平頭比起現在流行的韓式厚劉海，實在不流行，但卻凸顯出他的輪廓。」「誰說，你沒看梨泰院喔！」C沒有轉身，「對吼，梨泰院，栗子頭，配上那種堅毅的特質，很單純又執著的情感描寫，實在很迷人。」

「你懂什麼！」C輕蔑地哼了一聲，仍然背對紹奇。

紹奇腦海閃過C父的模樣，想到C即將面對的，不禁脫口而出：「你爸會打死你。」那並不是看好戲、幸災樂禍的心情。

C猛地跳起來逼近紹奇，一手抓起他衣領一手揚起拳頭，正要下拳的一剎那又驚覺自己的失態，「幹！」他放開手，轉身狠狠地踢了沙發一腳。「你少囉唆！」

紹奇紋風不動，「這……生在這樣的家中，你太辛苦了，難怪……」

「你懂什麼！」C再也忍不住，大吼起來：「你懂什麼！」他始終背對紹奇，狠狠地踢著椅子，「你閉嘴！你懂什麼！」C全身顫抖，拿起抱枕痛打椅子。

「難爲你了，要壓抑這麼多情緒，不容易。」

「你不要講話！你不准講話！你閉嘴！你沒資格講話！你什麼東西！你懂什麼！」C並沒有衝出門，他背著紹奇踱步，想控制住自己的情緒，想拿回他一貫老神在在的掌控感。

「你覺得我會拿你的祕密傷害你嗎？或是控制你？」紹奇慢慢地說著，想緩解C的焦躁。

C背著紹奇用手臂抹臉，應該是無法控制淚水。

「嘿～」紹奇放軟了聲音，「如果你希望，我可以把今天發生的一切從我腦中抹去，當作什麼也沒發生。」紹奇想幫C找回一些掌控感，「本來就什麼也都沒發生。沒事的。」C想必也被自己的失控嚇到。

「我們一定得讓你找回掌控感，才能讓你走。這很重要，這是你脆弱的地方，我們要練習被攻破時，你能防衛自己的方法。

「不只是對你爸，還有任何你不想他插手你的事的人。」

「就像你。」一面吸著鼻子，C說。

「對，就像我。」紹奇回答，「拿我練習吧。你剛剛是不攻自破的你知道。這個對你很不利。」

紹奇突然站起來，把原本面對著C的單人沙發座椅旋轉九十度，C背著身，也聽到了身後的聲響，微微轉頭。「欸，你躺回去你那張雙人沙發。頭向椅背那一邊。」

紹奇隨即坐在單人沙發上。「這樣我們都看同一個方向，但看不到彼此的臉。」紹奇舒服地翹起腳來，「休息一下吧！剛剛情緒張力實在太大了。」

C順從地躺回去，翹起腳，手枕著額頭，回到一開始紹奇見到他的姿勢。

「欸，你是獨子，下面一個妹妹。」

「哼。」C用鼻音回了一聲，並沒有打算被安撫。

「哎，辛苦了你。」沒等C回嘴，紹奇立刻接口：「抱歉抱歉，我說好不提的，沒辦法，職業病，我忍不住會爲你盤點你的處境、優勢與面對這樣的處境時需要補足的能力。」

「你什麼都不知道。」C背過身，「我才懶得理你。」吸著鼻子，說話的聲音回到了某種冷靜。「欸欸欸，」紹奇硬塞了幾張面紙給他，「不要擦在椅子上，你知道沒人在清這椅子的。」C沒有抵抗，接過去擤起鼻涕來。

「我是什麼都不知道，但基本盤還是可以評估的。」C沒回應，也沒反對。

「你聽看看。以我之前對你家的認識，你爸是地方上的名人，有頭有臉，靠著景區開發大賺一筆，他教你的是利字當頭的世界觀。每個人的人生都不同，其實並沒好壞，影響的只是你未來的樣子。」

「什麼樣子？」

「就是前三次你呈現給我的樣子啊！防衛每個人，算計自己可以得到什麼，誰都不可相信。兵不厭詐，無奸不商。欸我跟你說，我沒有罵你爸的意思，我爸也是這樣。所以我知道，你爸看你，最重要的你是否符合他的期望，能傳承他的價值觀。你是不是獨子都一樣，只是獨子更辛苦而已。傳宗接代，這些是你想都不敢想的未來。」

「你知道什麼，我又不一定是……」防衛力道少了些，允許紹奇靠近了些。

「我什麼都不知道喔，我只知道，以你爸目前掌控你的狀況，如果你不符合他期待，無論是什麼，你都要承受很大的壓力。也就是說，除非剛好你是照你爸模子複製出來的，不然，他不會滿意的。」

「你又在說你自己吼！」

「對呀！富二代的專利，不是你一個人擁有的。」

「那你怎麼辦？」

「我最會的也是你現在正在練習的。」

「呃?」C轉過頭,「什麼?」

「應付、唬爛、胡扯,投其所好地回他。陽奉陰違。這我最會。」

C驚訝紹奇的回應,焦點從自己身上轉開了,C稍微放鬆下來。

終於,從背著紹奇,轉到兩人都看著前方。紹奇也鬆了一口氣。

「有用嗎?」

「我不在意的事,就當作是交換。我不會說我有那個種不要他給我少奮鬥十年的金錢享受。喏,」他用下巴比比他的安全帽,「那頂,以我來你這裡跟你……『諮商』,」紹奇雙手比劃了個引號的動作,抬眼看著天花板心算著,「大概要十五個小時。」

「那你在意的事呢?」

「我在意的事,你說,保有眞實的自我嗎?」C聳肩,不置可否。

「練功!」

「練功!」C坐起身,「你說武功?!」

紹奇笑了,點著頭。

「聽好了!第一招陽奉陰違、第二招護體金鐘罩、第三招皮條賴、第四招哄拐騙,以上,以前三週我認識的你,你已經進展到不是用本能,而是用步驟拆解、有策略地運用。你很有天份,去看看鄉土劇,招數分析一下,進步更快。」

「不用,我家天天上演。」

「嗯嗯,我相信。」

「就這樣？」

「才不止，這些只是本能的武功，會讓你長大得容易點。你現在十四歲，再四年，你會開始有你的人生。……那才是眞正痛苦的開始。」

「爲什麼，有我自己的人生不是應該很開心嗎？」

「你知道就像是練陰毒功，力量強大，但會傷到自己。」

「什麼意思？！」

「這些護體神功，練到走火入魔，會成爲你的一部分，但這樣的武功，會讓人無法親近你，會讓你無法愛人。」

「才不會，你亂講。」

「梨泰院、驅魔麵館……我們來分析一下富二代的戲劇做個研究如何？讓你看一下你正在發展的與未來想成爲的樣子，讓你更能掌握自己。」

C安靜了。

紹奇也安靜了。他回憶起頭一次看清正在成爲的自己，那一刻無力感充斥的憤怒，以前自豪的驕傲，在那一刻成爲心痛的印記。多希望成爲自己、成爲一個不同基因的人，只消做個決定就可實現，像從噩夢中醒來一樣，人生煥然一新。然而有些人，像劇中的黑主角，噩夢永遠不會醒。很幸運的，紹奇因爲叛逆，選了爸爸眼中完全沒用的行業心理諮商，也因爲對性的好奇，他走向了自己。

紹奇回過神，C也回過神了。

下課鐘聲響了。

「那我現在該怎麼辦？」冷靜地。這孩子有過人的力量。

「沒怎麼辦，回去練功啊！」紹奇笑著說：「然後，我仍然是那個沒用的心理師。我們繼續祕密練功，下次跟你說我後面練的功。你還年輕，不像我中毒很深才醒悟，你還年輕，多用點腦、多練點功，累積成爲自己的資本與戰鬥力。」

紹奇轉過身，面向C：「記得，你要戰鬥的永遠都不是你父親，他只是假想敵。你要戰鬥的，是爲自己累積各種能力，讓你能掌握你想要過的人生。」

C跳起來：「吼，搞什麼，今天竟然在這裡聽你說一堆心靈雞湯！」

「吼，搞什麼，我掏心挖肺，得到的只是你一句消遣。不客氣！！」紹奇坐滿在他的椅子上，翹著腳。

C伸著懶腰往門口走，手握著門把，深呼吸了一口氣，走出門：「下週見！」是他說的。

在逐漸彈回掩上的門縫間，紹奇看著C的背影消失。

眼前卻清晰地看見C在案件裡的樣子、C在父親面前的樣子、C在晤談室裡的樣子，無縫隙的護體金鐘罩，幾乎打敗了紹奇。直到，剛剛。

脆弱，真是良藥。

而良藥，都是苦口的。

一向寫記錄簡潔俐落、不超過五十字的紹奇，這次卻久久不知如何下筆。

頭一次，他感受到，在諮商室裡的一切，哪裡是幾行字可以描述的；眼前的人，哪裡是「評估」可以代表的；內心的交流，哪裡是「建立關係」可以形容的；而那因爲C而看見的自己，哪裡是走出諮商室邁向下一個工作，就可以抹去的。

故事有靈魂，眼前十四歲的C，連結上十四歲的紹奇。就像看穿越劇一樣，誰的過去回到現在，誰的現在回到過去，出自於個人超越意識的意願，相遇，從無意義到發現意義，啓發、改變，修正了故事走向、命定旅途，最後兩人都超越了自己，變得不同了。

紹奇甩甩頭，最近穿越劇看太多了，被那些女人傳染得太感性了、太把生命認眞了，還是去飆飆車感受一下男子氣概吧！

紹奇將只寫了三行字的記錄留給雅惠老師。

主訴：想學習相信協助。

評估：面對自己的能力是個案的挑戰。

處遇：建構能達成個案願望的能力。

雅惠老師一面將資料歸檔，一面說：「今天裴莉心理師開了個案會議耶，感覺B跟她工作很有進展。石心理師，你跟C工作，要開個案會議嗎？我可以協助你聯繫喔！」雅惠老師殷切的眼神中展現出友善與積極合作的態度。

紹奇微笑著，「謝啦！如果有需要，我會請你幫忙的。」隨即走向門口，準備離開。

「嗯，」雅惠老師站起身來「嗯，」欲言又止，「諮商次數，剩下四次，我們主任很看重這次合作，是否請你跟裴莉心理師商量一下，後續我們要怎樣進行。如果能給我一個方向，我比較知道怎樣跟主任說明。」

「好的，老師請不用擔心，我會處理的。」紹奇微笑看著雅惠老師，微微點了頭，轉身離去。

第16章

紹奇走到通往地下停車場的樓梯口，下樓梯前，他轉身看了走道外的球場一眼。一個多小時前，他跟C在這裡運球時，那一個眼神所透露的訊息改變了他們的關係，誰能想得到呢！

正準備下樓，「怎麼，今天不打球啦！」裴莉的聲音從後面響起，紹奇頭也沒回一逕下樓，「恭喜你啊！」「怎麼？」裴莉疑惑。「系統合作共識會議很成功啊！」「你消息眞快，我才剛結束呢！欸，載我一程。」

紹奇回頭了：「你沒開車？」

「我今天搭公車，想感覺一下山上的孩子們要去花花世界的旅程。」

「你還眞認眞。中午時間上來，看到的都是遊客或阿公阿嬤吧！你應該現在去搭公車，看看青春戀愛巴士的風景。」

裴莉搖著頭：「不了，一趟夠了，我這年紀經不起公車搖晃。」

兩人走到紹奇的重型機車前，紹奇打開行李箱，拿出備用安全帽，「那你也要賭上能遇到我啊！」

「你沒有那麼難預測好嗎？欸，我頭一次搭重機耶。」

「你知道怎麼上重機嗎？」紹奇握好車把看了裴莉一眼，「自己想辦法上來吧！」

裴莉踩上踏板，熟練地跨上重機後座，沒等紹奇反應，直接貼上紹奇的背。「走吧！」

車行在山路間，蜿蜒，夏日涼風徐徐。紹奇遠遠看到上山時C跟他打招呼的路口，號誌即將轉變，他緩緩地把車放低檔，優雅地減速，看著山間小巷沒人穿越的斑馬線，實在想不透何時這路口有了紅綠燈！

「欸，你常載女人吼，停車超貼心。」

「我不載女人的。」

「這車不是用來耍帥、調情的物件嗎？不載女人可惜了。」

「調情跟移情是必須依據你對關係的需求，拿捏好分寸，才不會讓客體混亂，懂嗎？」

「好好好，你最自豪的界線，只要性，不談感情的。界線拿捏得也太小心了。」

紹奇拿下安全帽抓了抓頭髮，轉頭瞧了裴莉一眼，「你別越界喔！」

「少自戀了你。」裴莉揮揮手，綠燈了。

紹奇緩緩發動，機車繼續在蜿蜒的山路中前行。

紹奇感受著裴莉抱著他的感覺，這是他跟愛車第一次載女人。轉彎時她放鬆地隨著車身角度平衡著身體，讓紹奇頭一次感到兩人間的默契十分自然。一路無語，紹奇心想在他的牌卡中，他會翻出哪一張來代表裴莉呢？他會把裴莉歸納爲哪一類的女人呢？他從未把這三位生命中最靠近他脆弱區的女人，放在專業以外的角色思考過。他在心中默默洗牌，陳歆，毫不猶豫地給她純淨的小女孩卡。雨橙，成熟年長的優雅的智者，他知道自己對她投射了心目中母親的形象，滋養涵容。裴莉，紹奇感受了一下緊貼著背的身體，他無法給出任何直觀的投射，裴莉的外型不是會引起他注意的女人，他對她沒有任何想法，也不只是專業的緣故。關於女人，他很願意擔任外貌協會會長，他對女人有一套自訂的評分系統，當然這一面的他從來沒有分享給酒肉哥兒們之外的人知道。

特別是他進入心理圈後，這總是很不政治正確。他的酒肉哥兒們，總笑他是「被心理諮商閹割的男人」。

跟需要你幫助的脆弱女人，關在房間談性，這實在，太難不想入非非了。

他總是用幾杯酒呼嚨他們「有一種境界，是你們完全無法體會的啦！」最懂他的麻吉總會出來用這句話帶過，「好啦好啦你是柳下惠跟唐吉軻德的綜合體！」這群人也沒興趣再了解更多。

面對他自己，也從不需要想更多。性已經變成很直觀的事，他都忘了從何時開始，他決定只要做、不要愛，從何時開始，熟練地將女人分類為可以做的對象跟不可以做的對象。

他已經熟練到，沒有一絲機會讓自己體驗到心痛的感覺。

突然一陣刺痛從後背穿透心臟，眼前出現C盯著球場人群的表情。對比於之前幾乎讓紹奇投降的掌控，今天C掄拳失控與暴露自己的強度，或許不僅是暗戀的心酸……或許，不只是性慾取向認同……紹奇記得C逼近他的眼神，憤怒攻擊背後隱藏著驚慌痛苦。

刺痛的感覺鑽深了，紹奇嘆氣了，心痛，實在是最需要避免的，很難消化啊！

「欸，你有聽到嗎？載我回家啦！拜託。」紹奇回過神來，裴莉直戳著他的背，眼前的紅燈秒數倒數到個位數了，他完全沒聽到裴莉在跟他講話。「拜託下個紅綠燈左轉，你就好人做到底吧！」

紹奇沒回應，但機車龍頭切進了左線道，跟著裴莉的指示前進。

心滿意足的裴莉不再戳他了，但他背上的點卻仍一陣陣發痛，他再次想起柳下惠跟唐吉軻德，性跟愛一刀切的自己，他對女人從來沒有不切實際的幻想，也並非哪個女人曾經傷害了純情的他，他只是看清了自己，知道遺傳了爸爸那從未停止外遇的性格，給不了女人承諾與幸福。關於性，他不需努力證明自己跟爸爸不同。

哈哈哈，這倒是心理諮商對他最大的啓發，接納自己的眞實。

性跟愛可以分開嗎？這是他演講時常被問到的問題。其實，該問的是，到底是從哪裡得到性愛要合一的幻想，人們又是從哪個神話中覺得性愛合一與愉悅的性是可以劃上等號的呢？！

但自己眞的對愛沒有憧憬嗎？到底是從何時……以堅固的自我認同刪除了對戀愛的渴求呢？或需要怎樣的契機，自己才願意放下掌控，體驗被靠近？

背上突然挨了幾下，紹奇緊急煞車，有些事留在過去就好，不需掀開來擾亂現在的平衡。紹奇在心中替正在好奇探索自己的那個紹奇踩了煞車，安全抵達。他微笑了，很滿意這趟內心探索之旅。

「欸，我家到了啦！」裴莉扯大嗓門說。「你今天是怎樣，我在後面超難跟你溝通的。」裴莉下了車，一邊抱怨一邊脫下安全帽。

紹奇也下了車，把裴莉的安全帽放進行李廂，一派輕鬆地說：「欸，讓我上去，就當是感謝我專車送到家。」他必須藉著跟裴莉鬥嘴來轉換心情，關掉剛剛那個抓到線索的分析狂。

「上廁所、吃飯、喝水、聊天可以，其他沒有了。」裴莉看著後照鏡，抓著被安全帽壓扁的頭髮，「這一趟，就値這麼多。」紹奇敲敲裴莉的頭，「再看吧！」

走進大樓，管理員抬起頭來，裴莉回：「我朋友。」管理員看了紹奇兩眼，又把眼神轉回電視。

「你常帶男人回家吼。」

「你是不是心理師啊！就是不常，他才抬頭啊！」裴莉進了電梯，「你是第一個。」她按了九樓，「我住在這裡五年了，你是第一個訪客。」裴莉盯著電梯樓層面板，沒轉身看紹奇。

「那，我……」站在裴莉身後，紹奇斟酌著字句，有點不確定上樓這個提議是否冒犯了她。

「凡事都有第一次，我不也強搭了你的車？」裴莉仍然沒轉過身。

裴莉舉起左手打斷他，「你讓我專注一下，我得好好想一想。」紹奇不敢作聲。他不知道裴莉在想什麼，但確定的是這種感覺比約炮還不自在。

「我讓你尷尬了嗎？」

電梯門開了，裴莉率先邁開步伐，回頭見紹奇沒跨出電梯，便一歪頭，要猶豫的紹奇跟上。兩人在走廊間轉了個彎，裴莉掏出鑰匙開了門，踢開鞋，俐落地一路往前拾起散亂的衣物。就在紹奇如慢動作般脫好鞋子、把兩雙鞋收進鞋櫃並拿出拖鞋時，裴莉已經兩倍速般完成整理，並走到房間盡頭，開啓落地窗讓風透進來。

裴莉看著還站在玄關的紹奇，笑道：「我沒想過會有客人，得收拾一下。餓了吧，你隨意，自己翻冰箱找東西吃，我一定要洗個澡，太久沒搭機車了，全身不舒服。」

紹奇還在適應這個空間的時候，裴莉已經消失在浴室門後了。

紹奇杵在玄關許久，他從未體驗過這種慌張。這跟約炮的感覺完全不同，他就這樣「被歡迎」地進入一個女人的私密領域，而且完全對他開放。

不，這不是他慌張的原因。焦慮感無以名狀地連波浮現，他無法呼吸，一方面覺得自己的反應非常荒謬，這只是個友好的人際連結，一方面卻無法停下恐慌，他轉身握住門把想逃，在作嘔感跟深呼吸中努力調節情緒。他知道，他怕的不是得給裴莉一個交代，他怕的是面對想逃開的自己。他很想給自己一個理由，整理好後再來面對，但他也知道這只是逃離的藉口，如果離開，他再也不會回來了。

在努力克制反胃與焦慮中，紹奇很可以同理他的青少年個案們。如果不是被迫，他們哪有能力面對這麼脆弱的自己。

眼前突然浮現C舉起拳頭的影像，現在他可以理解C的憤怒。只是因爲沒控制好、沒壓抑住，毫無防備地被迫面對自己，那從不被允許在認知層面遇見的自己。

最氣的是，自己，卻是被自己背叛。

「還好嗎？」裴莉的聲音，讓紹奇回過神來。他們倆都驚訝地發現，紹奇竟然靠著門坐在玄關的地板上。「恐慌發作。」紹奇苦笑。

「幽閉恐懼？我家太小嗎？」裴莉一身家居短褲寬鬆上衣，停下用毛巾擦乾濕髮的動作。

紹奇笑了，看著裴莉，搖搖頭：「我沒有打算……我不知道怎麼跟……我……我沒有能力……這麼靠近……」

裴莉也在地上坐下，靜靜等著。

頭髮上的水滴，滑落。

看不見的眼淚，滑落。

「我不知道怎麼擺放你，我不知道怎麼……」

沒一句話說得完整，紹奇不確定自己的感覺、不確定要怎麼說出自己，到底要說什麼？而又爲什麼要說？

性是性，沒有關係；工作支撐，沒有問題；哥兒們胡扯，沒有深度；家人，保持距離。在困惑中，紹奇開始盤點自己熟悉的各種關係模式，卻找不到屬於現在的這一種。雖非戀愛，他卻又深知，雖然從沒嘗試過，但任何時候他內心深處如果有想要訴說的，裴莉絕對是第一人選。這樣算是親密關係嗎？

大家都以親密關係來暗喻性，但有比性更親密的關係嗎？

讓一個人拿著能進自己家門的鑰匙，又要如何讓他出去？難怪我都選汽車旅館，約炮絕對不約在彼此家裡，紹奇嘆了口氣。

裴莉靜靜等待著，她知道紹奇的內心或潛意識，正在重組著，他從未遇見的自己。

有如過了一世紀一般。

「你，」裴莉開口了，「慢慢想，我餓了。我來給你一些熱量，讓你的大腦能繼續深入地探究自己。」

裴莉站起身，走向開放式廚房，從冰箱拿出兩瓶啤酒，又拉開櫥櫃的抽屜，翻出了一包菸，「喏。」她隔著小中島，把菸、酒遞給還攤在門邊的紹奇，又指指陽台，「去吹吹風吧。」

「我不抽菸啊！」紹奇疑惑地接過。

「這才需要呀，對不抽菸的人來說，菸，是用來催化情緒的，you know，去體會一下青少年的心情吧！」

紹奇掙扎著爬起身，接受了裴莉的建議，順從地拿著菸酒穿越過這十五坪的長型空間，除了衛浴外，是一目瞭然的開放式設計。這充滿裴莉氣息的房間，左手邊是床與沙發，右手邊是書桌書櫃。他走向落地窗，小小的陽台俯視淡水河，菸灰缸、打火機、小燭台，還有一張可以讓人好好地窩進去的躺椅，裡面一條仔細疊妥的毛毯，這女人，常在這裡沉思吧。

紹奇取出一根菸，靠近鼻子，細細地把菸草的氣味吸進胸腔。高中時哥兒們打完球，聚在一起偷抽菸、喝酒、看A片、物化女性，這些活動他沒有少參加過，叛逆加上對性的好奇，透過這些活動消耗掉要滿出來的性能量，也搏出了感情。

就如同某種儀式，總會帶人進入某個時空。這群哥兒們即便都已三十好幾，也都西裝筆挺、人模人樣，但只要聚在一起時光就會瞬間倒流，一秒變回青春期的毛頭小子，菸酒滿嘴黃話，不是那麼討正經女人喜歡的模樣。

而他，酒很節制，從不抽菸。無論大家如何戲謔他想當乖學生、激他不像個男人、笑他龜毛膽子小、脅迫他不抽就不給大哥面子、不合群，甚至大哥硬把菸塞在他嘴裡，他也從未屈從過。一度，如何讓石紹奇抽菸，是這群哥兒們聚會時的重點議題。

青春期是同儕認同的重要發展階段，可真不是學習尊重人的好時機。青少年能力不足以分化成具個別化的個體，談尊重，無異好高騖遠。

甚至有一次，大哥找他在儲藏室喬事情，大哥抽了菸，藉故尿急離開要他等，然而下一個開門的人卻是教官，接到舉報有人在儲藏室抽菸。當場人贓俱獲，他被記了小過，並罰打掃公共區域一個月。然而眞實的原因是，無論教官怎樣勸他，他既不承認菸是他抽的，也堅持不供出抽菸的人。

這件事就如此不了了之，逼他抽菸的事，也終於在兄弟間落幕。

那時的自己，啥也沒多想，就是憑著感覺在每一刻做了每一刻的決定。

要是當時學校安排他諮商，心理師應該也會覺得他是很防衛不配合的案主吧。

是說，誰能在青春期釐清自己所思所想，還能表達清楚，也太不切實際。

這是他從未回想過的過去。此刻意外地憶起，現在的他倒是可以好好分析一下當時直覺的動作，蘊含著何種潛意識的心理狀態。

他想像著這群女人，會如何分析這個個案的行爲，是否爲同儕認同的依附需求與自我分化的堅持，組合出這樣的行爲結果？

然而，爲何是菸呢？

他從未想過，他是能夠如此堅持的人。架都幫老大打過了，菸，沒啥了不起，就是這個小群體的認同儀式，又不是要他去騙清純女孩上床開苞，到底他當時爲何如此堅持？實在不是現在油嘴滑舌、老於世故的他所能想像的。

紹奇拿起打火機點燃蠟燭，就著燭火點燃了菸。煙裊裊盤旋，他把菸放到鼻子前端，去感受，那灼燒後的菸草味，多了一點濃度與侵略性——

侵略性！

父親叼著菸，搖著頭輕蔑嘲笑他的畫面閃現腦海中。因爲要記過，學校通知家長到校。接到通知的那個下午，媽媽跟他被叫到爸爸辦公室，把他當成一件事處理。顯然，商場官場兩得意的爸爸，並不認爲這有什麼值得花時間了解的，他交辦媽媽到學校應付老師，說些場面話，會回去好好管教之類就好，又跟媽媽說，「這學校就愛小題大作，不就是抽菸而已，我替你省跑幾趟。」又看著紹奇，「我幫你免過好啦！」於是叫秘書，私下送了禮、打招呼、也通了些關節。回頭又唸了紹奇一頓，大意不外乎你好運生在我家，放聰明點，手腕、人情世故要多學著點、目色要好，腦筋機靈點，不要太單純，去挺那些未來對你沒路用的朋友，浪費力氣，好啦，年輕嘛，總有些天眞的想法，這次就這樣，以後要搞就搞大條一點，讓我看看你有什麼能耐。爲了這點小事讓你爸去學校，實在沒面子。

「這是我爸爸。」紹奇不陌生，被裴莉戳的後背隱隱又痛了起來，他回想起媽媽跟他一起低頭站在辦公桌前，像犯錯的小學生那樣認錯。只是認錯的不是他，而是媽媽。「這是我母親。」我，很陌生！

一個不符合所有人期待的舉動，是內在那個微小的自己稍稍冒出了頭，在還來不及體驗與好奇自己的感受與堅持的意涵時，就由老大父親接手，壓下去，滅頂了。

純眞的心智被侵犯，一次又一次，無法抵抗，就，放棄吧。「這是我自己。」

青春多苦澀，哪裡需要用菸來提取感覺。

人生中的吉光片羽，此時回想起，有什麼價值嗎？

他將菸捻在菸灰缸裡，轉了幾下，明知沒這必要，仍是模仿抽菸的人，狠狠地把菸捻熄。

他想起唯唯諾諾連聲抱歉的母親，「幹！」心痛，確實是最難消化的感覺啊。

紹奇覺得有趣，沒料到一旦打開了情緒盒子，允許自己去感覺，原來自己是這樣多愁善感的人，一根菸也能引發回憶、重新體驗過去自己沒能充分理解的感覺。

菸味在風中逐漸消散，空氣中有一種似有若無的清香，紹奇深深地嗅著，感覺這個氣味進入肺部，感受到一種清爽。他左顧右盼找著香味的來源，才發現那是剛剛跟著菸一起點燃的蠟燭，在角落安靜地等待被發現。

在黑暗中才能看見這微弱的燭火的存在，與擴散出的廣度。

他看了看那把可以整個人窩進去的躺椅，又嘆了口氣，讓自己蜷縮進去。椅子有點小，但他縮起腳來像嬰兒一般把自己捲好。突然想起什麼似的他又起身，把壓在身下的毯子抽出來，重新蜷縮好、蓋上有裴莉味道的毯子，讓椅子和毯子擁抱著自己，這是他從沒有過的身體姿態。跟女人在一起時，這都是女人的特權；伸展、張腳、占據空間，是男人該展現的姿態。蜷縮是弱者。

而今天，他沒想過竟然可以因爲一張椅子而得到被照顧的感覺，裹在毯子裡的自己，聞著淡淡的裴莉的味道，像孩子一樣。「就這樣，被椅子愛著吧。」紹奇跟自己說。

他閉上眼睛。累了，眞的，做一個男人，眞的累了。

淡淡的奶油香包裹著牛排香從屋裡飄出，滲入紹奇的鼻腔，喚起了他的胃口，餓了。但他不想睜開眼，「我竟然愛上裴莉的椅子。」他爲自己荒謬的想法莞爾，貪戀著不想回到現實世界的最後幾秒。

味道漸漸清晰，是裴莉端著牛排過來了吧。

紹奇計算著，想在最後一秒伸展身體回到現實，就假裝是不小心睡著。但突然間感覺有東西靠近他，額頭彷彿被輕輕地親吻了。

他刷地臉紅了，一陣不知所措，還好有毯子保護，他默不作聲假裝沉睡。

「馬的，幹，我眞的被閹了，一個吻弄得我像沒談過戀愛的娘兒們一樣。」他彷彿發現了一個從不認識的自己，產生各種不是紹奇會有的奇怪反應，內心帶著某種興奮新奇的感覺咒罵著。

「嘿，你這樣蜷縮著實在太可愛了，我從沒看你這樣過，別介意喔。小baby就是會讓人忍不住想吻他的頭。」

紹奇睜開眼。

狹小的陽台上，裴莉倚著圍欄，兩手各拿著一盤擺盤精美的牛排。她用盤子推推他，示意他接過盤子。

紹奇將手腳伸展開，站起身伸個懶腰，瞬間兩人的距離近得產生了壓迫感。紹奇瞅著倚著圍欄、雙手端盤、一身睡衣的裴莉，俯身將臉頰貼近裴莉的，彷彿有祕密要跟她說一般，氣息順著裴莉的側臉耳朵側頸。裴莉因爲敏感帶被刺激而顫抖了起來，紹奇也留了一個吻在她額頭上。

「就叫你不要越界。」

紹奇接過餐盤，再度坐回椅子上，把餐盤擱在肚子上，不等裴莉回應，「餓死了。」一邊切著牛排，一邊碎唸：「也煮太久，我都睡了一覺。」遂狼吞虎嚥地吃了起來。

「搞什麼，弄得我全身雞皮疙瘩。」裴莉抖抖身體，先讓剛被紹奇氣息激起的能量散去，才坐在落地窗的門檻上，就著小茶几切起牛排。

「欸，我覺得你可能有某種對我的移情。」彷彿討論個案似的，裴莉一面咀嚼牛排一面若無其事地說出。

「此話怎講。」紹奇嚥下一口牛肉，遮掩差點嗆到的感覺。

「親愛的，今天在你重機上停紅綠燈時，跟剛剛，我啥都沒做，你就要我不要越界……」裴莉繼續若無其事的口吻。

紹奇繼續下一塊牛排的咀嚼動作，腦中卻已連珠炮、油嘴滑舌地回應了……

我是提醒你不要愛上我，因爲抱歉我眞的對你沒有感覺，別往心裡去，我不是針對你，我對任何人都一樣，包括所有我睡過的。我很珍惜我們亦師亦友的進修成長關係。你知道我的。遺憾讓你誤會了。呼——過去這些自認眞心誠意的回應，也許面對其他人行得通，但在有能力卸下盔甲的現在，對裴莉——他慢慢咀嚼著，嘆了口氣，「你這個射後不理的傢伙。」

「呃！」吞下口中差點噎到的食物，裴莉驚訝地看著紹奇：「哇！我到底對你做了什麼？」

「別裝得一副無辜樣。」紹奇放下手邊的刀叉，左右張望找到了一開始裴莉遞給他的啤酒正要打開卻裴莉一把搶過，「你等下要騎車。我剛忘記了。我們現在這種曖昧，我可不能留你下來。」她把啤酒放到一邊，伸手進落地窗，拿起剛準備的檸檬冰水，倒了一杯遞給紹奇。

紹奇接過水喝了一口，把最後一口牛排塞進嘴裡。裴莉專注地等待著，那認眞的態度，就像是沒在情愛市場上打過滾的人一樣。

「欸，你這表情……」他揮揮叉子，「搞得好像你要爲我的貞操負責一樣。」裴莉噗哧一笑，「關鍵是貞操，你有嗎？」忍不住又回到兩人平時互動的方式，裴莉隨即補上，「抱歉、抱歉。」她把嘴巴拉鍊拉上。

「當然有啊！女人的傳統貞操是處女膜心態，男人……我是說我啦，我的貞操是那個不能被攻破的，卸除男子氣概盔甲防衛後的脆弱自我。」裴莉放下一切，靜靜聽著。

紹奇放下盤子，窩回椅子上，「你們這群女人，一直誘拐我，要我袒露自己的感覺、貼近自己內心，現在我是完全赤裸在你們面前。你越過了我的界線，那麼自在地、自以爲是地，認爲我該承受得起。你們以從來沒有勉強過我來切割，說這是我自願的。是的，是我自願冒險的，我確實也感受到跟你們一起揭露自我是種截然不同的感受，但我同時感覺到十分難受的脆弱，而我回不到過去，也到不了你們已經到的位置，我暴露了自己……

「滿足了你們，那，我自己呢？我還沒感受到陳歆說的那種，因爲暴露自己而感受到眞實是有力量的。

「在我還感受不到力量時，我無法感謝你們對我做的。」紹奇停頓了一下，「即便你們從來沒有強迫我。即便你們只是邀請。即便，這一切是我自願去經歷的。

「是的，當你那麼自然地以彷彿個案研討的語氣指出我對你移情，我可以用我擅長的方法攻擊你，來防衛我對你們情感依附的需求。」背部心臟位置的痛楚，再次浮現。

「但，我沒有，我選擇體驗受傷的感覺，是的，我覺得被切割了。我感受到孤獨、我感受到脆弱。是的，這一切是我的移情。是的裴莉，我對你有移情。」紹奇看進裴莉的眼睛。

「我想在你懷裡，被你安撫，像個孩子一樣，得到無條件的愛與滋養。我知道你們都是對的，但，我不像陳歆，能自己咀嚼就被滋養。我需要被滋養。」紹奇想到蜷縮的嬰兒，裹著裴莉氣味的毯子，心頭浮現臍帶連結著媽媽子宮的意象。「我需要被安慰。」他朝向給得出養份的媽媽說了這句話。

「現在我把難題交給你，你引誘我相信你、打開自己，現在呢，你要負責嗎？還是劃界限說你做不到，給不了我要的、還是說這是我的移情，我應該要自己面對？

「就叫你不要越界了。你不聽吧。

「你剛剛說，我不能喝酒，因為我們曖昧的狀態。你知道這很傷人嗎？我可以脆弱，但要剛剛好能自己承受，在車上，你那麼自然地貼著我摟著我、你讓我進入你私人的空間，你洗澡、沒有設下該有的社交距離，你吻我，那麼自然地，你有自在引誘我的權利，但我如果被引誘了，就要為自己的性慾負責。然後，你可以輕易地說，我對你有移情……」

順著內心的感覺講到這裡，有一種鬱悶的憤怒感升起，「是的，我很想藉酒裝瘋，我很想幹你，這樣我因脆弱而充斥的無助感，就會因位在性上面占有你，讓你處在脆弱的位置，而扳回一城。

「當然，無論有沒有喝酒我都不會這麼做，因為到最後輸的仍然是我。在性上面，我輸的是性別。我可以對其他炮友自在地說，別移情於我。但，我在乎你，我不會這麼輕易地切開你我。」

隨著紹奇的話，裴莉感受到一陣陣不同屬性的感覺浮現，從驚訝、感動、不解、想給予、羞愧、抱歉、性慾到受傷。她讓自己的感覺流過，讓自己專注在紹奇的表達中，裴莉腦中閃過這幾週以來紹奇失控的畫面，每一次，他都在練習多靠近自己一點；每一次，他都在經驗多暴露出自己一點會帶來什麼樣的體驗。

裴莉提醒自己，專注在此刻，調勻呼吸，放掉該如何回應的焦慮，就專注在此刻吧。放掉控制，在不同的互動層次中，她遇見了新的紹奇，裴莉也想藉此遇見新的自己。

「我說完了。」紹奇窩回椅子裡，蓋上毯子閉上眼睛。

裴莉看著他，兩人安靜了好一陣子。

閉著眼睛的紹奇裹在毯子裡，想過裴莉可能會有的各種回應。他甚至無法要求裴莉如何照顧自己，幸好她也沒問，因爲他眞的不知道，當有個人聽了他講他從不知道他有、更別說講出來的感覺，對方該怎麼回應。是眞的能讓他感到這段話說出來是被支撐？被理解？被回應？被療癒？被承接？被貼得很近？被陪伴？他腦中浮現著各種治療的語言，就是找不到他想要的感覺。

「我抽根菸，介意嗎？」響起裴莉的聲音。

紹奇在毯子裡面搖搖頭，「焦慮嗎？」紹奇問候著。

裴莉拿起點燃的菸，吸了一口，感覺煙順著鼻腔、氣管深入肺部，溫熱地停留，彷彿讓肺泡都浸潤後，才緩緩吐出來。

裴莉搖頭，「你對我展現了內在深處的感受，這段時光是非常值得細細品嚐的。「我在重新認識你、感覺你，如果我能，我想把這些感覺留在身上，提醒自己，今天我遇到了從未認識過的你。菸只是品嚐的一個具象化動作而已。」

裴莉順著直覺，把內在的感受描述出來。紹奇從未想過他會得到這樣的回應，莫名地感受到溫暖與放鬆。他這才發現，即便剛剛躲在毯子裡，仍然有一點緊張，擔心接下來如何面對自我揭露過多後他人的回應。

紹奇最不希望的是，自己又回到過去插科打諢的防衛，那麼這一切，所謂自我揭露的體驗，就只是一場荒誕的眞人實境秀。

自我揭露，需要的不只是深度地感受自己、表達，還要有承接他人回應的能力，難怪，我從不覺得講出自己是個好主意。

裴莉細細地品嚐這支菸，也讓自己專注，決定放下所有想釐清、核對、解釋、安慰、滋養、滿足紹奇的需要，也放下了因這段分享所引發想揭露自己的渴望。是的，她唯一能做的是，深深地記下這次的相遇，希望能在未來，融合進她自己跟對紹奇的記憶中。

「那現在該怎麼收拾。」好久以後，紹奇說話了。

「你該去上廁所了吧！我來收餐盤。」

紹奇驚訝於裴莉的回應。

「你從離開K校到現在都還沒尿尿耶。膀胱也太強大。」

「欸，我離開時有上啦，現在才三個半小時，被你說得我都想尿了。」

裴莉揮著手要他快去，順道也起身收餐盤。紹奇擠過裴莉身邊，要踏入屋內時，轉過身，「欸，我說的是，」手畫著圈，比著陽台，「我說的收拾是這個啦！」紹奇說的是發生在兩人之間的嶄新氛圍，在他說出那些話之後，不知道改變了什麼。

換了個角度，紹奇這才把整個陽台映入眼簾。星月早已高掛，遠方台北夜景閃爍著耀眼的光芒，視野突然開闊了起來。紹奇靜靜站著，就像是到了美麗的風景區，該走了卻捨不得離開一樣，因爲下一次能遇見這樣的美景，會是在多久以後，或是還有機會嗎？還是，心靈的交會可遇不可求？雖然說話的只有他。

正準備拿著餐盤進屋的裴莉，順著紹奇的眼神，也望向了遠方。

「這個陽台，陪伴我踏入我的內心。很高興，它也陪伴了你。」

紹奇笑了笑，「我跟你的椅子談戀愛了。」一面走向廁所一面說，「我得常來跟它約會才是。」

跟著紹奇身後走向廚房的裴莉笑說，「你這個小三，敢來搶。」

紹奇進了浴室，立刻被這個女人的浴室擺設所吸引，心中也鬆了一口氣。從剛剛兩人彷彿完結卻尙未了結的情緒中拉開一點距離，給自己一點時間回到自己，他不禁回想到雨橙工作室的廁所，空無一物，完全沒有給人可以掩飾調節情緒的空間，難怪自己上次那麼焦慮。「這得給她一點建議啊。」

定了定神，他仔細欣賞女人私密的場景。

空間不大，但卻是精心設計過，淋浴間和浴缸乾濕分離，髒衣桶、面紙盒，都是挑選過的，置物架上井然有序地歸類著她日常生活用品，浴室鏡台上還有幾隻小公仔。空氣中有著淡淡的味道，是天然精油加上女人的氣味。

馬桶蓋是免治馬桶，面紙盒上還貼心地放了手機充電器，這女人是完美地照顧了自己的需求呀！紹奇決定坐著尿，這女人的精緻，讓自己的成熟體貼不自覺地被引發了。

洗手時，看著鏡子中的自己，他摸了摸臉頰，奇怪，怎麼下顎的稜角柔和了些，臉部肌肉放鬆了些。他看著熟悉又陌生的自己，剛剛發生了什麼，這兩週發生了什麼？

內在小孩、事故成人，陰柔陽剛、阿尼瑪、阿尼姆斯，從未體驗過的自己，是這樣有滋有味！爲何是對裴莉，他會做出這樣要求、說出這樣的話，這樣自在地就說出了內心。呵，連想幹都說了，他咬了牙關，甩著頭，實在是非常不禮貌。還好，裴莉看起來沒有被冒犯。

他想了想，爲什麼是這個走在路上，他或許不會多看一眼的女人。也或許是因爲這樣，沒有性吸引力，才能放掉生物本能中公孔雀的求偶伎倆，安心呈現自我？這……是不是對紅粉知己的利用？不對不對，利用跟負責是相對的，現在的女人，裴莉、J，我想對她們利用或負責，以她們的力量而言都是一種看輕。想利用，還得要裴莉對我有那種感覺，利用才成立。

「我得修改對女人的刻板印象，才能眞正認識眼前這個人啊。」

裴莉把盤子放入水槽，暫時的隔離，讓兩人的交流稍微喊停。她拿起用磁鐵吸在冰箱上的紙筆，快速寫下：

如果沒打算敞開內心，千萬不要再說那些看來彷彿幫人覺察自己的話了，
眞誠是要對話，才能激發出來的東西，
面對自己從來不是單向的。
沒有能力眞誠面對自己時，要求別人眞誠，只是內在不安全感作祟，試圖掌控的詭計。

這是整段過程中她對自己的反思，再快速地記錄情緒關鍵字，那是剛剛紹奇說話時裴莉捕捉到的內心情緒。

她看著自己寫下的字句，「眞誠的詭計！」

裴莉一面洗碗，一面想著自己那句話：「你對我有移情。」不在諮商情境中，這句話就彷彿心理人拐個彎在說：「你對我有那種感覺嗎？」確實不太光明磊落。

然而，「我對紹奇有那樣的感覺嗎？」這是裴莉得先回答自己的問題。

裴莉仔細感受與思考著自己對紹奇的感覺。在雨橙課堂上，雖兩人一見如故，但並沒有特別交集，這一年因著督導，才知道他的紈絝與不羈。然而，面對這個什麼都不當眞的他，她卻特別地自在，彷彿不用刻意把自己約束在雷峰塔中。今天在他車上抱著他，她感受著身體親近帶來的滋潤感，對戒癮中的她，體內確實引起了某種騷動。裴莉嘆口氣，是滿足的感覺，她應該相信自己療癒的成果，她希望能在紹奇面前，盡力地看清自己並眞誠無防衛地回應他。就如他對我一樣。

享受完在女人浴室的探索時光，正要打開門的紹奇，發現除了專業工作，他對裴莉一無所知。他

知道的是，裴莉總能適當地揭露自己內在的感受，剛剛好地止於專業學習中的關係。但，關於她自己，卻是一點也未曾透露。他想到上次督導完，他跟陳歆丟出情慾中探索自己的檔案，裴莉留下的訊息是，「希望有一天我也能跟你們分享，我的內心世界。檔名：未命名。」紹奇突然驚覺，在陳歆的掩護下，最能以專業區隔彼此的是，裴莉。

走出浴室，裴莉倚在對面的小中島邊上，看著他。

「在你廁所裡，我才發現我對你一無所知。」

「然而，我卻能提供給你最滋養的陪伴，像極了諮商。」

「我想知道你那個未知的檔案名。」

「『女版PUA』，Pickup artist，我正在戒掉的過去。」

「你剛剛對我做了嗎？」

「我不會否認，就如同酗酒的人，都說一小杯不礙事。」

「所以是我的眞誠表露，中斷了你的習慣性模式。」

「我不會說都是你的功勞，畢竟，我花了很多時間了解自己。」

「你有想過如果我們做愛後，會發生什麼或是改變什麼？」

「我不去想這樣的問題。我盡力在每一刻的感覺中，確認那是我想成爲的自己。」

「所以行爲不是用後果節制，而是當下的選擇。」

「盡力而已。」

「如果當下的選擇帶來後果？」

「那就去體驗它。就是命中注定。」

「我們設立界線的方式很不一樣。」

「我們對於自己慾望理解的歷程與體悟，不同。」

「你充分地引起我的好奇。從你的廁所開始。」

「因爲你的示範，我願意練習敞開，我想經驗現在的我，而非只活在自己腦中以爲的療癒。」

紹奇感受到一種從未有過的感覺，莫名地感動，他不自覺跨出了一步。紹奇凝視著裴莉，裴莉從紹奇的眼珠子中看見自己。他驚訝地發現自己張開雙臂向前，她也緩緩前傾，站定張開雙臂，兩人同時緊貼著對方身體、沒有性別之分、洗淨了先前曖昧感受，把彼此完全擁在懷裡。

紹奇很驚訝。

他感受到一股很「純」、很「淨」的感覺升起，在腦中找不到能對應的詞來命名，姑且，稱之爲「愛」吧！

但立馬又被他的大腦刪除，這不是他出生到現在所體驗過、感受過、經歷過的，人們口中的「愛」。

關於擁抱，他從未喜歡過。他總是跟自己說，這是心理圈所熱愛的人際連結方式，他可以合群地配合，當成是肢體語言，但從未發自內心地擁抱過任何一個人，也會在擁抱時刻意保持胸部以下的身體距離，無論是男、女，哥兒們或是朋友。

關於性與愛，紹奇是以性愛分開認同爲傲的人。

「關於親密，要鍛鍊的是性當中的銷魂與忘我合一，必須要具備與關係中的親密區隔分化的能力。戲裡戲外要分清楚。」他記得在某次演講中說了這樣的話，「要充分享受約炮，就要有自己的儀式化入角。結束時，要替對方跟自己去角。你可以把約炮當成是獨立篇章的單元劇。最好的是，參與者雙方入戲出戲在同一個時段，這是享受性的祕方。」

關於親密，此刻他突然明白，身體一直抗拒擁抱的原因。全身心投入的擁抱，是心理完全的信任與連結，那個親密感，是他極力避免的。

以前他總覺得，單純就是他不喜歡所謂「愛」所帶來的不自由。愛會讓人產生渴求，希望延續下去，於是占有、所有權、以愛之名隨之而來的種種角色的「應該」，都是他最不想要的束縛。而親密，會產生需要與被需要，兩種都令他全身不舒服。

他任思緒奔馳，卻也提醒自己，停下來感覺此刻的體驗。

分不清楚是誰在抱誰，紹奇在兩人體溫的交融中，放鬆了下來。

難怪，雨橙他們很喜歡用「能量」來形容，如果這股純淨的能量，可以稱爲愛的能量，那他應該不會再拒絕愛了吧。

突然感覺到一陣心酸、又是欣慰，那種千山萬水終於遇見「眞愛」的感覺浮現，不過不是對著眼前這個人，而是遇見「愛」的能量。

如果這是愛，那我可以承認，我的不要愛，確實應該是文化中愛的ＰＴＳＤ後遺症。

「嘿，抱著你，讓我了悟了道理，開啓了一個新的世界。」

「是不是很想合十呢！」裴莉跟紹奇緩緩地鬆開彼此，回到自己的中心，雙手合十看著彼此。

「唉。」嘆了口氣，紹奇緩緩地把合十的雙手放下，「終於體驗到你跟雨橙常常合十，凝視著世界的原因。不是做作，而是境界不同，我終於了解，這個『境界』的意思不是誰高誰低，而眞的是在不同的

『境地』自然看到不同的世界。」
「歡迎來到彼岸。」
凝視著彼此。
靜靜地等待著下一刻。
「讓我／你，留下來吧！」兩人異口同聲。
「我太眷戀這種感覺了。」紹奇道出自己絕不會在關係中說出的話。他清楚在這個時空他眷戀的是感覺，而他怕他現在離開，會被紅塵中的種種，混亂了此刻的清明，「我想在你這個神奇的時空，多待一會兒。」裴莉表示同感地點頭。「我也想讓這個敞開彼此的狀態，延續久一點，我也想體驗，不是爲了揭露我經驗到新的自己。但……」裴莉揚起眉。
「不做愛！」紹奇先一步同意他認爲裴莉即將設下的界線。
裴莉雙手一攤，「不保證！」這回換紹奇驚訝地張大嘴。
兩人爲彼此設立界線維持自我的差異，卻在一致的時間點展現，噗嗤笑了出來。
裴莉愛憐地摸摸紹奇的頭，「我聽到你在說，你很珍惜我們此刻所擁有的。」
裴莉詮釋了彼此的心聲，讓紹奇離開了大腦固著的性的性別界線。
紹奇再往內心感受了些，點點頭：「我也很怕，性與愛，混在一起會發生什麼事。跟你之間，今天經驗到的是全新體驗，我不知道怎麼應對，有點像小孩探索世界，但一切是未知。然而跟你，我很確定我不想爛尾。」
裴莉點頭，「我很珍惜我們，我也不想，爛尾。」
「但，你說不保證，這是對我的性邀請嗎？」

裴莉搖搖頭，「不是對你，是回應生命的安排與邀請。」裴莉沉思了一下，「我已經發展到，不是用後果來制約我的行爲。『不保證』這句話，說的是我不設限，但我保證我會全然地在這個經驗當中。」

紹奇嘆了口氣：「高下立判，眞的是境界不同啊！」

裴莉嘆了口氣：「如果修行有終極道理，一切只是時間差而已。」

「你引起了我十足的好奇，我好想知道你說已經發展到是什麼意思？」

裴莉點點頭，「我剛剛要說的是我也想你留下來，我也想留在這樣清明的感覺久一點，因爲我也想經驗新的自己，但——讓我先去抽根事後菸。」裴莉指指陽台，「準備下一回合，靈交開始。」紹奇點點頭，「那讓我窩回你那張椅子的懷裡，做好全然在當下眞誠分享出自己的準備。」

「陳歆！」兩人異口同聲。

「這個暴露狂開山始祖，開始想念她了。來吧！看起來，今晚做愛的機率是很低的，打視訊邀請她加入如何。」裴莉點點頭，紹奇拿出手機。

「我同意邀請她加入，但不預設做愛機率高低，也不會以她來當成第三者迴避性感覺的流動。」裴莉吐出煙，「親愛的，你別介意我一直把你的話修正成我的感受，我曾經是操弄關係的成癮者，我必須辨識那些會引誘我的語言與動作，而盡力對自己眞誠。」

紹奇傳出訊息，放下手機，注視著裴莉，「你在開啓我的新視野，我可以感受到大腦一直因爲你的修正而轉動到我從未思索過的角度……」那個雨橙曾說過的，「好像魔術方塊、多層次、立體，轉動，到喀啦」紹奇雙手合十，「盡量修正我，我才能藉由你，看到我保護自己、自以爲開放卻故步自封的城堡。」他向裴莉微微行禮致意，裴莉夾著手中的菸，敬了紹奇。

「哇，感覺我錯過好多。」視訊不知在何時接通，陳歆的聲音傳出，裴莉跟紹奇都對著鏡頭送出愛心，「想你了。」

「該不會，我的天，」陳歆尖叫，「你們在一起了！！！！不——我不能接受，不——」陳歆無法遏抑地尖叫著。兩人看著她大笑。「我還沒釐清我對你（指著紹奇）……跟你（裴莉）的感覺，我不管，我要繼續弄清楚，不管現在你們是什麼關係……」陳歆倒下，任性地捶著床。

紹奇跟裴莉笑著互看了一眼，「你這個暴露狂，立馬拉我們回人世啊！」

裴莉要紹奇向陳歆摘要他們剛才的歷程，自己回房把桌機電腦螢幕搬到陽台邊，讓陳歆的影像可以從大螢幕投影出來。

他們互看了一眼，下一輪，要開始了。

探索的主題：藉由裴莉的女版ＰＵＡ檔案，來練習真誠與分享。

第17章

「首先，我想確定接下來的時光，我們會支撐彼此，盡量保持在覺察自己的狀態中。」裴莉看著兩雙期待的眼睛，確認彼此明白這次相遇的心理位置。「我最希望體驗的是，你們無需照顧我的感覺，請眞誠地回應、發問與評論。我最希望體驗的是，當在我重視的人面前揭開自己，我可以面對自己。」

紹奇與陳歆對望一眼，這個任務意味著拿掉心理師的訓練。陳歆開口：「我會盡力眞誠地面對，我因爲想照顧你而隱藏的感受。」

紹奇想了一下，「陳歆你剛剛說『以爲你跟裴莉在一起了』的情緒與表達，示範得很好。」

紹奇看著裴莉：「我會盡力投入地去感覺。」

「那，我很期待。」裴莉合十，內心深深感激。「我想，就從我跟紹奇最大的差異開始吧。

「紹奇是用性愛分離、炮友的界線掌控了女人進入自己世界的位置，也安頓了自己性慾的狀態，不讓愛情干擾到你。而我，是因爲被自己的性慾傷害，要男人用關係、承諾來爲我的自尊負責。」紹奇跟陳歆瞪大眼睛，誰也想不到，成熟穩定、界線清楚的裴莉有這一面。裴莉看著紹奇，「是的，我曾經是你最怕的女人類型。哭鬧自殘自傷是我最原始的樣子，後來慢慢修正了手法，到從選對象、包裝自己、到心理操弄全面進化，手法高級了很多。走火入魔，只爲逃避曾經拿掉的，兩個生命。」

陳歆一陣寒顫，這一刀，直接見骨。「我不知道該怎麼回應，裴莉，這是我從未遇見的過去的你，我很受震撼。」

紹奇跟著點頭，「我也很震撼，我感覺被信任，也感受到自己心中的你形象，在這一刻受到衝擊……」紹奇努力說出內在狀態而不是給出同理，也沒有爲了逃避壓力而插科打諢地安慰。

陳歆接力說，「你一刀見骨地切開自己，是不想給自己隱藏的機會吧。」

裴莉點點頭，「謝謝你們承受了內在的衝擊。爲了讓你們了解我，我可以慢慢把我整理過的故事跟你們分享……這樣對你們的衝擊會小很多。我剛剛也在感覺我直覺的動作在表達什麼。我不知道今晚會經歷到什麼，但以現在的體力跟兩位優質的陪伴，我想我不需要藉由兩位的傾聽、理解而得到安慰或救贖。我知道你們承受得住，我想爲我自己體驗我想體驗的自己。」

陳歆隔著螢幕做出擁抱的動作。「不愧是師姊，一出馬就到位。犀利。」

紹奇雙手抱拳，「對我來說，兩位都是前輩，我跟你們學到的實在太多了。」

裴莉嘆了口氣，接下來希望藉由說出自己，不再撕心裂肺。她走進房間，從床底下拖出一個箱子，拿出一本相本般的大冊子。

「你們到別人家，看到的都是結婚照或是全家福照片，但我要給你們看的，是我離婚後諮商兩年，在這間房子裡，窩在那張椅子上一點一點認回自己的歷程。」

裴莉翻開第一頁，是一封信，一封寫給自己的性慾的信。

第二頁是裴莉自稱爲「女版ＰＵＡ」的操弄路徑。

第三頁起是從幼稚園起的每個階段的幾張成長照片、結婚照與離婚證明的照片，當中夾雜著兩張超音波照片。裴莉撫摸了一下這兩張照片。

「一直到六年前拿掉了第二個孩子，我才把自己打醒。」裴莉把手放到嘴唇上，再放到照片上，輕輕地把吻送給照片所代表的靈魂：「天使們，謝謝你。」

下一頁，是簽了裴莉名字的諮商同意書。「這一天，是我終於接受雨橙安排，承認自己需要幫助，開始接受諮商的日子。」接下來是厚厚的治療筆記。「心理師要求我每次諮商完寫給自己的文字。還有生活記錄、照片。」有畫畫、書法、攀登百岳、滑獨木舟、各種生活照片，還有上癮與創傷相關書籍的閱讀筆記等等。「這你們都知道，除了心理分析，身心平衡也很重要。」她快速翻到最後一頁，寫著「與性共存」，還有戒癮十二步驟的核心守則與急救篇章。

裴莉概略地介紹完這本大冊子，停留在最後一頁。「我有一陣子沒打開它了，也終於得到一段清晰平穩的人生體驗。」她看著面前兩位真摯的朋友。「能在你們面前打開，我覺得很幸福。」

「是我的榮幸。」兩人異口同聲。

「我也該來為自己做一本。」紹奇有感而發。「你看待自己的認真，給了我啓發……雖然你還沒仔細分享細節，但如果我也為自己這樣做，或許就不會每次碰到自己內在掙扎就那麼慌張無措，只想用舊習性來防衛。」

「我也想為自己做一本，只可惜我的性跟感情經驗實在太欠缺了。」陳歆遺憾地說。裴莉看著螢幕說，「你已經開啓了自己未來的那一本。」

陳歆點頭：「很期待。有兩位前輩陪伴，我多了很多冒險去體驗的勇氣。」

裴莉凝視記錄著操弄情感模式和復原核心守則的最後一頁，「我沒有伴侶關係與性生活六百天了，每天都在贖罪與戒癮。」

她看著紹奇：「感謝你的真誠，從今天意外的對話中，讓我知道該往下一個階段前進了。在傍晚類似曖昧調情的情境中，可以測試我前幾年的治療，也就是這本所記錄的，是否能經得起考驗。」

「就是酒鬼到酒行，立馬見眞章！懂！」紹奇一拍大腿。

陳歆說：「這本記載著你的過去，並見證新生的你。所以是新旅程的啓航，不是考驗。」裴莉思索著陳歆的話，陳歆繼續：「姊，你跟我一起重新準備一個本子吧。套一句能力建構取向最常說的，在每個情境中我們都有很多能力可以學習、有了能力就可以認識新的自己。」

裴莉感受到滿滿的愛。

她看著紹奇，又看著陳歆，「我跟紹奇沒有在一起。現在。」

她看著紹奇，「我不知道未來。但我很高興是你，因爲我珍惜你，珍惜我們。」她看著陳歆，「而更踏實地體驗自覺、學習、選擇、刻意練習新的行爲模式，有你們兩位的示範，我會學習在你們面前眞誠地表達自己，成爲我想成爲的人。我不知道要怎麼說出內在的感受，我讓自己專注地聽你、觀察自己，因爲對『愛』的恐懼而把你的訊息解讀成對關係的某種暗示，我感到焦慮、習慣性想切割的感受蠢蠢欲動，但我好像已經有能力分辨此刻發生的經驗跟以往不同。」

紹奇看著裴莉：「了解，你會因爲珍惜我、珍惜我們而學習新的模式，這也鼓勵了我，我也想改變，而且好像沒有那麼孤單了。」

紹奇從躺椅中站起來，張開雙臂，等待著裴莉。

裴莉也站了起來，緩緩調勻呼吸，凝視紹奇眼睛中反映出燭光中的自己。

「謝謝你愛我。」

「謝謝你愛我。」

陳歆看著他們，沒有了嫉妒；靈魂爲彼此打開，在同在中，感受到的是愛。

第18章

離開裴莉，紹奇沒有回家。

故事聽過很多，但他從未有過這樣的經驗。

即使裴莉只是說出她找回自己的療癒架構，沒有細述生命故事，紹奇卻感到震撼，身體雖然已很疲累，但精神能量卻強烈得讓紹奇覺得需要某種身體運動才能抒發。找人打一炮、自慰，他不是沒想過，但在電梯中滑開手機要約，「爛尾」這兩個字就浮現腦海——唯獨這次是指向他自己。裴莉帶給他的震撼，是對自己眞誠的程度與決心。

是決心。不只是體驗、不只是試試看……是決心！

他想起裴莉抽菸時玩笑說的靈交。這個晚上，他經驗到應該就是靈魂的交流吧！而他最該交流的對象，是自己。那是裴莉的示範。

他突然靈光一現，如果有這等對自己眞誠的靈交，以這樣的品質來體驗性，哇噻，那跟現在能掌握的應該完全是不同檔次的事。

於是，他決定，爲了靈肉合一的性體驗，一切値得等待。他値得爲自己做更好的準備。

難怪，性的神祕學大師，在性行爲之前都要齋戒、靜心。以前他所理解的是，靜心能放大感官知覺。但今天他經驗到修通自己的穿透性，那，在性當中穿越時空，可能不是傳說。

紹奇合十仰望夜空，感謝上天的神來一筆。這眞是大大地增強了他眞誠面對自己的動機，疲憊感頓時消失，身心煥然一新。

他跨上摩托車，跟隨直覺前進，不知不覺來到了中角灣。衝浪店門已開，老闆娘準備好他要的器材等著他。

他喜歡，在海中看日出。

一個浪來，他輕巧地跳上衝浪板，隨著浪悠遊。原本在浪與浪之間，他總能感受到快感、刺激感、腎上腺素激增，至少是特立獨行的酷感，怎樣都不會覺得無聊，但此刻在浪上，襲來的竟然是空虛。

紹奇一驚，這可不是他來衝浪的期待，跟著靈感不就是不想爛尾，而是想要延續那種全神貫注挑戰自己的刺激嗎？

是浪太小？一分心，就被打入海中。他抱著浮板漂浮著，也沒有再次挑戰、贏回自己的那股動力。他，發生了什麼，讓熱愛的刺激變得索然無味？

腦中不斷浮現裴莉的陽台，也浮現一幕幕過往：挑戰百岳山峰、潛入大海與鯨鯊共游、深入無人之境……

幹，媽的！

無論上山下海多少次，準備多少裝備讓自己掌控外在環境，這些技能都沒能讓他在裴莉的陽台上好過一點。原來，該駕馭的浪頭、該攀登的山峰、該潛入的深淵、該探尋的幽谷，從來不在自己之外啊！難怪，那群變態暴露狂，對解剖自己、揭露內心，有著癮。

原來，那是讓自己眞正感受到自由的挑戰。

自由，原來是要經過挑戰自己、拿掉防衛，才能眞正感受到的。

紹奇，悄悄地在裴莉的陽台上插上一面旗子，還有摩鐵J的鏡子前、雨橙的廁所、跟C的晤談室中。

他有一種突然醒來的感覺。

「每一個人都會死，但並非每一個人都真正活過。」他想起電影《英雄本色》裡男主角威廉．華勒斯的這句名言。而他自己的英雄之旅，終於嚐到滋味，自願啟程了。

太陽升起了，他滿腔英雄氣概地在陽光下閃耀著自信的體魄。

他回到岸上，到衝浪公司的淋浴間沖澡，用手將肥皂泡沫抹上練過的胸肌、腹肌，加入方才對人生的體悟與決心，堅定的自信感順著他得意的公狗腰跟鼠蹊滑到了胯，他腦中閃過以前讀過的小說，《深夜加油站遇見蘇格拉底》、《牧羊少年奇幻之旅》，當時都只當成輕小說來看，現在才理解書中主角鍛鍊自我、向內探索的深意，突然一陣臉紅。「紹奇啊紹奇，以性愛高手自居，內心居然清純得像個處女。」羞愧感油然而生。肥皂抹到陰莖時，撫著他驕傲的小弟弟，突然覺得手感不對，怎麼變小了點。他覺得這個念頭很荒謬好笑，但還是忍不住低頭看了一眼，「媽的，怎麼好像回到國中的時候。」

他想起雨橙的話，「人格的發展與年齡無關、性人格的發展與性經驗無關。」哎呦威呀，以前不知哪來的驕傲狂妄，簡直是不知天高地厚的孫悟空！

他低頭捧著弟弟，衝口而出：「你們這幫妖魔，滾出我的腦子。少打擊我的……」卻立刻笑了出來，又嘆了口氣，男性的性自尊，哪裡是硬、挺、大、久、掌控女人，就維護得了的。但即便是那樣，對男人來說就已經很不簡單了，想永遠停留在少年彼得潘的他，「唉，我寧願不知道這些。」

在性的奧祕與深邃面前，他不知除了硬挺大久技巧高、掌控女人外，他的性自尊要從哪來。

然而，這一切卻如海妖歌聲般讓人情不自禁、無法回頭，「幹！就挑戰自己冒險一回吧！」他捧著小弟弟：「不怕，如果你有什麼萬一，我找那幫女人算帳！」

第19章

六月十五日　A第五次諮商

在晤談室裡打開行李箱，這一次不需要呈現所有媒材了，陳歆拿出磁性手寫板、塗鴉本。受到前幾日跟裴莉紹奇視訊的啓發，她爲自己準備了一本新的塗鴉本，〈慾望與自己的關係〉，她也想探索性與自己的關係。

那天晚上，裴莉幾乎是爲她跟紹奇進行了一次個案研討，從發展、人格、性人格、慾望、身體，性心理動力，庖丁解牛般游刃有餘，又藉她的經歷將課程中許多概念串了起來，還從青少年延伸到成人，包含過往的性人格發展如何塑造現在，並以能力來評估未來遭遇，還有療癒的任務。裴莉的示範讓陳歆對於如何覺察自己跟性慾的關係更加有概念，也引發陳歆對自己的好奇。

相較於裴莉對自己的性慾有著這麼清晰的感受，顯然對她自己的性慾模糊很多。

裴莉是到三十多歲才開始分化性慾與自我。

性慾從何時啓蒙？怎麼被對待？長成什麼樣子？陳歆想想自己是能接受自慰，但需要的次數也不多，到二十五、六歲才開始有比較清楚的性慾望，但也從不花時間心力去理解它。裴莉說她不記得純眞時光，如果純眞對比的是性慾，自己確實是純眞的時候比較多。

她想起，當時選擇雨橙的青少年性諮商，是因爲手邊的個案有性議題，手足無措的感覺讓她很沮喪，她是為了增進專業知能來才來上課的，而且這也是雨橙的課當中，唯一沒要求必須上過性自我整合課才能選的課。專業增進沒問題！性自我，先放著好了。陳歆想了一下自己寥寥可數的性體驗，我沒有什麼性自我值得探索的。專業與私人生活，應該無關吧！

紹奇曾鼓勵她上性自我整理的課程，因為這樣才能繼續成人性諮商的訓練，她推說想多花時間精熟青少年的性議題，但內心是直覺地退後了。陳歆知道，紹奇一直很自豪於高超的性技術與能力，豐功偉業更是講不完。

在那晚以前，陳歆一直把裴莉跟自己歸在同一類，自己不是沒有跟性慾旺盛的少女們工作過，但潛意識卻不自覺地以性別、外表、裝扮、工作、學歷，把性樣貌分類。

「哇！」陳歆驚訝地審視自己，頭一次，認認眞眞、清清楚楚地知道，自己的性，確實是只發展到青少年階段，而跟青少年處理性議題，依照法規也確實得在性上面保持安全距離。但經過了那天裴莉的分享，陳歆明白自己是把這個議題當成工作來克服，而非當成對自己的好奇來探索。

她想起雨橙說的「專業的重量」。陳歆突然多了一個新理解，特別是面對「性的重量」時，衡量自己的準備程度與能力，實在是非常重要的事。

陳歆不敢想像，如果自己像裴莉那樣在青春期感受到那麼強的性慾望，卻沒有人支撐她如何看待、解讀、應對、承受那些探索的後座力所產生的副作用，她實在不確定自己會變成什麼樣子。

突然，她想到小心、害羞、敏感、講不清的A，跟青春期的自己很像。無論是哪個原因讓他進了女廁、在諮商室裡勃起，他在面對的自己或是性慾，都衝擊著他對自己的認知，也在形塑著他的未來。

陳歆翻開A的記錄，擷取出每一次與A的工作中所觸及的性的面向。寫到一半，A推開了門，跟陳歆點點頭算是打了招呼。

陳歆一面招呼他坐下，一面完成手邊的書寫，A好奇看著，陳歆解釋，「我在把我們前面四次談了哪些與性相關的重點抓出來。」

她把本子遞給A，也拿起磁性寫字板，遞給他，「要開始囉！我在想，我們是否能有幾個基本的默契，讓我比較知道你的狀態。比如說，你認同就點頭或是發出『嗯』的聲音。讓我知道你認同、有跟著我。假使不確定、不明白我的意思，你可以說『不確定』、『不懂』、『等一下』。」A點頭。「這些話可以說？」A又用力地點了點頭。

隔一天而非隔一週來，果然比較沒有那麼生疏的距離感。

「如果我問你的情緒，比如你現在的感覺……」陳歆把常見情緒的卡鋪在桌上，「你這個年紀分不清楚自己的情緒是很正常的，你就從裡面挑一個比較接近的，」她把卡推到他面前，「不完全是這個感覺都沒關係，我會再幫你整理清楚。」A點頭，「到這邊可以？」陳歆再確認。「嗯，可以。」

「如果我問你的想法，我會先告訴你幾個一般性的、基礎的想法，但不代表會跟你的想法一樣。要了解自己很不容易，往往需要相對的資料作參考，才能去比對、去體會，分辨出自己是怎樣的人。」

「這有點像地圖，上面有各種地標，你看到相對位置才會知道自己在哪。或像查星座，我們會查書上自己星座的特質，對照跟自己像不像，來逐漸形成『我是什麼個性』的印象。但這都是參照，讓你有個角度去思考自己，而有趣也讓人困擾的，就是你總會發現，有像，但也有不像的地方，這就是人跟機器人的差別，哈哈講遠了，應該說就是『了解自己』的奧祕。像我，也不會說完全了解自己，那天跟好朋友談話，她的故事讓我發現自己還有好多地方值得探索。」

A點頭，「嗯嗯。」

「好，來吧！要開始囉！」陳歆看看本子，又看看A。「我在想，你要講自己的想法時會緊張，一是因爲無法釐清想法，二是擔心別人的反應跟問話會讓你接不下去。而一般人沒耐心等你，就算等，你也不見得講得出來。

「我們必須找一件事對焦來談，才能幫你練習把自己說清楚，還有練習緊張的時候能怎樣比較不緊張。」

A點頭，「好。」陳歆微笑地接受他的回應。

「你有想從哪裡開始嗎？」陳歆思索著。A：「沒、沒有。」

「沒有特別的嗎？」陳歆疊上了兩個字。「嗯嗯。」「那我來試試看好嗎？」A點頭。

陳歆看著他，「讓我開始的話，就會從我遇見你的原因談起。」沒等他回應。「從女廁衝出來，被撞見，要跟大人解釋，這應該是你這段時間，最難以釐清自己感受與最難表達的一件事。」

A沒有動靜，陳歆看著A，稍微前傾一些，暗示著她等待A的回應。

「嗯。」「緊張感升起了嗎？」「有一點。」「一點點嗎？」A點頭。「可以承受嗎？」「嗯。」「如果緊張可以分一到五個等級，你給這個緊張幾顆星？」「一顆？」似乎有點不確定。「一顆星，很好。等等如果緊張，你也可以畫出幾顆星星，我們多了一個了解緊張程度的對話方式，眞好。」

A點頭。

陳歆翻翻A來之前她在整理的筆記，四次諮商所觸及的性的面向。她轉而拿起性教育讀本，打開目錄頁，「第二次時我們用這一頁，說明了青春期的精力，你記得第二次結束晤談前反射性勃起的經驗嗎？」

「嗯。」A微微點頭，「我們再開始談性，你會擔心這個情況再發生，是很正常的。」陳歆把書遞給A：「緊張嗎？」A看著目錄低下了頭，「你現在的緊張等級，有升高了嗎？」「嗯，兩顆星。」很好很好，「我們用這個來測試好嗎？」A露出疑惑的表情，陳歆做出了等待回應的肢體動作。

「不懂。」

「很好，謝謝你慢慢習慣用語言回應我。」

「我們用這個讓你緊張爆表的經驗，再重新一點一點慢慢測試、確認你的緊張星級，還有怎麼調節緊張的情緒。」「嗯。」「如果可以在這裡經驗到能夠調節情緒、調節自己在性上面的感覺，你會對自己感覺比較好。你就不用一直緊張，擔心自己會失控，或羞愧、生自己的氣。」A抬起頭來正眼看了一下陳歆，點頭，「好。」

「接下來，我會用這個目錄跟你討論你的感覺，做第一層次的練習。我會問你問題，你就依照我們剛剛的默契，『是』、『不是』、『不確定』，或用寫的，過程中我也會一直問你的緊張星級，然後我們來看看什麼讓你最緊張，用這來找到調節你的情緒的方法。你體驗看看，我想這個歷程結束後，你應該會感覺好一點。」

陳歆簡單解釋了一下，以減敏感的方式逐步學習「性情緒能力與人際能力的建構」，讓A依附著她的支撐，慢慢分辨自己的感受，去建構掌握自己情緒、身體與生理反應的方法，去學習理解自己的心理與生理反應路徑。藉由九個主題，問簡單的問題，來進行九次性情緒能力分辨、人際能力掌握的練習。

整個諮商雖然只停留在目錄頁，但A熟悉這樣的對話後，也因爲信任陳歆而放鬆了許多。

在歷程中，陳歆初步了解到，A家長對於他第二性徵的發育並沒有給予任何教育，學校的性教育則是簡單帶過，A主要是從網路來了解自己身體的變化、陰莖清潔等。他第一次夢遺發生在十三歲，早上起來發現床單濕了一塊，回家看到媽媽默默換了床單被單，但也沒有多說多問什麼。十四歲玩電動時看到性意味的廣告，勃起，試著摩擦陰莖便快速射精了，後來一、兩天大概就會自慰一次。

最後十分鐘，陳歆跟A一起整理了這個歷程中，他緊張時的身心反應，記錄下過程中協助他調整情緒的方式。

「當你感覺到想逃走、身體緊繃、呼吸急促、心跳加快、身體發熱，或發冷、手心冒汗、腦中一片空白，你可以試試我們討論過的方法。

1. 深呼吸。
2. 叫暫停說需要想一想，喝水、轉換身體姿勢，調整緊張感。
3. 深呼吸、叫暫停、說需要轉換一下主題，再回來。
4. 說我很緊張，現在無法繼續，我想出去透透氣。轉換一下身體姿態，調整緊張感。」

陳歆也帶著A反覆練習了幾次。「我覺得我們今天進展得很好，你有感受到緊張程度慢慢下降，也比較能夠忍受身體有緊張反應，而且還可以承受。」「嗯。有感覺好一點。」「我們也找出了四種應對的方法，下次可以繼續找出更多方法。」

「好。」

「最後一點時間，我想，我先把我聯想到跟女廁有關的字詞寫下來，你看過一次，會有點緊張，但你等等就可以離開去轉換心情調節自己，我們慢慢練習跟這樣的感覺相處。」

A看著陳歆在塗鴉本上快速寫著：

A片　好奇　廁所　女生身體　認識的人的身體　臀部　排泄動作　排泄物　經血　味道　用過的
衛生紙　用過的衛生棉　其他

羞愧　變態　好奇　興奮　驚嚇　慌張　自責　壓力　冒險　一時興起　好玩　緊張　刺激　被迫
勃起　射精

躲 看 聞 摸 藏 自慰 幻想
性別 男 女

「這是我想到在女廁會看到的東西、經驗的情緒，與會有的動作。

「我們下週三同一時間見面，但我需要你在這幾天從這些關鍵字中挑幾個出來，像造句一樣想到什麼就寫什麼。但你要用像這磁性寫字板一樣可以刪除、不留痕跡的東西來寫。因爲我並非要你寫出來給我交代，也不希望你擔心寫出來被發現，我只需要你保持練習跟自己對話，這樣我們下週三時見面時，你才不會一片空白，等著被我問。

「但我只是鼓勵你，有沒有做都沒關係。我們的目標，記得，是幫你慢慢地練習緩解緊張而能跟人互動。現在以這個題目來練習，只是因爲它壓力最大，困住了你。」

陳歆看著微微低頭的A，「這些不一定能包含你的狀況，是讓你知道，我能跟你談任何你在廁所裡面體驗到的，那是當你說出『請幫我』時，給我的允許。我知道性別有多麼多元、性慾有多麼複雜、對性的好奇有多麼令人又愛又恨。性興奮的制約，從不知不覺、到有點沉迷、到無法掌控自己的失控感、到對自己失望，這一切都不是跟自己說下次不再犯就可以全部刪除的事。」

陳歆看著他額頭上的青春痘，青春，哪裡容易了。

「我不需要給你這一張，我相信如果你有類似體驗，你已經對某些字詞有感覺，我給你情緒形容詞就好。」陳歆把形容詞的部分撕下來，在背面寫著：一、想寫什麼就寫什麼，不寫也沒關係。二、目的是自我對話練習。三、不留下痕跡。

陳歆遞給A，A接了。

陳歆站起來，A似是若有所思又似腦子一片空白地緩緩起身。當然，相較於第三次因爲勃起而飛也似的衝出門外，扎扎實實地談性，並沒有減少冒險成分與複雜感受，但陳歆的堅定讓人無所遁逃地面對性，然而也是陳歆的陪伴，讓自己不需要逃跑了。

他離開前轉身看了陳歆。

不怕，我在。陳歆沒說出口，只是微笑迎上他的眼神，無聲支撐著。

A低聲說，「再見。」

桌上只有寫字板跟剛剛討論的那本書，這是跟A工作以來，媒材展示最少的一次。陳歆看著不需要多作收拾、空蕩蕩的晤談室，卻感受到滿滿的情緒，她坐下來迅速寫著記錄。

1. 連結方式確認順暢
2. 合作關係建立達成
3. 性減敏突破
4. 性心理靠近

句號寫下去，跟A合作成功了，是記錄無須多言的原因，而滿滿的感動，是知道這五個小時，A跟自己，有多麼不容易，與幸好不放棄！不放棄的原因不是知道結果，而是想成長的心。陳歆被自己感動，也被A感動。

終於，兩個人都突破了對性的焦慮，不是逃避性，而是面對性。會有什麼樣的未來等著呢？

希望A能在這幾天中能記得我的誠意與願意，而明白値得爲自己冒個險。

陳歆找到明美老師，感謝她上次同意多加次數，明美則堅持幫陳歆拖行李箱到門口，一路上好奇著：「陳心理師，那A到底是什麼狀況？」

「最近你們有觀察到他什麼異狀嗎？」陳歆問。「沒有耶，」明美老師歪著頭想了想，「其實要不是那件事，沒啥人會注意到他。」

「好，那下次諮商結束，我會告訴你個案會議的大致時間、目標，還有必須到現場的人。」明美老師如釋重負地點頭，「好，那等你。」

看著明美老師離開，陳歆知道體內的各種情緒需要釋放。她伸手攔了計程車，是否在眞實人生，我也能開始爲自己冒險呢？

＊＊＊

陳歆推開極光咖啡的門，「來畫畫嗎？」Ollie一如既往地問候。

「來看你。」陳歆看著他的眼睛。

「我的榮幸。」Ollie從咖啡吧台走出來，陪著陳歆到靠窗的座位安頓。

「我請你喝杯咖啡如何？」

「在自己的店裡面被請咖啡，眞是有趣。」Ollie也拉開椅子坐下。

「我先點，免得又像上次那樣。」Ollie看著陳歆微笑，「我不介意。」

「請客的人要有誠意。」陳歆點完了咖啡，把Menu遞給Ollie，Ollie笑著跟店員說了一串英文。

店員離開後，陳歆定了定神，其實她也不知道她在做什麼。搭計程車時她是想來畫畫，見到Ollie之後卻明白她要的不只是畫畫，但其實又不知自己到底要的是什麼。

「你如何從我的畫中看到性的能量？」

「我從你身上看見你充滿性的能量。」

「你是說外表？」陳歆驚訝地挑高眉毛。

「外表能見到的是性，不是能量。」

「我從來不覺得自己跟性有關係，外表又不性感，能量就更別提了，這是什麼意思我不懂，別告訴我那是一種感覺，告訴我你如何看見。」陳歆急切著想知道答案。

「欸小姐，你這是幼幼班要直升大學的意思啊！」

「我真的想知道！」

「喔！你是眞的很認眞耶。」

陳歆把店員剛端來的咖啡推向他，「拜託。」

Ollie笑著搖搖頭，「最難抗拒女孩撒嬌了。」

認眞，是陳歆習慣的口常評價，被當女孩也還算不陌生，但「撒嬌」！這可不是她認同的自己，突然臉紅了起來。她壓抑著想否認的心情，也意識到自己直覺地否認跟性有關的自我認同，因此更加清楚看見眞的一切都要重新學起啊！

「那你先回答我幾個問題……」Ollie的眼神，難以捉摸。陳歆刷地臉又紅了。

「怎麼了嗎？」

陳歆拿起冰水灌了一大口，把空杯推向Ollie要他再幫她加一杯水。本是想支開他讓自己有餘裕緩衝一下，沒想到Ollie竟招手叫服務生過來。

「我今天是被請咖啡的客人。」Ollie微笑著。

陳歆又一口把水喝完。「我好緊張，好怕你會問那種我不知怎麼回答的問題。」

「你是說眞心話大冒險，還是你喜歡的做愛姿勢、地點什麼的？」

「這兩者有差嗎？我好想奪門而出啊！」陳歆後悔起來，冒險，眞不是個好主意，性，眞是個會引發各種感覺的可怕東西，同時又讓人無法隱藏，她突然非常同情手邊的少年案主們。

「那還是……我離開一下，等你準備好再叫我？」Ollie準備起身。

「不，不，不用！」陳歆拉住Ollie的手腕，「我不想等自己準備好，我想，體驗冒險的感覺。」

Ollie坐回座椅，興味盎然地看著陳歆。

Ollie的眼神讓陳歆心跳加速，全身熱了起來，陳歆暗忖著，一、調匀呼吸，二、暫停也已經叫了，水也已經喝飽了，三、緊張也已經說了，要放棄嗎？轉移話題？……閉上眼睛，希望自己能穩定下來，但即便她閉著眼都能感受到Ollie注視自己的眼神，她知道她無法抗拒他，因爲Ollie的靠近沒有邪惡的成分，又或許是她說服了自己，屈服在自己的性慾下。

然而，冒險不就是要屈服在慾望中，才能稱爲冒險嗎？

陳歆突然睜開眼睛，對上了Ollie的眼神，臉還是紅的、身體還是熱的，「來吧！」

Ollie微笑看著她，「你決定向我敞開了嗎？」

「我是藉由你，向我自己敞開！」

對於陳歆快速的回應，Ollie露出了這個女孩很有趣的表情。

「這是你的第一次！」Ollie說。

「這是我第一次，這樣有意識地對另一個人開放我對性的感覺。」陳歆感覺得臉紅慢慢消退中，慢慢找回她熟悉的掌握感。

「你跟你的性的距離，很遠啊。」

「你該不會要問我的性經驗了吧！」陳歆做出準備好了的表情，只差頭上沒綁上必勝的頭帶。

Ollie搖搖頭，「不用問啊！性經驗跟你和性的距離無關。」

陳歆睜大了眼，「不懂。」

「我們再來一次吧！你一開始問我的問題？」

陳歆猛然發現，自己完全忘記剛剛是從什麼狀況延續到現在的。

「你要知道我怎麼看出你的性能量的，不從外表、不從畫作，而從你這個人。」Ollie說。陳歆猛點頭。「我認識你以來，你從未開放過你的能量給我……」

「等等，先不論我跟你只是熟客跟老闆的關係，來這邊的客人會開放能量給你，這什麼意思，你吸血鬼嗎？」性慾歸零，大腦啓動，頓時一切冷卻。

Ollie不理會她的話，微笑繼續說，「你很自在，來我的店，總是當成你放鬆自己、讓自己被照顧、充電的地方。」

陳歆回想著她對這家店的喜愛。「你的店很對我的感覺。」

「不是嗎？你對我跟這個店，敞開了自己，但只有在那一天、那片刻，你敞開了你的慾望，同時邀我陪你體驗。」

「邀我」——那個主動的自己回吻了他，陳歆又刷地臉紅了。她招呼服務生加水、要了多一點冰塊，水杯一來她立馬拿來冰鎮自己燙紅的臉。

「我不是說你回吻我的那一幕……」彷彿讀了她的心，「我說的是，你讓我看你、畫你、記錄下那一刻慾望流瀉的你。」

「是你說別動的。」陳歆反射性地回應。

Ollie伸出手指貼上陳歆的唇，制止她後面要說的話，「如果你要說話，請從你的心，不要從大腦。」

陳歆看著自己，彷彿自願一件一件脫下蔽體衣物，卻又因爲羞愧而拿了遮羞布遮住私處。陳歆覺得自己好好笑，她好想起身站在鏡子前面，好好欣賞自己的身體，就如同Ollie看著她的眼神一樣。興味盎然地好奇、欣賞、享受。

「對！」陳歆突然搥了一下掌心，Ollie摸不著頭腦，只是看著她微笑。

「是你純然欣賞著我的美的眼神，讓我願意敞開我自己。」

「你敞開了，我就能感受到你性能量的感受，那是很豐沛的。」

陳歆歪著頭想了一下。「那，如果這個人外表、肢體都表現出性感，那麼她就是很明顯敞開她自己，性能量不是更豐沛？」陳歆很沒自信地說著，她從不覺得自己跟性感會有什麼關聯。

「也可能是更缺乏。豐沛是自給自足甚至能分享給他人；飢渴則是食不知味，吃不到滋味，再多也吃不飽的意思。」

「我一直以爲我很缺乏，以爲我對性是幼幼班。」

陳歆腦中自動浮現「要我教你怎麼開發嗎？」這話，自己卻又覺得倒胃，還好Ollie不是幹話達人。

Ollie伸出兩隻手指，放在他自己唇前，又指指心臟的位置。

陳歆閉上眼，說：「我擁有豐沛的性能量，只是從未允許自己去碰觸她。」她就著她的心，說出她從沒有機會看見的眞相。Ollie微笑著，依舊興味盎然。

「但我對性眞的是幼幼班，得從頭學起。」陳歆看著Ollie，嚥下了自己眞的很想說的這句話：「你可以教我嗎？」

「相信你自己，除了允許自己去探索你與身體與性的距離以外，你沒有什麼該向外學的！」Ollie確定沒聽見她心中的OS，也把話題就此打住。

陳歆滿腦子問號，也對Ollie充滿好奇，更希望Ollie能像她對待A一樣慢慢引領她。「你，眞的只是咖啡廳老闆？！」

Ollie站起身，伸出手，陳歆猶豫地握住，跟著站了起來。她覺得全身都在發熱，她的腳尖朝向Ollie的畫室，卻聽到Ollie說：「我送你到門口。」Ollie拖起陳歆的皮箱往外走，陳歆茫然跟著他的腳步，Ollie攔了計程車，很紳士地幫她開了門，陳歆入座前遲疑地轉身望著Ollie，等著他的解釋。「你再不走，我就要變身大野狼了。」就這一句話，讓陳歆一路熱到家。

彷彿某個開關被啓動、某個物質引發了化學效應、某個緊閉的石門聽到了咒語，嘎地一聲開啓了。臉紅體熱，幾次請司機將冷氣轉強，都無法停止這生理反應。怎麼回事？

回到家，她敷衍了爸媽的問候，直接奔入房間，關上門。從未鎖過門的她，躊躇著是否要上鎖，像是青春期的孩子，把爸媽拒絕在自己的性世界之外。「不信任爸媽是很眞誠的表達，因爲爸媽沒有跟他建立過能談性的關係。」她想起雨橙詮釋過孩子鎖門的動作。雖然已離青春期很遠了，但她的心卻被旺盛的性好奇逗弄得青春無比。

就，讓自己體驗青春吧！陳歆鎖上門，終於，「我也有性祕密得要我認眞保護了。」

她躺在床上，回想剛剛的互動與週一的吻。那個吻，並沒有在當天結束，時不時地閃現她的腦海。Ollie說她開放自己的性能量給他，這句話，倒眞的值得琢磨。回想起幾天前的畫面，又是上下一陣熱，這不是她第一次接吻，但卻是第一次完全在其中，直到腳痲的身體感切斷了性慾的感受。

如果、如果，沒有腳痲……腦海中竟然播放起了她跟Ollie在玻璃畫室中的性愛畫面，強烈的帶入感，讓她忍不住輕撫了自己，酥痲的電流，直通腦門。Ollie放在她唇上的手指她好想吸吮，耳朵聽到Ollie充滿掌控力的與性意味的「如果你要說話，請從你的心」。迷茫中，我的心、我的心……陳歆……你要小心。保護好自己。他是把妹高手，客人開放性能量給他，你難道沒聽見嗎？你醒醒，別被騙了……你看他把你變成什麼樣了……陳歆驚醒，一身濕，不是體液，是冷汗。

什麼鬼，陳歆悻悻然，對於掃興的大腦防衛機制非常不滿，但也沒興致再重新熱身一次。她嘆了口氣，乾脆拿出〈慾望與自己的關係〉筆記本。來吧！要承認自己的性慾，到底爲什麼那麼難？她回顧自己在剛才歷程中的變化，剛剛那腦中教官的聲音並不陌生，那是保護女人與掌控女人一體兩面的文化雕塑。她驚訝的是，這些保護她的念頭並不會因爲她成年了、學了性教育、專精了跟青少年談性的能力與治療技術，就退後一點。

她想起週一的吻結束後，腦海中出現的一連串跑馬燈式問話的力道，眞是可怕。如果不是質問對方要個交代，而是審問自己爲何自投羅網，那眞句句是刀。陳歆感謝起自己心理性慾啓蒙得晚、生理性慾激發性弱，現在可以分辨與承受，還能防禦這種以無知與否認保護自己的價值觀。她想起裴莉，那晚見骨的一刀，是清瘡清膿用的治療法。

她拿起手機傳了訊息到督導群，「姊，謝謝你那晚的分享，震出了我積極面對自己的性，爲自己的性與在性上的傷，負起療傷的責任。愛你。」

第20章

六月十五日　C第五次諮商

紹奇沿著蜿蜒山路飆車，緊貼皮膚的雨衣又黏又濕。他最不喜歡雨天騎重機，但他非常期待今天跟C的會面，彷彿與年輕的自己相遇般有種時空錯置感，又能感受到現在的自己已然成長，有一個對象能讓他給出對人生新的體會、鼓舞他、給他愛。

「媽的。」全罩式安全帽竟然起了霧，臉上竟然有了眼淚鼻涕。還好校門就快到，路上也沒啥車，紹奇就著霧中的迷茫順利騎到了校門口。在對面雜貨店一停好車，雨竟然停了。紹奇脫下安全帽、擦乾臉，抱著安全帽走進店中。

「老師，又來囉。對吼，今天星期三。」老闆從堆滿貨物的層架後方探頭張望，笑著打了招呼又消失在層架後。

紹奇開冰箱拿了一罐飲料，要去結帳，又回過身再拿一罐。

「老闆好～」裴莉人還沒到，清亮的聲音已經傳來，「哈，幫我買的啊！」看到紹奇手臂夾著安全帽、雙手各拿一罐飲料，裴莉伸手想接又縮回手，「喔這我不愛。小朋友喝的。」卻發現紹奇沒回嘴，只是安靜看著她。

「怎麼了嗎？我臉上有東西嗎？」裴莉摸著臉，四下張望找鏡子，紹奇卻微微地笑著搖頭，「沒事，就是，看到你很開心。」「噢……」裴莉顯然很不習慣這樣的紹奇，「你，還好嗎？有……發生什麼事嗎？」紹奇用手背碰碰裴莉的頭，「沒事，就是看到你很開心。」裴莉作勢揮開他的手，「哎呀！別，我的空氣瀏海。」

「原來你們認識喔！」老闆笑著走出來，「我這裡很小，別像青少年一樣在這裡打情罵俏，趕快買一買趕快走。」

紹奇依舊盯著裴莉笑，放下飲料要掏皮夾卻被裴莉搶先，「走啦，我一起付就好。」她打發紹奇出去，自己倒開始在小小雜貨店逛起來。「找什麼？」老闆在櫃台坐定。

「隨便看看。」

「人已經走了，你可以出來了。」「什麼？」「你喜歡的那個帥哥呀。」「吼老闆，小聲點啦！」「害羞啊！喜歡帥哥很正常啊！心態正確就好。」

「老闆，你該不會都這樣說教逗年輕人吧！」

「守望相助，人人有責。」老闆翹起二郎腿，打開電視。

付完錢正要走出去，裴莉又轉身問，「爲什麼是我喜歡他，明明是他對我笑、摸我的頭啊！」「吼，老師，他在意你，你裝不在意他，懂了吧！」裴莉做出你厲害的表情，走出去，顯然是個喜歡觀察人的老闆，解讀正確與否則是另一回事。裴莉走到警衛室，跟警衛聊了一下黑胖跟B，隨即朝晤談室奔去。

紹奇提早十分鐘到晤談室，放下飲料後便開始調整兩張椅子的方向，猶豫著是要像上次那樣兩人看同一方向、還是面對面。調來調去，不覺時間快到了，他藏不住喜悅，趕快坐定冷靜一下。紹奇對今天的晤談異常期待。

三點了，門沒開，三點五分了，紹奇起身踱步了一下，從興奮轉到困惑，正想去問雅惠老師，便見C面色凝重猛地推門進來。紹奇還來不及反應，C與他擦身而過頭也不回地說：「快啊！不是要諮商嗎？」碰地一聲，聽起來是狠踢了椅子一腳。紹奇關上門，C早已躺在沙發上背對著他，紹奇精心安排的椅子方位也被踢散。

紹奇站在門邊安靜了一會兒，感覺C情緒的能量，也把自己被激起的情緒安頓下來，才慢慢走過去移動單人椅，把原本面對面的角度，調成九十度。他坐下來，視野中只能看到C的腳。

「你有事在煩，記得上週我們找到一個可以不只是虛耗完次數的合作方式……我們來試試看如何？」

「我沒有在煩，我是因爲要來這裡很煩！」

「來這裡很煩，是因爲你要來這裡演戲……不對啊，你在其他地方也在演戲，還是因爲在這會不小心洩露不想被別人知道的自己，不對啊，這邊明明是保密的，還是，煩的是……」

即使隔著沙發椅背，他聲音中的暴怒仍然清晰：「你現在在做的，就是讓我很煩的事！」

紹奇停頓了一下，讓C的情緒流過自己，緩緩地把剛剛沒完成的句子說完：

「還是，煩的是，你什麼都不想面對，你想完全隱藏。」

「你少在那邊不懂裝懂，我沒什麼要隱藏的，沒什麼好面對的，我之前都只是配合你，好嗎？」

C稍微轉頭讓聲音傳得更清楚些，感覺有比較冷靜了，似乎逐步恢復掌控。

「我想，來這裡，就算一週只有五十分鐘，都影響了你原本習慣掌控人生的方式。難怪你那麼煩躁。這種想用以前的方式掌控，但又被影響的感覺，是不大好受。」

「你眞的話很多又很囉唆，我就是覺得你很煩！」

「你想要攻擊我，讓我討厭你，放棄跟你諮商。」火力沒接上，還是在裝子彈？紹奇接著說：「第五次諮商了，剩不到兩、三次，我們能一起做什麼？能改變什麼？如果我在你這個年紀，我也不相信心理師幫得了自己。」

「你都知道了還囉唆。」

C突然坐起，看來是穩住自己了，子彈上膛正要扣下板機，卻猶豫了一下又躺回去。「那我可以睡了嗎？然後，你可以不要不懂裝懂，不熟裝熟好嗎？這樣真的很惹人厭。你見我幾小時，你了解我什麼，真的很噁心。」C這句話充滿力度，防衛網已經升起，再一次沒有縫隙可以探入。

「你說出了你來諮商所經驗到的無力感。」

「我是完全說出心理師的無能感吧。少在這邊用我刷你的存在感。」

紹奇眼前出現自己跳起來抓著這小鬼的衣領，掄拳把他揺爆的畫面，「你說得很對，在你面前，我，心理師，是充分感受到無能的。如果，我能得到跟你合作的機會，確實會讓我有存在感，然而，雖然很難嚥下去，但每一次見你，你都深刻讓我感受到存在感。」

「少在那裡往自己臉上貼金。次數做完，我跟我爸是不會給你好評價的，諮商無效、浪費時間。」

「這個，無論諮商有沒有效，我早知道會是這結果。你做你得做的事，OK的。」

「那你還……」C在防衛中釋放出一絲允許紹奇連結的縫隙。

「那你還努力什麼嗎？」紹奇幫他把話講完，這句C不可能講出的溫柔心底話。「這樣吧，反正你不想諮商，你坐起來幫我想想，除了努力，我有其他的選擇嗎？」

這句話引起了C的興趣，他坐起身，「就跟你說，你該付我錢的。你可以跟我一起睡覺放空，把時間打發過去。」

「這樣吧！你那麼用心幫我，我們……」紹奇拿來飲料，開了一罐遞給C，另一罐放在邊桌上，又拿出白紙夾在寫字板上，畫了三條線，「來，我們來分析一下你建議的作法。看有什麼效應，對我有什麼益處跟壞處。」

「好啊！你記錄。」C得意地指使紹奇。

「你剛剛說放空睡覺！」

「對啊，是不是！幹嘛白費力氣。」

「我並不覺得白費力氣，好啦！別管我，我先照你的意思記下。作法欄下面，一、睡覺放空，第二欄，有可能得到的結果，第三欄是對我的影響。心理師在諮商室裡面跟著個案睡覺放空，可能得到的結果？」

「哈哈，這是尊重個案的意願啊！」

「你自己都不相信了還說，結果跟你剛給我的差不多，並沒有比較好，而且是罪證確鑿的諮商無效，眞的放空，一不小心睡著還會被說瀆職。」

「我又不會說出去。」

「以你剛剛攻擊我的力道跟不顧情面，這句話的可信度很低，誰信你就是白痴。」

「第二個作法——」

「等等我還要寫一下。第一個作法，如果我這麼做了，對我期望自己成爲的心理師的樣子，傷害很大。」

「什麼樣子？心靈雞湯那樣？規勸向善？誘導說服？威脅利誘？」

「好，我承認，我一開始有想誘導你說出眞相、用你未來會變成什麼樣子威脅你來跟我合作。上次我可能不小心，用我可以跟你一起討論如何面對外界或你爸來利誘你跟我結盟，但心靈雞湯——這個我否認。」

聽到紹奇如此直白承認，C一下子不知怎麼反應。

「這幾次跟你相處下來，由於你會非常直接地指出我的計策，我深刻反省自己每一刻的意圖，我願意跟你核對，面對你的感受，同時跟你道歉。」

這句話超過C所能理解與反應的範圍，他沉默了。

「我猜你現在應該在快速思考我的意圖，是否是另外一種計謀，怕自己再次落入陷阱。」

C在聽。「就算只有一點點這樣的想法，我都非常感謝，你至少有一點點嘗試想要相信……來吧！先別管這些。第二個作法？」

「嗯……你可以講一些無關緊要的事。」C的聲音小了些，力道也小了些，也許是發現這個遊戲不大好玩，仍然指向他不想去的地方。

「好，那我這樣做可能得到什麼結果呢？一、把時間捱過去，二、仍然可能被評價無效……」

「不會啊！我會替你說好話。」

「對啊！這是代表我同意你被父親說服來接受諮商的理由——應付過去、結束這件事。」

「欸，你這樣說不對啊，大家合作，是win win雙贏策略，大家都開心。而且，」C搶著說：「而且對你的影響，完全正面的耶。」C眼睛一亮，「你也可以得到好評，你對自己也會感覺良好。這個作法贏面很大。以後你跟青少年工作就要這樣做，懂嗎！」C得意洋洋，一副老油條的模樣。

紹奇看著他，「你說的是，我知道我們都在演戲，並且同意不說破，參與這齣戲到最後，還沾沾自喜。」

C點點頭，「大家都拿到好處。」

「等等，怎麼感覺好熟悉。」紹奇抬著頭搜尋記憶，「我覺得你好像變成我爸喔，在教我他的價值觀。如果這是你相信的，也會讓你快樂，並且能讓你自我感覺良好，感覺掌控了這個世界運作的方法……」

C頻頻點頭，裝出老成的樣子：「這是道理！」

「我可以接受那是你。我也一度以為，那是我。」紹奇看著裝老成的C，「或者說，無法分辨哪個是我。但遇到你後，我看到自己的樣子，我看到這些價值觀對我的影響，是你讓我願意努力。我沒有想改變你，原諒我也許曾做過那樣的事，那是在我還沒受你影響前，我以為你只是我的工作。

「我其實滿希望你躺回去的，你躺著的姿態與角落比較能承受我現在要講的話。躺回去、躺回去……」紹奇揮揮手連聲催促，C不明所以也不知如何應對，順從地躺了回去。

「你可以睡覺，像前兩次那樣用睡覺堵住耳朵，隔絕你不想聽的話。我可以接受。」紹奇想了一下。「如果要這樣完成接下來的諮商，我也可以接受，但我謝謝你的第二個提議。原本我不自覺地這樣做，談些該關心但不重要的話來完成我的工作。但你的真實，讓我再無法對自己的一切裝作視而不見。」

紹奇從角落拿了兩個抱枕塞給C，「你可以用這個把耳朵塞起來。」

「我剛剛講到哪裡？喔，我可以接受我自言自語說出真心話……」他想起陳歆，「對，這樣我才能刷我的存在感而不對自己覺得羞愧。」紹奇放緩聲音：「我們還是可以雙贏，但，我必須留住對自己的真誠，」他想起裴莉，「成為我想要成為的心理師。」眼眶一陣濕潤，紹奇體會到被自己感動的感覺。他思索，這次跟第三次的自我揭露有什麼不同？

C是對的。那時的紹奇仍未放棄對C的掌控，沒體會到C的世界的艱難遠非幾小時的相遇所能幫助，沒理解C仍深深在沒有柵欄的牢籠中。次數結束，他父親絕不可能同意他繼續諮商，而C是得不到任何兒少法或特教幫助的。我沒有醒悟到他的人生是被何種力量安排擺布。如果連我都放棄影響他父親，又怎能自信跟他私下結盟可以改變他即將面對的未來？

而今天的自我揭露，沒有夾帶任何目的。感謝C的攻擊力道讓我無所遁逃，讓我看清楚，自己眞的是改變了呢！

他想起雨橙的一句話，紹奇一直把它當成心理師自戀的崇高語言：「跟青少年工作，鍛鍊的是心理師眞誠的能力。」他彷彿理解了自己在青少年處處受控的階段時沒有學會關係的道理，因而屢次經歷關係的斷裂，演變爲今天的自己。原來「跟青少年工作，鍛鍊的是心理師眞誠的能力」，是**點醒心理師不要把自己放在「幫助」個案的崇高位置，而是將工作的焦點放在讓他透過你，練習跟人連結的能力。**

沉思中，他聽到規律的鼻息聲，喚回了他的意識。

紹奇輕聲說，「既然你睡了，我繼續說我心中的話吧，你不用回應我。我想，你今天的情緒是針對我的。你在告訴我，上次意外地遇見他，你沒有防衛地讓我看到你的情緒，我又太心急想靠近你，想證明我可以協助你、陪伴你面對自己的混亂跟好奇，卻沒有考慮到你想怎麼面對這個經驗，應該是由你決定而不是我。我顧慮你父親同意繼續諮商的機率很低，因此急著想幫你，卻沒替你想到，我要如何讓你相信剩下三次我眞能幫忙。又或者必須面對開始信任我、轉眼又結束的那些情緒，這可能是連我都很難消化的！」

他想起自己跟裴莉在陽台上說的「射後不理」。我是成人、又是心理師，面對自己轉變時心裡都那麼不舒服，又要如何讓青少年不把我們當一回事呢？他想起手邊曾經的個案，心理師來來去去，那是什麼心情？

「我很掛心你，我不知道上次你離開後是什麼心情，我不知道你對他的心情是否有人可以訴說，還是上週是第一次被人發現。我不知道你對自己對他有感覺這件事，你自己怎麼看。你跟他是只有默默欣賞，還是有交集，甚至有互動，或到身體探索、性探索？

「我說我不知道，是因爲如果我知道，我就可以更清楚你在經歷什麼、需要什麼、我能做什麼、做不到什麼，我如何在剩下的次數中找到適合你，而且不需要你爸同意的資源來協助你。是的我很急，我不願意放空睡覺或打屁來度過剩下寶貴的時光，我很珍惜我們相遇的機會。」

安靜了一段時間，也許，他眞的睡了。

「你最在意的不是我有沒有叫B去弄那個女生嗎？」C突然開口了。

「往那個方向你覺得我們有出路嗎？我知道B被我同事盡力協助了。我很信任她，她是……」

「你說那個幼稚鬼心理師嗎？」

「她，幼稚？！」紹奇硬生生把到了嘴邊的話吞回去，「我相信她也是盡了全力。怎麼了嗎？你聽說了什麼嗎，爲何突然想到這件事？」

「我是怕你忘了你來這裡的原因，沒法交代。」C沒轉身。

「通常學生都是希望不要再談起那件讓我們相遇的事。」紹奇在腦中快速思索，C突然這樣說是什麼意思。但，他決定——

「這樣吧，我告訴你我早就下好的決定。通常學校會希望幾次諮商後開個案會議，讓他們知道學生是怎麼回事，未來該怎麼協助學生。上週結束雅惠老師問我是否要開個案會議，我先婉拒她了，因爲我希望盡量把我跟你的工作空間留在我們之間。

「我已經決定，如果我們攻防到最後一刻，我會在個案會議中說明我對你的了解與不了解，而且在開會前把內容先徵得你的同意。」

「有差嗎？」

「當然有差啊！」

「差在哪裡？背著我你還不是會說我怎樣怎樣……」

「我不知道你是否從哪裡聽到什麼，或是B跟你說什麼，或B對你的態度不同了，讓你擔心不能掌控他……」

「我沒有掌控他喔，你不要亂講。」

紹奇沒有修正這句話，接著說：「我不知道你擔心我亂講話已經多久了。如果加上這個擔心，那我可以了解你對我的情緒。」

「什麼情緒，沒有喔！」

「剛剛說的不信任的情緒，再加上這一項。」紹奇沉思。

「你了解又如何？我說假如你說得對，又如何！我是說假如喔！」

紹奇沉思。

「怎麼樣，沒皮條了吧！算你還有點誠意沒再講那些沒品的東西。」

「什麼沒品的東西？」紹奇無力地反問。

「什麼幫我啊！朋友啊！練功啊！盡力啊！」

紹奇有種被逼到死角的感覺，眞誠，無異是自廢武功。面對C的眞實，眞實到讓人完全無招架之力。鍛鍊建立關係的能力，哼哼，看著C，紹奇在心中對自己搖頭，可能是我最缺乏的能力吧！

看著紹奇彷彿精氣神被抽走似的，C倒是恢復了精力，「哼，心理師眞是最虛僞的工作啦！虧你剛剛還義正嚴詞地說什麼雙贏、眞誠、自己認同的心理師。我們老爸是商人，商人不講眞誠只講利，利字擺前面，一目瞭然，誰要相信他們眞誠是自己呆，商人才是最眞誠的人，你不覺得嗎！」

「你這個惡魔！！」紹奇在心中吶喊，真想找個驅魔人來！

紹奇腦中閃過許多攻擊的話語，但C聰明得令人無法反擊，只希望再也跟他沒有關聯。

「我覺得以你的角度，說得有你的道理。」紹奇回應了他們共有的真相。

「怎樣，跟我，你怎麼說的——合作？用我的方式，你知道我爸很有錢，人脈很廣，員工很多。接下來就不用我說白了吧。我們可以一直諮商下去，你就真的幫得到我。你不是很想幫我嗎？」

紹奇超級感謝這幾週來自己的改變，否則他無法確定過去的他在此時會怎麼選擇，甚至不一定能看出這些互動的問題。

看到了、選擇了，但現在該怎麼真誠回應C？

「欸，我沒那麼十惡不赦吧！什麼都還沒發生就被逮到，我們只是好玩好嗎？也不會再犯了，我有大好前程，我陪你晤談也很有誠意了……」

「這些，是你爸跟你演練過的？」沒等C回應，「以前的我，會認同你的想法。我不知道具體我會怎麼做，但確實我會盡力不給自己找麻煩。認識你這幾週下來，我更加了解自己了。我仍然不知道該怎麼做，我不會召開會議，我會承認我的諮商對你是無效的。這是事實，既然是無效，我也不會多講什麼。

「好了，說夠這些了，總之我們也無法處理對吧，欸，我很好奇，你剛剛跟我說這些你內心的感覺，你覺得很爽、很得意、占了上風，掌控了我嗎？」放棄什麼真誠、什麼建立關係，胡扯喇賽撐過今天吧！頓時輕鬆了起來。

「反正，我承認我諮商無效了，對你威脅少很多了吧！我們聊聊吧！」紹奇打開飲料，也示意C可以拿起來喝。「你剛剛的感覺是很爽嗎？」C聳肩。

「那，有一點難過嗎？你這樣對我？」

「我哪樣對你？」又是一個射後不理的傢伙。只是這傢伙拿的是散彈槍。「對我說出那樣的話。」

「那要問你啊！」

「問我？」

「對啊，如果你原本就是要……抓我辮子，那我這樣反應應該很正常吧……如果你沒有這樣的心態，那也沒差啦！」

「如果我沒那樣的心態，沒差是什麼意思？」

「就防人之心不可無啊，我可不想呆到在這裡講眞話，最後被出賣。」

紹奇點頭。「謝謝你一直都很眞實地應對我。」

兩人安靜了一陣子。C的表情也慢慢地從警戒到放鬆，誰也猜不透他在想什麼。

紹奇感受著，從一開始的滿腔期待，到現在完全沒有防衛、眞誠呈現自己，確實是一個新的體驗。就事件上來看，是兵敗如山倒，但也還好，他早就評估出難度，沒有妄想自己能改變什麼。接納自己，眞的是有好處呀！這倒是很重要的新體驗。如果沒先接納自己，他不確定自己是否會因爲不服輸而說出什麼話，會……接受他的條件只是爲了想證明自己能改變什麼。

如果終究是要輸的，紹奇感覺了一下，能說出自己的失敗，感覺還不賴。至少到目前爲止是沒什麼後遺症。雖不知道離開之後會如何，但還好他對雨橙、裴莉跟陳歆有信心，他知道她們會跟他一起處理，無論是專業或是個人內心——頭一次他覺得他是屬於這個群體的！

他不知道離開之後，會不會因爲這個全盤皆輸的情境而感到痛苦。突然他想起，全盤皆輸是他的策略，沒用就沒期待，是富二代保有自我的求生策略。差別只在於他竟然輸在國二生手上，但這個國二生也太厲害了，眞是魔王等級的。

這一回合的輸也只是證明，他已經跟過去不一樣了。他不再感到被操弄、被貶低的痛苦，爲了走捷徑而被利誘必須付出靈魂的痛苦。拋開富二代的情結，他突然想通不管是誰碰到魔王下場都一樣，或許會被耍得更慘，而他還努力到最後一分鐘呢。受傷是不存在的，跟魔王征戰，沒有幾道傷痕，哪裡算是盡力呢！

他欣賞自己能夠穩定地說出自己。想起在雨橙工作室中自己的情緒，呼，不禁驚呼，還好有先預演過、整理過、抒發過，這段時間簡直像是密集鍛鍊班一樣，功力提升到自己都看得到啊！

這是我想成爲的自己！

他忘情地想著，幾乎忘記了C的存在，臉上的表情從無奈、痛苦、變化到現在的喜悅。紹奇沒發現C一直安靜地觀察他，「欸，你幹嘛在那裡自嗨？」

紹奇搖搖頭。

「怎樣？要甩掉我很開心了吼。」

「關於這個部分，我是很難過與遺憾的。」

「那你幹嘛這表情……」C指了指他的臉。

「喔——這個啊，很難跟你描述啦，我只是在整理我從遇見你到現在我改變了多少，我相信你也能受到。我簡短地說，如果你要聽的話。總之，原本的我，會爲了不想全盤皆輸而攪和進你跟你爸的動力中，但剛剛因爲你，我發現我經過這幾週的鍛鍊，勝負已經不重要，而是能接納眞實的自己。我能堅持成爲我想成爲的人、想成爲的心理師，還能感覺輕鬆，這實在是以前沒有過的體驗啊！」紹奇不管C是否聽得懂，跟C熱烈分享他的成長。

C狐疑地瞅著他，換他好奇了，「輸……你沒有生氣？覺得丟臉或是想……？」

「很奇怪吧！如果你早一個月認識我，我肯定會有生氣、想攻擊，或羞愧、被羞辱的感覺。我也會擺爛，或許我的結論一樣是諮商無效，但內在的感覺絕對是會讓我去喝酒或看A片自慰擼好幾管來逃避。」紹奇興奮地跟他分享。「而且，以前我一定會一個人悶著，但我現在眞是迫不急待跟朋友分享，喔我不會說我們談了什麼，只會說剛剛講的那些自我發現！」

C露出不可置信的表情，「跟你朋友說你剛剛的發現，他們不會笑你沒用嗎？」

「很厲害吧，他們會完全理解我，替我開心，慶祝我體驗到新的自己，並給我鼓勵。」如果現在有人拍照，紹奇眼中一定閃爍著耀眼的星光。而這種興奮的表情，與喜悅，是他從未體驗過的。從內在的，「幹！比高潮還爽！」

「什麼？你說什麼？」

紹奇回過神來：「我剛剛太嗨，不小心說溜嘴了。」

「你說高潮……什麼的爽？」

「哈哈哈我說，剛剛我被你逼到牆角、貶到極致，我原本以爲我會想反擊的，但我現在不同了，我覺得無比輕鬆與自由，不被情緒糾葛糾結，眞的比高潮還爽。」

「你M喔。」

「哈哈哈哈，反應眞快，搞不好喔，我今天太開心了，發現自己的各種可能性。好我冷靜一下。」紹奇一口把剩下的飲料喝完，把思緒找回來，「今天要結束了，你呢？現在你的感覺呢？我看你是把我之前對你做的都分析過了，今天才能精準打擊我說過的話，所以我應該不用摘要了吧。終於要結束了，而且照你的意思，你贏了，你得到你想要的了，開心嗎？」

「下週不用來了？」

「嗯雖然只有五次，但我會跟雅惠老師說。沒問題的。下禮拜我會來整理資料，然後寫報告，報告內容會如我所答應你的，我會寫我能力不足以致於諮商無法幫助你，你也知道事情的嚴重性也不希望自己再有任何記錄，因此會謹愼人際互動距離。這樣可以吧。」

紹奇這一串超過C沙盤推演的發言，讓C愣住了。下課鐘聲響了一陣，他仍然坐著。

紹奇一面收東西一面說，「我們今天結案，但下週我會來，如果你想來找我聊天我很樂意喔！」

C慢慢站起身，先前那股強勢的氣場一點不剩，他茫然得像個孩子一樣，慢慢起身走向門邊，握著門把，躊躇著腳步。紹奇整理好東西站起身，看著他的背影。「欸～你下禮拜如果出現我會很開心的。」

打門開，沒有說再見，C往前，直直走出去。

紹奇彷彿看見了他的淚水，但立刻在心中刪除這樣的幻想。那是他十四歲時，如果發現不得不放棄靈魂，會爲自己流的眼淚。

今天藉由C，該跟十四歲的自己說再見了。也感謝自己的擺爛，沒有眞正繼承父親的家傳，那是一種人生態度，沒有好壞，但不是我想要成爲的自己。頭一次，紹奇以讓父親失望而感到自豪。

第21章

目送C離開，紹奇簡單記錄了今天的歷程交給雅惠老師，並說明下週不用通知C過來，讓C自己決定，但他會來整理C的資料、寫結案報告，並且會跟督導和裴莉心理師協商個案會議的時間。紹奇曾見雅惠老師跟敏華老師交換的眼神。以紹奇對裴莉的了解，上次督導時她的完整呈現，與開完合作會議後的正面回饋，紹奇知道那個眼神，是對自己這段時間對於老師端的不作爲的質疑，相較於裴莉與敏華之間的合作無間，雅惠確實有些心情沒被安撫到。聽到個案會議，雅惠明顯鬆了口氣，總算是能跟主任交待了，但下週不諮商要結案令她很意外，「不用諮商……那，我需要做什麼嗎？」今天真誠的力氣已經用盡，紹奇想了一下，「雅惠老師，我跟C的歷程我需要消化一下，下週我來時再跟你和主任說明。」

紹奇離開辦公室，看著天空深深吸了一口氣。自己內在願意接受自己是一回事，但在成爲選擇的自己之後，要承受別人的評價與比較的眼光，還能不傷及自尊，則又是另一回事。

而心理諮商的效用，要用什麼來衡量？個案回饋？問題行爲減少……

這是他身爲心理師要概括承受的。他想起還沒加入督導團體時，有一回他超級開心地在上課時分享個案對他的肯定與感謝，雨橙微笑肯定之後，說了這段話，「個案稱讚你，不用開心，靜靜地觀看；個案罵你，不用難過，吞下去或當修煉，然後靜靜觀看。一切回歸人格能力的評估，才能面對移情與反移情。」

紹奇很不以爲然：「這也太嚴苛了吧！個案的回饋都不能當回事，諮商這個工作還有什麼可以相信的。」「問進你自己囉。」「這是什麼玄學？！」紹奇記得自己不打算接受老師意見的叛逆情緒，正打算用滑手機來抗議，就收到當時是助教的裴莉傳來的訊息。「靜靜地觀看＋問進你自己＝評估的意思啦！」今天總算是體會到了，「就從吞下去開始吧！」也有了些能力，「就來靜靜地觀看吧！」

他想起車停在校門口雜貨店前，走到川堂，看見裴莉的背影佇立在暗處，便默默走到她身後，順著裴莉的視線，他看見了B在警衛室前跟一隻小狗玩，警衛拿著顯然是吃剩的便當要B幫忙餵小狗。小狗急著想吃，屢次跳起來又繞著B轉，口水想來滴了滿地。紹奇發現，B沒有立刻把便當放下，而是對小狗做了些指示，顯然是希望小狗坐定才放飯，但小狗不放棄地騷擾著B，B看來快守不住了，忽然警衛室傳來幾句話，顯然是警衛阿福在出主意，B遂又站起身，深吸口氣發出低沉的聲音，「No, sit!」堅定的氛圍從他的姿勢與語氣中傳出，小狗才不情願地坐下，短尾巴用力拍打著地面。B正要蹲下放便當，小狗立刻又跳起來，B也立刻站起來重複剛剛的動作。過了好幾次，小狗終於不情願地坐定等B把便當盒放下，一放好，小狗就跳起來狂吃。B繼續蹲著陪牠吃飯。

「這……你教的？」裴莉轉過頭，「沒注意到你，站多久了？」紹奇看了手錶，「十分鐘有喔！」

「你有看到嗎？他堅持得住耶！很不錯，眞開心。」裴莉笑著說，「這黑胖吃飯像吞的一樣，等等B會帶他去散步，順便進行穩定訓練。」「哇噻，你都知道下一步，這你設計的？」「你看我像愛動物人士嗎？」裴莉搖頭，「上週開完個案會議後，我們擬定的策略看來有些效果，這是他跟媽媽一起看訓狗的影片所擬定的步驟，無論能做到多少，就是讓喜歡動物、昆蟲的他，藉著興趣跟成人建立起連結。這些大人都知道他的狀況，願意耐心地堅持陪伴他從興趣長出學習的動機，鍛鍊自我控制的能力。他爲了要跟動物建立關係，就有題材跟人溝通……」「算是全方位復健。」紹奇不等裴莉說完直接接口。「哈，原來督導那天你不是都在睡，也有在聽嘛！」「那是一定要的，好歹我也是付錢受督，一定要回本才行！」

「你呢！C有善待你嗎？」裴莉不帶期望地說著。

「你功力很強耶，一句到位！」

「哈哈哈，是狗屁的意思對吧！」裴莉嘆了口氣，「還好他是遇見你，也還好是你接他。」

「我啥都沒講，你好像知道很多。」「哎，我是從跟B的互動中略知一二。應該是B有被C挖出個案會議的片段概念，C有些焦慮他跟B的動力會被改變，給了B一些壓力。但還好我一開始就在增加B應對C的能力與情緒涵容能力，也還好師長們配合。也是，如果他們不給力，C也不會那麼焦慮，」裴莉自言自語地整理著思緒，「不礙事，不礙事，想必你那邊不容易而已。」

「原來如此，難怪他今天焦慮爆表，攻擊力強、刀刀見血。」

裴莉轉頭好好地注視了紹奇一會兒。「還行嘛，看來有撐住。」

「一言難盡啊！」紹奇笑著說，突然想起諮商片段，紹奇閃著興奮的眼神。「欸，我被他說是M。」

「啥？你跟他講到SM？！」裴莉對跟未成年人談話的界線非常警覺，神情嚴肅了起來。

「別緊張，是比喻，因爲我在被他砍的時候竟然，該怎麼說呢，」紹奇歪著頭，眼神看向左上方思考著：「我被他砍的時候，經歷了自性覺悟的狂喜……這個比喻有點誇張，但哈哈差不多是這個意思啦！」彷彿發現新世界般，是裴莉從未見過的紹奇，「哇噻！我要聽我要聽！」

「等我整理一下再跟你們分享。這個孩子句句經典，實在値得好好地寫一下回憶稿。」

裴莉睜大了眼睛，「他改變了你耶！我的天，你經驗到了做個案不只是工作，而是修通彼此的歷程！」

紹奇揉著裴莉的頭，「這要謝謝你跟陳歆的示範呀！」裴莉閃身，「吼，就跟你說不要弄我的空氣劉海了。」

撥順瀏海時，裴莉想起下午雜貨店的情景，「欸～那個雜貨店老闆說我喜歡你耶。」

「你喜不喜歡我要老闆告訴你？」

裴莉瞧了紹奇一眼，「我說的是，在偏鄉，如果有在地居民為孩子們拉出像守望相助的支持站，孩子們有心事的時候可以窩一下、講兩句話，這樣一個令人安心的存在，比起家人或心理師在某些時刻更給力。」

「那跟老闆說你喜歡我的關聯是什麼？」

「我是說，老闆善於注意人、觀察入微，對他多加了解跟溝通，就有可能給他支撐孩子的觀念，從某個角度而言他已經在做了。」

「你就不怕他是怪老伯？」

「所以要多加了解評估啊！」

「姊，你是不是做系統合作做到瘋狂了，警衛阿福不放過，現在還想到雜貨店老闆！」紹奇一副別走火入魔了的表情。

「你不覺得對青少年，我們心理師能做的真的很有限嗎？他們現在正是最需要支撐的時候，而我們的位置有時真的很尷尬，還不如身旁人的一句話。」裴莉認真地說。

「我知道啦！但想到校外雜貨店，你未免想太多了。」

「我是，想做的事太多了。」裴莉看了一下手錶。「糟糕，我要趕回台北了。你幫我彎到巷子裡，有一家茶店跟幾家漫畫店那邊晃一下，拍個街景人景給我看看。」

紹奇一頭霧水：「啥？」

「那是青少年下課聚集的地方。你去就對了。」

這時再問ＧＰＳ定位就太遜了。裴莉說得好像每個人都該知道學校附近學生群聚的地點。紹奇還來不及抱怨，裴莉已經消失在通往地下停車場的樓梯口。

紹奇經過警衛室，走到雜貨店門口騎車。「老師下班囉，騎車小心捏。天晚了。」雜貨店老闆的聲音從店裡傳出，顯然是從監視器看到了紹奇，紹奇抬頭找了一下，朝著監視器的鏡頭揮了揮手。

「養一個孩子需要一個村子。老闆很多事，但這種互動倒眞有點安心感。」但也不得不說，裴莉很會運用在地性，她眞是把系統合作的視野放得很大呢！也可以說，媒材的運用是沒有侷限的，看看Ｂ跟黑胖的互動，全身心復健！

又或許是說，能力建構取向已經成爲她骨子裡的一部分，隨時評估著個案的需求，關注各種能支撐成長的媒材，完全不設限，只考量什麼樣的人、事、物能引發學習動機，成爲促進學習動力的適當元素。

所有媒材在裴莉腦子裡只有適不適用，沒有不可能！

他騎車到附近的巷弄轉著，看到裴莉說的飲料店跟漫畫租出店。重機緩緩滑向飲料店，他注意到，他的出現讓在等飲料打屁的年輕人多看了他幾眼。其中有兩位女孩，一位略顯青澀，一位打扮火辣，像西門町會見到的女孩，這在純樸小鎮是有點顯眼。隨著他停車、拿下安全帽、走向飲料店，少女們的目光無法掩飾地尾隨著，男孩們則不自覺地抬高下巴、挺起胸膛，三七步更有氣勢了些，擴張著身體區域，潛意識地宣示主權。少女撥撥頭髮，動動身體，高聲嬌笑得更誇張了。紹奇看了她一眼，將視線停在女孩身上一會兒，才慢慢轉身走向櫃台。他等飲料的過程中故意不回頭，感受身後被自己攪亂的平衡，享受成熟男人秒勝少男的快感。

這種從性互動中勃發的自信感，立馬讓他感覺老二都大兩寸了。剛剛在跟C工作沉澱出的成熟內斂、涵容有深度的自己，瞬間切換到自動化要酷裝帥把妹的姿態。

「自我覺察向內探尋，可眞是違反動物的本能。」紹奇觀察自己的變化，不禁對自己微笑。硬是從不知不覺的本能反應，轉變成可以區辨意圖與選擇，也算是有點長進了吧！

從店員手中接過咖啡，他轉過身，女孩馬上迎上他的眼神。他坐在店門口的椅子上，用手機拍了些街景交差，喝了兩口不怎麼樣的咖啡，起身，把飲料帥氣地丟入垃圾桶。下過雨的山，又冷又滑，紹奇從重機行李箱裡拿出飆車用的薄皮衣，皮衣貼身的線條，在拉鍊一拉上時更襯出他霸氣總裁的氣勢。這流暢的一系列動作，他知道女孩全程注意著他，戴上安全帽、跨上車，壓低他的背，在完全不需要飆車的小市區路段急加速啟動。

他在內心笑看自己，總是得做點什麼，爲被C碾壓的紹奇心理師用最原始的方法得到一點補償。

抱歉囉小毛頭，雖然勝之不武，但畢竟老子有錢又虛長幾歲，人生，本來就是殘酷的。

第22章

六月二十二日　A第六次諮商

再沒多久，這個陽光就會讓人不願離開冷氣房了。陳歆在走廊上感受初夏微風，瞥見A慢慢走來，轉過身去迎接他，「欸，原本就覺得你高，但在外面看你，感覺你又長高了。」

「沒有長高。」沒預期到他會回應，陳歆笑著給了A一個肯定的表情，跟在A身後走進晤談室。A的背影，看起來放鬆、穩定與成熟了些。希望，這轉變是因為知道自己可以被盡量正確地聆聽與理解，比較安心了。

「從週五到今天，這幾天過得還好嗎？」

「還好。」

「週五我們找到了談話的方式，最重要的是讓你練習慢慢說出自己的情緒，理清楚想講的話、說出來。接著我們用性教育書籍來練習，講了青春期時面對性會發生的事情，我們稱為每個人獨特的性發展歷程，整理了你的青春期性發展的狀況，然後我們又挑戰會讓你緊張的廁所現場來練習，感受情緒與掌控的感覺。

「結束前我把廁所中可能會有的好奇、行為與情緒寫下來，目的是讓你體驗情緒，但都在可以承受的範圍內，讓你有機會整理自己，不會被情緒衝擊到只能閃躲沉默。我讓你帶了情緒的形容詞回去寫寫看、整理自己，但不要留下痕跡。」

「你有用寫的跟自己對話嗎?」

A點頭,陳歆做出邀請他說話的手勢,A很快地說:「有。」

「會很不舒服嗎?做這件事?」A搖搖頭:「還好。」

「心應該還是很亂吧,即便是跟自己對話。」「嗯,對。」

「搞不懂自己?」「有一點。」

「很好,讓我幫你好嗎?記得嗎,我是你跟自己的翻譯機。」「好。」

陳歆拿出上週的紙片,

A片　好奇　廁所　女生身體　認識的人的身體　臀部　排泄動作　排泄物　經血　味道　用過的衛生紙　用過的衛生棉　其他

勃起　射精

躲　看　聞　摸　藏　自慰　幻想

性別　男　女

再寫出上週讓A帶回去的情緒形容詞:

羞愧　變態　好奇　興奮　驚嚇　慌張　自責　壓力　冒險　一時興起　好玩　緊張　刺激　被迫

「我們先刪除這裡面跟你完全無關的字眼,會比較能對焦。」陳歆打開筆盒遞給A,讓他自己選。

A拿出可以把字一筆抹掉的彩色筆,把「性別」、「男」與「女」塗掉,「排泄物」、「排泄」、「認識的人的身體」、「臀部」塗掉,女生的身體,猶豫了一下。

「我們就把你進女廁無關的訊息先刪掉。」

A也把「女生的身體」和「摸」塗掉了。

好奇　廁所　味道　用過的衛生紙　用過的衛生棉

羞愧　變態　好奇　興奮　驚嚇　慌張　自責　壓力

勃起　射精　自慰

躲　聞　藏

A把筆放回筆盒。剩下的字眼組合起來，陳歆猜得出A大概發生了什麼事。

「了解了，難怪你壓力那麼大，應該會很懷疑自己到底怎麼了？甚至會擔心自己是不是變態。」A頭低得快碰到膝蓋了。

「嘿～看著我。」A抬起了一點。「你現在很緊張嗎？還是很羞愧？」陳歆詢問了緊張的星星等級，順便協助A複習怎麼調節情緒。「感覺好些了嗎？」「好些了。」陳歆把寫字板稍微推向A，「寫寫看你現在的感覺。」

A寫下「我不知道」，抬起頭，「我不知道我怎麼了。」

陳歆以鼓勵的眼神看著他，「對自己，很困惑吧！」A點頭。

「那很好，有困惑，就找能相信的人討論，你做得很好，謝謝你下定決心讓我知道。光這個決心就很不容易了。」A的表情放鬆了些。

「也謝謝你信任我。不知道自己怎麼了……」陳歆想了一下，「我們的重點是讓你練習在緊張情境裡穩住情緒，並找到整理想法的方式，表達出來。我來問一些問題，幫助你理解自己好嗎？」「好。」

「同時練習安頓情緒，跟與自己對話的方法。」「好。」

「我先告訴你我會問哪些問題。如果緊張焦慮超過5，我們會暫停，轉換一下情緒。答案你先用寫的，再唸出來，如果想不出來，我會給你我所知道的可能原因，給你一個地圖好比對你的狀況。」

「好。」

「雖然我已經大概知道你經歷了什麼，但我希望是由你自己講，用寫的也可以，我會幫你一起完成……有點壓力吼？」A點頭。

「大部分人會希望別再提那些不舒服的事，想逃避難受的感覺。你之前可能也是這樣想。但我們得把你經歷過的事講明白的原因是，你才不用一個人面對那些情緒。我會協助你調節自己、面對自己的狀況、我能幫助你了解自己，你才知道要怎麼改變，或到底需不需要改變。

「我知道我已經用不同的方式講過很多遍類似的概念。但，這是我們在這裡最重要的意義，我希望我們都能一直緊抓這個重點。」

A眼神看不出是同意、是困惑，或是不確定的茫然。

「一直記得的目的是要你知道，你不是變態、你沒有問題，你只是需要被正確了解，而且有人幫你，就是我，幫你正確地理解自己。

「現在我們要先進行這個部分嗎，也就是把你經歷的事講明白？」A吸了口氣，「好。」

「你希望我先講大概會問你哪些問題，讓你先有心理準備嗎？」A搖搖頭：「不用。」

「要說出來，你會有擔心嗎？」A有點不解地看著陳歆：「不懂。」

「到現在，你應該不會擔心說出來我會覺得你很怪或變態了吧！」A遲疑了一下，輕輕搖著頭。這感覺實在很細微，要如何讓這年紀的孩子清楚呢？陳歆看著A的反應思考著。「比如第一次諮商時你應該打死都不敢講，因爲你覺得自己很變態，所以你會認定我一定覺得你變態。」A點著頭，「嗯。」

「那時候如果我說你變態，你會覺得都是你的問題、是你的錯，而不是我不了解你。所以誰會在第一時間講出自己的眞實狀況呢？！尤其不僅是搞不懂自己，可能連自己在幹什麼、一切怎麼發生的都搞不清楚啊！到底要怎麼講呢。」A身體軟了些，點著頭，看來更放鬆了。

「『對啊！』呵，我幫你說了。」陳歆替A回應了被理解的感覺。

「我剛說，你現在應該不會擔心我覺得你很怪或變態，但你還是有點猶豫，原因是，怪、變態是你對自己的看法。這幾次下來你願意相信我，就算你覺得我可能還是認爲你確實有問題，但至少不是把你當壞人在指責，你知道我跟你站在一起。……哎呀這很深奧……我不是很常遇到願意聽我講這麼多的青少年，還好你不大講話，要感謝你把時間都讓給我呢！」兩人都笑了。

「聽不聽得懂都沒關係，我相信你能感覺到我的願意跟誠意。」

A靦腆地笑了一下，不確定懂多少，但眼神又再更放鬆了些。

陳歆也微笑地看著他。

陳歆盤點了一下腦中還有什麼可能是開始描繪A在廁所的細節時，A內心有可能會有的擔心。

「那你現在會擔心，因爲我是女生，聽到你說之後，我上廁所會特別防著你，或你會擔心自己會想對我做你在廁所裡面做的那些事？」

A猛烈地搖頭：「不會……不……會……不會，我不會對你這樣做。」

「嘿，深呼吸，調勻呼吸……」陳歆安撫著他：「你看著我的眼睛。

「我說出來，是想讓你知道，很多念頭我們不假設它不存在，是因爲當它出現時我們才能知道怎麼面對。

「記得第二次諮商你勃起衝出去後，第三次、第四次、第五次到現在，我們一直在練習，有情緒就練習調節，練習慢慢講出來，你就不會一個人躲在沒有愛在的陰暗角落，那是養出魔鬼的地方。

「記得，對我有任何的幻想、擔心，我會協助你釐清，我也會持續關注這部分，這不會是你一個人的事，因爲我跟你都非常珍惜我們的關係。」

「什麼意思？」A發問了！

「從第三次到今天，你有在晤談中再出現第二次那樣勃起的狀態嗎？」「沒有。」

「你覺得爲什麼呢？」「不知道。」

「你想知道嗎？」「嗯。」

「除了我話很多以外，我清楚把你可能會有的性慾與情緒說出來。在我們之間這些都可以談。

「你想想看如果我們不說破，你在裡面一直發酵又想壓抑，就又多一件覺得自己變態的事。在我面前你也不能放鬆，一方面有勃起的強烈感受，一方面又要控制自己，壓力是不是山大！！到最後會爆炸，就是再次出現失控行爲，或成爲自慰的性刺激材料，更有可能在晤談室裡再次經驗勃起或在我面前射精，有可能你會覺得自己更變態，更抗拒來這裡，而有些學生會忍不住用很多理由讓自己持續這樣做，想讓我這個角色的人受傷，以來表達他沒有把我當一回事、他不在意我。不能談清楚，這終將會讓關係破裂。」A若有所思，但有一種想不透的表情。

「你用你進女廁的經驗來想像，你應該不難了解。」A的神情好像聽懂了些。

「重點不在你做了什麼，重點是你做了後便躲在祕密中，沒人能跟你接上線。我剛講那句話講得眞好，沒有愛能到達的陰暗角落，是養出魔鬼的地方。」

A點頭，「我知道了。」

「總之，有任何想法都要講出來，即便是針對我也沒關係。記得，當性慾來襲，你要問自己想要的是性，還是你珍惜的是關係，就知道該怎麼做了。這是我們終其一生跟性慾相處時要區辨的最重要問題啊！我也是講給我自己聽啦！這不是你這個年紀的孩子會理解的，但確實是箴言。」陳歆拿出筆記本記下，「我應該要把我的金句摘給你。你長大以後就能夠體會。你會記得在你生命中，曾遇見過我。」A點點頭笑了。

「來吧！」陳歆坐挺身子，「廁所發生了什麼事？」

A突然被cue到，不知所措。陳歆把剛才刪掉無關字眼的紙片放在他面前，「深呼吸。你，在女廁裡，『衛生紙』、『衛生棉』、『勃起』、『自慰』、『射精』這些字，幫我依照時間順係排列一下。」

A拿起寫字板，「我，在廁所，用過的衛生棉，聞到味道，自慰了。」

「好的，我幫你整理一下。進學校女廁不是第一次？」

A猛搖頭，「是第一次！是第一次。」

「好，那意思是，有在校外的其他廁所發生過？」A低下頭。「家裡？親友家，或是……如果學校女廁是第一次，那之前應該沒有公廁的經驗。」

「沒有沒有我沒有！」

「你現在感覺怎麼樣？會很緊張嗎？」

「有點緊張。」

「即使做了那麼多準備，眞的要講還是很緊張，這很正常。」陳歆想起咖啡廳的自己，「畢竟，是要講內心覺得羞愧，又從未跟別人說過的事啊！我們繼續好嗎？還是你要講別的調節一下？」「可以繼續吧！」

「第一次大概是幾歲，在哪裡，有發生什麼事嗎？等等，你上次說，」陳歆在寫字板上畫了一條線，寫下0到15，在線旁標注夢遺、自慰與看A片的年紀。「第一次好奇衛生棉，大概是？」

A看著數字，指了一下14。「去年。」「大概什麼時候？」「暑假。」「在哪裡？」「去日本阿姨家玩。」「跟誰去？」「媽媽。」「他們家有哪些成員？」「阿姨、姨丈、表姊、表弟。」「你跟他們感情好嗎？」猶豫了一下，「以前很好。」

「好我整理了一下，去年暑假，你跟媽媽去阿姨家玩，你跟阿姨、姨丈、表姊、表弟誰比較好。」

「阿姨、姨丈、表姊、表弟，他們……我……我小時候，爸爸生病，媽媽要照顧他，我跟他們住。半年。」

「幾歲的時候？」「十歲。」

「好，你十歲的時候因爲爸爸生病，媽媽沒心力照顧，你有一段時間跟阿姨住，在日本？」「台中，他們後來才搬去日本。」

「什麼時候？」「前年。」

「你十歲時爸爸生病，媽媽無法照顧你，把你託給住台中阿姨一家半年，他們都很照顧你。」「嗯嗯。」

「你跟表姊表弟玩得來嗎？」A點頭。「玩電動。」

「前年他們搬到日本去，你應該會想念他們？」

「嗯嗯，去年爸爸身體好多了，媽媽帶我去找阿姨散心和表姊、表弟一起很開心。」

「第一次出國？」「嗯，第一次。」

「一切都很新鮮?」「嗯。」
「他們在日本的哪裡?」「東京。」
「有去迪士尼嗎?」A燦爛地笑了。
「哇,那一趟旅程對你衝擊很大。」A低下頭。「好不容易見到想念的阿姨一家人,又第一次出國非常新鮮興奮、還去了迪士尼,一切都很開心?直到,廁所衛生棉,是怎麼發生的?」
「就洗澡時,打翻垃圾桶,衛生棉條,衛生紙,味道,好奇,聞了一下,就……」
「勃起了?」「嗯。」「有射精嗎?」點頭。
「好的我幫你整理一下。去東京玩得很開心,有天洗澡時不小心弄翻了垃圾桶,裡面有衛生紙跟棉條,味道莫名吸引你,你好奇拿起來聞一下,就勃起了,你在那個時候自慰……」「沒有、沒沒沒有……沒有自慰……」
「好的就勃起了,突然就射精了……」點頭。
「你的感受呢?需要情緒卡嗎?」陳歆把情緒字眼那張紙攤開,「『好奇』有了、『刺激』有了、興奮、緊張、羞愧覺得自己變態、嚇壞了。」「嗯嗯。」
「很慌張怕人發現。」「嗯嗯。」
「結果有人發現嗎?」「沒有。」
「你也沒有告訴任何人?網路上?」「沒有。」
「少了情緒字眼呢!接下來應該是,覺得自己很怪,想克制,但又忍不住會想到那次的刺激感。」
「嗯。」
陳歆詢問了一下緊張的程度,也請A起來動一動身體。「接下來,我會問的是,那時在意的是否是特定對象的衛生棉條，我想了解一下是否有心理因素要考慮。可以試試看嗎？你覺得是表姊的、還是阿姨的、還是媽媽的、還是……」「表姊。」

「你怎麼知道？」「味道，她身上的味道。」

「棉條上的味道？你怎麼區分的？」「浴室的味道。」

「喔，你會在她去過浴室後再進去。」A低著頭。「嗯。」

「在那次表姊的經期，你發生過幾次？」「三次。」

「後來？」「後來就回台灣了。」

「那，是第一次之後你去廁所時就會忍不住看垃圾桶，勃起，聞到味道很刺激，就會快速射精？還是後來兩次有自慰？」「沒有。」

「表姊週期結束。不久你就回台灣。」「嗯。」

「那之後，你有辦法跟他們自然相處嗎？還是很怪？」「很怪。」

「有了祕密，原本自在開心的感覺被破壞了。會擔心吧？」「嗯。」

「擔心什麼？」「被發現。」

「後來呢？」「什麼後來？」

「你回台灣後，跟表姊他們還有聯絡嗎？」「很少，剛開始有傳一些照片。就沒有了……」

「嗯嗯，感受很複雜對吧！」A點頭。「一趟旅遊，原本是超級美的回憶，性加進來，改變了一切。」原本的天真，也在一次勃起射精之後，消失了。

「去年暑假到現在差不多快一年了，這一年中，性跟你是什麼關係呢……這樣說太玄了，我想了解的是這件事對你的影響。你正在青春期，生理、心理都在轉變，體驗到了慾望的力量。這樣解釋好像也不太清楚。」陳歆打開行李箱，拿出塗鴉本，翻出那張盒子圖，一邊講一邊畫，希望能讓A更了解。

「這次在學校女廁，是你在日本拿過表姊的棉條後，第一次進女廁嗎？這中間有沒有好奇過媽媽的衛生棉，或去朋友家時會對廁所好奇？」

A頭低了一下。

「我問這個，並非爲了搜集你犯錯的證據，是爲了對焦在眞正對你有益的地方。

「你告訴我這個行爲刻印在你腦中的原初場景，就是在表姊家意外發現衛生棉條而產生強烈性反應，我稱這爲『印記行爲』。在那片刻，你的大腦與身體的性反應得到太大的增強，你自然會很想重複這經驗再去體驗那感覺。關鍵是，如果這經驗沒有再重複，它就成爲一個內在體驗，當我們長大確定自己沒有不正常、有能力承受他人的觀點並面對自己，可能就是一個『荒唐的過去』。

「但若這經驗再重複，你對自己的看法會開始變化，這就是魔鬼開始的時刻。祕密越來越多、情緒越來越複雜，又跟性慾、性衝動綁在一起，要接受、喜歡自己有是點難的，你會更討厭自己、內在更衝突，產生更多變形的行爲。除非你早就給自己一個完全超越社會期待的定義，比如『我就是個渣男』。」陳歆想起紹奇。

「我說那麼多是要解釋，問你衛生棉的事不是想定罪你，而是想知道你經歷到什麼，我們要面對什麼。記得，我的存在是幫助你瞭解自己。

「來，再一次，這次在學校女廁，是你在日本拿過表姊的棉條後，第一次進女廁，這中間有沒有好奇過媽媽的衛生棉或……」

「媽媽的，一次就沒有了。」A的頭低得彷彿碰到腳趾了。

「沒有的原因是味道不同、感覺不同、還是？」「變態。」

「覺得自己變態？！從那之後，就更躲著媽媽了是嗎？」「嗯。」

斷裂的關係，是在祕密黑洞中不斷陷落的徵兆。

「很孤單、無助，連最親近的媽媽，都不能靠近……辛苦你了。」A用手背擦拭著眼淚。陳歆等了等，「我們再繼續可以嗎？還是要休息一下？」

「可以……」A沒有看陳歆，低頭回答。

「但你知道嗎？羞愧、自責、愧疚、變態，並不一定能阻止性慾，特別是你正在青春期性慾旺盛的時刻。你有觀察到自己這段時間自慰次數增加、或是更常看A片嗎？」A低著頭點著。

「這段時間自慰的感覺怎麼樣呢？跟一年前比起來？」陳歆看了寫字板上A自慰的年紀。A停了一陣，「不知道怎麼講。」

「意思是，你從十三歲開始自慰，次數雖然不多但是很單純地發現自慰這件事，有點害羞的感覺，也知道是身體自然的需要。但去年之後，面對性慾時卻添加了心理壓力，讓自慰變得不如以往那麼自然，甚至會有次數多卻仍然無法停止的困惑。」陳歆停了一下。「這是你遇到的狀況嗎？」

A點著頭，「想要自己不要這樣。」

「想要自己不要……？」「不要做。」

「不再自慰嗎？」「嗯。」點頭。

「為什麼呢？你知道性慾是正常的。試試看告訴我，你希望自己不要自慰的原因。」「覺得自己很變態。」

「覺得自己變態的原因？」「就是你剛講那些。」

「嗯，那是這個行爲的歷程讓你對自己有這樣的評價。但，你沒有再去廁所了，直到在學校被發現。你覺得自己變態，是從哪裡來呢？」

「不知道怎麼講……」

「是自慰時會想到那些畫面嗎？或是想像自己在廁所、會去找跟廁所有關的A片？」A頭很低。

「記得，我的任務不是找出你的錯來處罰你，而是讓你認識你自己，讓這一切不再是你一個人承受的祕密。」A點點頭。

「來，我把我剛剛講的再整理得具體一點。你就像剛剛那樣用刪除法，點頭或搖頭回應我就好。

1. 會回想之前自己在表姊家廁所的畫面
2. 想像跟表姊發生性行爲的畫面
3. 想像自己在廁所偷看女生上廁所（搖頭）
4. 會找廁所有關的A片（搖頭）
5. 腦中會出現媽媽責怪自己、傷心、失望的畫面……

「了解了。所以，自慰不再單純，你會想到在阿姨家廁所裡的感覺、表姊的衛生棉條的味道，會發現自己爲此性興奮，腦中也會出現跟表姊做愛的畫面。但你並不一定能接受自己這樣，所以覺得變態，也會擔心如果被媽媽知道，媽媽會覺得失望、責怪你。但麻煩的是，這些念頭並沒有讓你的性慾消失，反而你還自慰到射精，更覺得自己變態。」

被這狀態糾纏著的心情，並沒有在這裡停止。

「然而下一次性慾又來時，同樣的念頭與情緒，可能又會再來一次。」

A點頭，「嗯，很難受。」

陳歆跟A都微微地嘆了口氣。青春遇上了懵懂的性慾，要怎樣盡情揮灑？

「自慰次數有增多嗎？這段時間？」「不知道怎麼說。」

「好……我們今天講很多了，我們用這禮拜來觀察自慰次數好了。」陳歆大吸了一口氣，「呼，眞是辛苦你了。很不容易的過程啊！」

她拿起那張她跟A在盒子下面的圖，「你剛剛體驗到把盒子掀開些，讓我看到裡面的你。」陳歆指著盒子下面的他們。「你讓我跟你站在一起，」她微笑看著A，「這是一個新的體驗。你感覺怎麼樣？」

她把情緒卡打開給A，「試試看用情緒卡找到你內在的感覺。」

A接過來，找到「放鬆」，但有點遲疑。

陳歆說，「『鬆一口氣』比較適合，要到『放鬆』有點難……」A點頭說，「嗯，有點鬆一口氣。」

隨即找出「緊張」。

「會緊張，正常的，等級是幾呢？」「2到3。」

「那是現在吧！我們談的時候，你應該有到5以上！」A點頭。

「這過程很不容易，沒有人會常常跟人談自己的性的！你撐得過5已經很厲害了。」

陳歆看著A翻閱過羞愧、自責、罪疚的卡片，遲疑著，既沒放在桌上，也沒拿開。「想到自己的狀況還是會有羞愧、自責、罪疚的感覺是嗎？」「嗯。」

「讓我知道後，這樣的感覺有更嚴重嗎？」「沒有。」

「有減輕些嗎？」「有一點點。」

「因為有一個了解你的人，就是我，幫忙分擔、協助你度過這狀況，所以這些感覺會稍微輕一點。有一點安心感嗎？」A點頭，「有。」

「而且藉由我給你的性心理的知識，你也多了解了一點自己的行為，比較不會在死胡同裡轉，稍微鬆開了些。」「對。」

「會擔心我會怎麼看你嗎？」A搖頭，「不會。」「那很好。會擔心我去跟家長和老師講嗎？」A抬起頭，明顯緊張了起來。「我們週五中午再多加一次，那天我預備把跟老師家長的說明先講給你聽一次，然後再跟他們約下週三開個案會議。畢竟我要爭取跟你繼續工作的機會，並且必須協助師長，讓他們懂得怎麼協助你，而非只對焦在廁所事件上。我可以相信你會相信我，週五一樣來這裡見面嗎？」A點頭，「可以。」

「我們好不容易走到這裡，接下來繼續密切合作非常重要！現在感覺如何？」「還好！」

「今天離開後，不用再想太多剛剛談的內容，記得，你無法一個人把這一切想清楚，我們一起來就好了。」「好！」

「你幫我記錄從今天到下週三你自慰的次數，看A片或色情媒材的時間。我們一起合作，來多了解你的性一點。」「好。」

陳歆站起身，「來，我們一起去跟明美老師說週五加次。」A點頭起身。陳歆轉身看著桌上，拿起情緒卡，塞給A。「我覺得這效果還不賴。拿回去玩吧。」A靦腆地笑了。

兩人離開諮商室，在走廊上並肩走著，陳歆大吸了一口氣，「你有覺得空氣特別新鮮起來了嗎？」她笑著看A，A也深呼吸一口氣，「好像有一點喔！」

跟明美老師約好了加次，陳歆在輔導室門口目送A離開，明美老師的聲音從身後響起。「感覺好像很有進展呢？」陳歆轉過身，「是嗎？從哪裡觀察出來的啊！明美老師好厲害。」

「駝背少了些，身體放鬆了些。」明美老師看著陳歆，微笑說：「你也沒那麼緊張啦！通常這就是心理師掌握到重點的時候。」「沒想到都看在您眼裡呢，明美老師果眞很有經驗。」

陳歆回到晤談室，打開塗鴉本、筆記、記錄跟電腦。今天她對A的行爲有了九成的掌握，但她也發現訊息雖然明確了，對接下來該如何讓大人了解、又能幫助A和諮商關係，並沒有比較容易。

她翻出團督筆記，想著裴莉的示範、雨橙的提問。裴莉是從她對B的能力與C動力關係中評估出，如果沒有破解的可能，眞相永遠不會大白。一切平息後，未曾被聽見的心靈就關在盒子裡，讓這個人的人格費盡力氣，扭曲地壓制盒子裡想被聽見的聲音。

那麼，我手中握著九成眞相，揭開，A的心靈就能得到救贖了嗎？

陳歆分析著她跟A的歷程，裡面有接近A的各種訊息。

1. 評估發展與能力的落差：這個概念讓我很有耐心地去理解他，而非期待他。而我接近他的狀態，讓他信任我會盡力了解他。
2. 協助他建構各個能力，到可以與我連結。
3. 以上兩者逐漸建構後，評估適宜的時機，把性當成媒材處理他承受的壓力。
4. 目的是跟他站在一起，幫他分擔壓力。讓祕密成爲我們兩個人的祕密！透過我，示範如何使用資源協助自己。

5. 以上整個歷程，是爲了讓A體驗，他並非一個人在黑暗的祕密角落。

陳歆想起自己鎖上的房門，保護了她跟她的性。什麼情況下她願意打開？打開後會不會挫折到無法承受而受傷，再壓抑回去化膿、變形？

我必須要自問：

1. 我有沒有能力能掌握A家長、師長得知A全部的經歷後，有能力消化被這行爲所引發的羞恥感、評價與擔心？

2. 這攸關我能否跟A取得如何揭露此事的共識。如果揭露的過程造成任一方太大衝擊，會更難消化這件事。揭露一個事件的歷程，有可能加重創傷。無計可施時另當別論，但關於A我是可以充分準備的。

上次團體督導時，讓陳歆放棄個案會議最重要的原因，是覺得自己能力不足以支撐系統好好地看待A。但該是仔細思考怎麼幫系統做好準備的時候了。

陳歆回顧了她讓A做好準備面對自己的方法。

1. 評估發展與能力的落差：這概念讓我有耐心面對師長，而非期待他們聽完解說後立刻完全理解，還能相信我的作法來支撐A，不去評價他、不以負向連結來控制他的行爲。以負向連結來控制行爲，或許有個案需要，但A不需要。

2. 協助師長建構輕鬆面對性的能力，才能夠離開性，看到A這個人。

3. 同時不能忘記，重點不止A，家長、師長也都在承受A的行爲帶來的壓力。會不會再犯、同學間的安全感、其他家長的觀感、A是不是變態……要協助師長們在這些壓力中還能跟A站在一起。

除非家長跟老師、學校在面對性時都有相當的準備，對性心理、性發展與人格的關聯具備相當的能力，不然這目標實在太難執行了吧！

吼，好難好難。我寧願不開門，跟A躲在晤談室裡，沒有大人管，自己成長。等到長到有能力面對的時候，再替自己開門。

「做青少年的工作，實在好難喔，突破了他的防衛，才發現怎麼揭露我們得知的訊息，才是門超級大的挑戰……（哭）」哭喪著臉她傳了個訊息抒發挫折感。

「哇，你在挑戰系統工作啦！有大進展喔。」

陳歆給了裴莉一個撞牆的圖。「姊，上次督導太被你驚豔了，但自己一做才知困難重重。你怎有辦法在一個會議中達成那麼多要幫家長、老師們先建構能力才能做到的事啦！」

「嘿！這不是一包上等的餅乾就能讓人聽話的事。」陳歆可以感受到在遠方，裴莉快速打著字：「從雨橙跟校方接洽開始、我每次讓老師理解的訊息，到釋放我開會的意圖、到眞正信件出去、我做了很多鋪墊，到現場我只對焦一件事！」「啥？」「以B的事件，教會家長、老師們觀察細微轉變的能力。這是他們能幫到我最重要的一件事，不只關心B的行爲是否符合期待，而是練習看到他的成長。」

「你別管我怎麼做啦，姊給你幾個提醒，一、把個案會議的目標切小：把你現在列出的美好目標刪到只剩一項，就對了。二、給師長合理的評估，減少你的期待造成他們的挫折感：能力提升與建構，不論老幼，都需要切小、鍛鍊，記得挫折感造成阻抗。三、把你的心力放在，如何讓在場的人願意給你下一輪諮商時數。」

「沒有後續支撐、沒有能力，人如何能獨自承受眞相的重量。」理想與現實，對於沒有能力的人，一樣殘酷。

雨橙回了一個肯定的貼圖，同時標注了裴莉跟陳歆。

「姊，厲害！」紹奇也回應：「共時性，受教了。」

裴莉的提點，給了陳歆清楚的方向。陳歆癱在沙發上喘著氣，諮商就如同打怪一樣，挑戰一關一關接著來，要學習的能力好多呀！

心理師到底哪裡是聊天、給個雞湯開導一下就有錢賺的行業?!

掙扎了一下，陳歆決定放開拚命記筆記掌握一切的焦慮，她癱坐盯著天花板，把剛剛的歷程沉澱進心裡。轉大人！對，是轉大人的歷程。

我在協助A面對自己的眞相，讓他有情緒能力承受、不逃避，並能在人際中評估適合的人說出適合份量的自己。這是協助他從孩子位置轉大人的歷程，而同樣地，我得先成爲大人。

什麼是大人呢？成熟？承擔？負責？自律？界線？這些都是抽象的概念，也不是師長示範品德、提出期望，就可以要求出來的。

成熟承擔負責自律界線，只是不同發展階段應對生命情境所需的能力。

而我，轉大人了嗎？陳歆想起剛剛傳訊給夥伴們前她的心情，那個想跟A一起躲在門後的自己，像個孩子一樣。她笑了。她坐起來，快速在筆記上用大字寫下：

我已擁有與青少年工作的專業自信與能力，接下來，我確實需要鍛鍊如何能將我的專業，妥切地運用在影響成人與系統的能力。

「不會，學，就好了。」

她跟自己說，並在筆記上摘要裴莉提示的重點。一邊寫，手機訊息提示音響個不停。雨橙傳來訊息：「下週一督導方向，如果各位手中沒有其他緊急個案要處理，

裴莉：請準備，我想藉由上次督導討論的『系統合作共識會議』，再推進到提供系統性議題增能的整體評估建議。」

「這不是一向都是雨橙在做的事嗎？」紹奇給了一個眼冒金星的貼圖。

「紹奇：請準備，回顧你的諮商模式，整理你目前諮商專業發展，與設定下一個階段的目標。」

「這不是一向都是雨橙在做的事嗎？」裴莉回了雨橙對紹奇的邀請。

「陳歆：請準備，如果你再得到八次與A工作的機會，請評估未來諮商的方向與目標。」

「雨橙，下週一早上團督，週二我要開個案會議，我現在正煩惱會議是否能達到期望的目標，我想不到未來的八次那麼遠呀！督導焦點能否放在幫我準備個案會議呢？前輩們，加持一下！！」陳歆看了一下時間，急著回應。

「計畫，是將你從心理諮商與性諮商所有專業訓練所得到的知識，從大腦中提取出來的方法，是你與自己知識庫的對話。這未來八次的思考，挑戰的是你的評估能力，目的不是說服師長讓A繼續諮商，而是讓你更有底氣。

「況且，我記得你跳起來擦白版的氣魄，我相信過了週末，你會決定自己去走完從心理師轉換成系統合作主導者的經歷。」雨橙一句一句地說明她這樣安排的線索。

挑戰，激起陳歆的鬥志，也賦予了肯定與信任的力量。轉大人是吧！這個歷程走完，自己應該會成長很多吧！！

陳歆跳起來，疲憊一掃而空：「我接受挑戰！！」一連串加油的貼圖此起彼落，頓時感覺遠方好友

們熱血沸騰的同在。

訊息傳完、記錄寫完，她找了明美老師討論出席個案會議的人，也約好了會議時間。今天的工作，算完成了。

陳歆漫步走出校園，因著A，她想明白很多事。青春，必須自己體驗，但也需要穩穩的支撐，才能冒險去相信、面對自己的經歷，並搞懂發生的事。有可能後悔，但絕不會變成無解的謎題。雖然想到要開個案會議心裡還是很抖，但她知道，看起來是她支撐著A，但，即便A的成長一度被疏忽，爸媽的愛、阿姨家的溫暖，卻仍穩固地留在他心中；學校的願意等待，給陳歆空間去理解，這一切都是隱形的支撐。當然，她能感受到這一些，也是因爲她被雨橙、裴莉、紹奇穩穩地接納與支撐，因爲這份信任，她願意冒險去體驗。

今天，應該是非常有成果的一天吧。陳歆想著要怎樣才能讓自己的成長被標注，這是值得慶祝的一天！

極光咖啡館的畫室，沒錯！她伸手招了計程車，奔向她能盡情創作的空間，以及那個最吸引她好奇心的原動力前進。

她想知道怎樣可以讓自己與性的距離，再更近一點；她想在安全的空間去感受體內的悸動，是怎樣的讓人目眩神移、情不自禁。

一路上腦中不自覺地閃現著跟Ollie在玻璃畫室的調情跟吻，全身不由自主地發熱顫抖，倒抽了一口氣，她撫摸著自己手臂上的雞皮疙瘩，性一但啓動了，眞是不受控啊。

當計程車轉入咖啡廳的巷內，陳歆突然拍拍司機椅背，「不好意思，司機先生，旁邊停一下。」司機先生緊急靠路邊停下，陳歆快速滑著手機搜尋，「抱歉，我去這個住址。」「現在改去這裡嗎？」「是的。」車子退出巷子，轉向另一個方向。

陳歆靠在椅背上，讓自己往下滑了點，希望能避開司機後照鏡裡自己發燙的臉頰。「瘋了你陳歆，你是吃了什麼熊心豹子膽！」她不敢相信自己竟然做出這樣的決定，她安慰著自己，大不了不要進去就好。

車停，望著高級汽車旅館的大門，陳歆從未想過自己會來這地方，更沒想過會有勇氣一個人來。跨下車時，腦中瞬間好多聲音：「汽車旅館！！這可不是百貨公司，可以愛買不買、逛街閒晃的地方！！」她一個人拉著媒材箱站在富麗堂皇的大門前，覺得自己好突兀，「陳歆，你醒醒，這不是你該來的地方！」「我就是想體驗一下！」「你走進去別人會怎麼看你！」「我不想管別人怎麼看我！」「你拉著皮箱，別人會覺得裡面裝的是那種玩意兒，你是那種女人，你要怎麼解釋！」臉一紅，我的皮箱……別人怎麼看，「我不管啦！就是個皮箱，別人愛怎麼想就怎麼想！」她嘟著嘴，哼！「你一個人能幹嘛，很浪費錢耶，等有對象再來吧！」「別吵！誰說一個人不能來的，誰說一個人不能體驗的，我偏要！！」她被腦中的對話激勵著，深吸一口氣，她想起裴莉，永遠都優雅地掌控局勢，這種場合絕對要讓裴莉上身！

陳歆拉著她裝滿諮商媒材的行李箱，抬頭挺胸優雅地走進大廳，自動門一滑開，「哇噻！」，挑高大廳裡黑、紅、金三原色氣派裝潢，看得陳歆目瞪口呆。接待人員走近她，「小姐休息還是入住？這邊請！」

硬撐的優雅片刻就碎裂，她發現自己的穿著、行李箱與舉止跟這地方格格不入，但要轉頭說找錯地址，這羞恥可能會一輩子跟著她。

她硬著頭皮走到櫃台。

「小姐想要什麼房型呢？」櫃台服務人員指著大型螢幕，請陳歆選擇。「哇！」她一面聽著介紹，一面希望自己的嘴巴沒有張得太大，「您一個人嗎？」陳歆咽了口口水，「呃，我先到，我朋友等等會來。嗯……你給我介紹……你們最受歡迎的房型好了。」

服務人員介紹了一間有日光泳池的房間，休息三小時四千八百元。「我的天！」節儉的陳歆倒吸一口氣，緊閉嘴唇抑制心裡的吶喊，咬著牙掏出信用卡，爲自己刷下這筆劉姥姥進大觀園的門票。

陳歆拖著行李箱，搭著電梯跨過車道，她房號的車庫鐵捲門早就打開了，她走了進去，看到通往房間的門。深吸了一口氣，一推開，「哇！Oh my god！！」她大叫出聲，衝進去欣賞房間的所有設施，興奮地自拍、游泳、三溫暖，忙了一小時，直到她讓自己沉沉地陷入如雲朵般柔軟的床上，開心又滿足。她看著天花板上的鏡子，突然覺得自己很好笑，一個人的房間，她竟然梳洗完出來，還是穿了內衣褲。她看著自己長髮披散在床單上，感受到身體再一次因慾望的擾動而發熱，她做了。這是她此生第一次，不只是爲了解決性慾的需求而自慰，而是眞眞實實地享受跟自己做愛，感受到自己的魅力，出自於內地看著自己感到性感。

她很高興她能跟內在的自己對戰，慶幸自己決定讓計程車轉頭、踏進薇閣大門的衝動與勇氣，珍惜能體驗到主宰自己性慾、能看見自己的身體美、能享受身體的天賦。她感謝裴莉分享的歷程，提醒了她，有知有覺地面對自己的愛與慾。

陳歆在陽光灑入的美景中，滿足而放鬆地沉沉睡去，直到櫃台提醒退房時間的電話聲響起。陳歆掛了電話，跳起來急著穿衣，突然她決定，她値得爲自己多延長一小時，慢慢地、滿足地、優雅地享受自己送給自己的成年禮。

離開前，她請接待人員幫忙，「這是我第一次到汽車旅館，可以幫我拍照留念嗎？」對方欣然協助她取景擺Pose。她看著照片中的自己，與四小時前在大廳的慌亂無措，眞是天壤之別。不過就是跟自己做了個愛，卻好像擁有全世界的自信一樣！

性，真是神奇的東西，跨不過時重如泰山壓頂，能掌握自己時，卻是回春妙藥。

她拖著行李箱走出大門，看到對面百貨公司的摩天輪，她決定給自己買新衣、請自己吃牛排，還要，搭上自己一個人的愛情摩天輪。

她拿出手機，又放下，她看著天空在內心跟自己說：「裴莉，謝謝你的啓發。這是我送給自己的成年禮，成爲自己的女人！爲自己，成爲女人！」

第23章

六月二十四日　A第七次諮商

週五，陳歆下了捷運，騎上Ubike向Z校而去。今天幾位個案的關係都已建立到工作期，不需輔助工具就可直接連結，便不需要媒材箱了。陳歆覺得輕便很多，但心情卻更爲愼重，今天是很重要的一次！

轉大人不會因爲必須、或師長方的一廂情願就發生。關鍵還是在之前六次的評估是否精確、關係是否厚實，轉大人的歷程才不需運用叛逆的能力、不必只靠自己的斷裂，而能持續願意跟成人連結。

而，A跟我，才六個五十分鐘，要他感覺關係厚實確實有點強人所難。陳歆鎖好車朝晤談室走去，一面閃避著走廊上施工中的電線與工具梯子，一面提醒自己，千萬不要太放大自己的願意與努力，而小看了A的難處。突然她回過神，一轉頭，意識到這工程是在架設監視器，沿鏡頭的角度看去，拍攝的目標是廁所前的走廊。「有必要做到這樣嗎？」頓時一股沮喪感湧現，陳歆回頭朝校門口快走，剛好撞見明美專輔，連忙丟下一句：「忘記東西，我回車上拿，請A等我一下。」沒等明美回應，陳歆便轉身走了。

走出校門，奔向斜對角的便利商店隨意消費了一瓶水，在座位區坐下傳了訊息出去，希望得到夥伴們的安撫和提點，但訊息始終未讀。陳歆嘆了口氣，好吧！看來，救兵都沒空，只能靠自己來解題了。

想起自己在雨橙課堂上衝出門的畫面，陳歆笑了。成熟、穩定、承擔，「吼，轉大人哪有這麼容易。」她慢慢靜下心，這次不是衝動，是知道情緒帶有重要的意義，需要空間去安靜解讀而已。

她拿出筆記，梳理著剛剛的情緒。她不想帶著彷彿不被理解的沮喪進入這麼重要的一次晤談，也不希望自己以這樣的情緒去解讀師長的意圖。

用監視器提防A，彷彿意味著無論A進入女廁的原因爲何，陳歆無法保證A不會再犯。

最讓她沮喪的不是後者，因爲確實才六次，陳歆合理評估，自認已盡了全力，但要她保證A不會再犯，也太強人所難。無論校方出於什麼原因，決定不把保證不再犯的壓力放在陳歆跟A身上，而以他們所知能做到、能對其他學生師長的安全感盡一份力的方式，就是架設監視器，這也是他們爲自己負起的責任。這確實也是支撐陳歆諮商工作的一種方式。

現實與界線：不對心理師、師長、個案有著不切實際的幻想，每個人都在自己的角色上爲自己負責。

陳歆記下這句話，作爲這段反思的重點。想到這，陳歆彷彿小孩解開謎題般興奮了起來。原來，長大是這樣的，把原先習慣性認爲是不信任自己的行爲或意圖，拉大視野來看，才知每個人都只是在自己能力範圍內做照顧自己的事。頓時，「不信任」這意味著負面評價的字眼，就被內在的力量轉換成資源，既是資源，就不需要在心裡築牆攻防。

「不造成師長跟孩子的對立，讓愛在不同的角色間傳達，心理師眞的是縫補關係裂痕的裁縫師啊。」陳歆傳了訊息，一面起身，「感謝你們的在與不在，讓我有抒發的空間，也破解了自己情緒的謎題。」陳歆衝出便利商店，開始奔跑，希望不要因這個重要的沉澱，而耽誤了寶貴的諮商時間。

明美站在晤談室門口張望，看到快步走來的陳歆，趕緊趨前拉著她的手到離晤談室稍遠處，小聲說道：「心理師，我忘記跟你說，兩週前校務會議校長決定加裝廁所前的監視器，我那時沒多想，但剛看到A時才想到，這會不會讓他覺得是在針對他呀……哎，就撞見A的女學生回家跟爸媽講，家長來說了幾句，我覺得校長反應過大了，應該可以等你個案會議之後再處理……」明美擔心地看了一眼晤談室，顯然掛心著A的感受。

「我了解的，我覺得校方做了覺得該做的處理，是件好事，我會協助A面對自己行爲引發他人的看法與效應，這對他來說是很好的學習機會哪。」明美仍有些困惑，但明顯放鬆下來，「是喔，我是怕傷害他的自尊，監視器……這也太白了。沒有那麼嚴重吧！」

「有你這樣關心A，眞是太好了！」陳歆肯定明美，「對青少年來說，看到別人看待自己的眼光，是很沉重的。我會協助他消化。」兩人走回晤談室，陳歆進門前轉頭跟明美說：「**自尊，是從練習承受他人不信任的眼光開始鍛鍊起。**」陳歆笑著跟明美道別，一面關上門。

A背對著門，看不出來是否聽到她倆的對話。「嘿，我晚了一點，抱歉。」陳歆放下包包，走到A對面的沙發椅坐下。「沒關係。」A把手上的情緒卡還給了陳歆。

「你有看到走廊上在架設監視器嗎？」「有。」A點頭。

「你知道它拍攝的是廁所入口嗎？」「嗯。」

「你對學校這樣做，有什麼感覺嗎？」A聳肩，沒有展現情緒。

「今天原本的計畫是要談下週開個案會議時，我會怎麼說明你的狀況，讓師長們知道可以怎麼協助你。但我想先談談監視器，你會覺得是因爲我跟老師說了什麼，所以學校才有這樣的舉動嗎？」陳歆突然想到她最該擔心的不是替A覺得受傷，或自己專業能力不被信任，而是學校在這關鍵時刻裝設監視器，會讓她跟A好不容易建立起的薄弱信任斷裂。這是她剛衝出校門時完全沒考慮到的，即使她騎Ubike時還自我提醒別一廂情願地高估兩人關係。

A沒有搖頭也沒有點頭。「如果你覺得受傷，我可以理解，畢竟我們才認識六小時不到……我爲什麼會這麼趕，其實，我早就到了……」陳歆把自己奔出校門的心路歷程還有剛跟明美的對話說給A聽，快講完時突然肚子一陣咕嚕叫，陳歆不好意思地按著自己的胃，「也太大聲！」她跟A都笑了，「吼，這一折騰，我肚子都餓了。眞是搶救信任大作戰。」

沒期待A回應，陳歆左右張望，「唉呀，就今天沒帶箱子。」她看到角落有些紙張與畫筆，便隨意取了一些，畫下走廊、監視器、廁所門與好幾雙眼睛，下面寫著：「練習應對他人的眼光，是長大必備的能力」。

她把紙遞給A，「這件事先這樣，我會把這張放在畫本中，我們繼續前進，有需要再回頭談。你覺得可以嗎？」A點頭，陳歆看著他，等待他開口。「可以。」

A抬起頭看著陳歆，陳歆也注視著他。她很想停在這個片刻，去感受A的堅定與信任，對陳歆來說，這意義大過於師長們的肯定。她感受到一種從未有過的支撐，來自眼前的這個男孩，讓她濕了眼眶。

陳歆靜靜收下她感受到的，沒多說什麼，她想爲A保留內在的感覺，不想爲了自己的需要，過度詮釋「可以」二字背後的心情。

「今天，有兩件事是我原先預備跟你討論的：第一件是週三你讓我知道了在東京阿姨家的經歷，離開後有什麼感覺嗎？第二件是我要跟爸媽與師長談的內容，我先會跟你說明、確認你也同意。我們開始好嗎？」「好。」

「週三離開後，不知道你有什麼感覺？很多時候我們以爲說出來會很不舒服，沒想到反而輕鬆，有時候則以爲說出來會比較舒服，沒想到離開後反而情緒受到影響。你呢？」陳歆拿出磁性寫字板交給

A。「都有。」

「幫我講清楚一點。」

「有放鬆……有點緊張……盡量……不去想。」

「了解。緊張的部分可以寫清楚一點嗎？比如對自己生氣？或是擔心我怎麼看你，或是其他人的看法？」「第三種。」

「你可以試著把第三種寫清楚，讓我了解嗎？」

「怕你要告訴老師跟爸媽……怕阿姨知道……表姊知道……」

「你怕的是什麼？怕他們知道會……」「會生氣、覺得我是變態……」

「你覺得如果他們生氣、失望覺得你是變態，他們會怎麼反應？打你、罵你、告你，或罵你爸媽？……最可怕的情況會是？」

「不會打罵……爸媽會很丟臉……阿姨……表姊……覺得我很噁心……不再理我們……」

「看起來你很盡量讓自己不要想，但是很難不想……」點頭。

「想的時候會很難受、很緊張、很不舒服嗎？」「還好。」

「覺得自己很糟糕、很難受的時候，你會做些什麼事讓自己放鬆一點？呼吸、動動身體、轉移一下注意力？還是電動？自慰？」「去跑步。」

「很好耶。跑步時不會想嗎？」「有時還是會。」

「那怎麼辦？」「跑快點。」

陳歆點點頭，「你很努力照顧自己，這樣很好。你很在意阿姨、表姊，你不希望因爲你的行爲，跟他們再也無法聯繫。」A低著頭，拭淚。

「失去他們，會讓你很難過，也會覺得很對不起媽媽。」陳歆抽了張面紙遞給他，A擤著鼻涕。

「但你知道，犯錯人人都會，重點是事後面對的態度與作為。」「我不會再犯了……」他急著抬起頭。

「這份保證，是你因為深刻體驗到行為的後果，無論是在東京拿表姊的、你家廁所拿媽媽的，或是學校女廁，你體驗到一時興奮後帶來的處罰不是記過或被要求諮商，而是你心中對自己的懷疑、還有你跟媽媽、阿姨、表姊的疏遠。一時的快感跟失去關係，你覺得是失去的關係多，還是得到的快感多呢？」

「失去的。」

「你知道我眞感謝那位撞見你的女孩，在你這個行為剛開始的時候，撞見你，讓你有機會把深藏在心中的羞愧、罪惡和性興奮說出來。這樣你才會深切感受到失去關係的遺憾。如果一直沒有被發現，當失去的關係讓你不再想念，而以性刺激、自慰來讓自己忘掉失落，也就是『沉迷在用衛生棉條自慰的人生』……如果你選擇這樣的人生，它也是一個選擇，那我們就來鍛鍊接受自己是變態的能力。」

A突然抬頭，眼睛睜得很大，「什麼意思？」

「哎唷，成為所謂正常人需要很多能力，接受自己是變態則需要更多能力，才能活出不違法的變態的春天。」A驚訝地張開了嘴。

「意思是，人生的境遇，遇到了就是遇到了，不管做了什麼選擇，一定有辦法在那情況下盡力活出你選擇的人生。但當然，尋求資源，」陳歆指指自己，「協助你，是非常重要的。怎麼樣？！你現在想要經營與衛生棉條共存的人生，還是回到跟媽媽、阿姨、表姊的連結中？」A猶豫著。

「這個問題有點大，謝謝你沒有急著回答我，代表你還有很多心情和想法。先放著吧，總之無論哪一種人生，都需要很多能力與努力。」陳歆停了一下，「欸，我問你，你想繼續跟我諮商嗎？」Ａ又睜大了眼。

「是這樣的，我回去也想了很多，很猶豫要跟老師、家長怎麼講你的狀況。我很想爭取繼續跟你諮商，但也怕是我一廂情願。我不想講出你所有經歷，讓家長擔心你變成變態而讓你繼續諮商。我只是想，如果現在中斷，我們前面的努力就可惜了。你剛說你不會再犯，我說這份保證是因爲你現在面臨的後果讓你不舒服，你自認爲不會再犯。但要做到不會再犯，前提是要具備很多能力，才能健康地面對自己而不是壓抑後爆發。靠你自己，我確實會掛心你會回到壓抑，性興奮跟失落混在一起，然後又覺得自己變態。總之，我會盡力爭取跟你繼續工作，即使你想要靠自己。」

Ａ沒有說話，陳歆也無意徵詢他的意見。她打開電腦，調出ＰＰＴ跟個案記錄的摘要。

「這是個案會議用的ＰＰＴ。前面這兩張，我會講一下基礎人格發展與性發展的知識，讓師長、家長用發展而非問題的角度來看青少年的性。發展就是持續學習能力的意思。我們工作那麼認眞，我可不會把性隱藏起來，說那些不上道的話，什麼不小心走錯廁所之類。」陳歆笑著。

第一張

青少年性發展

性發展中的好奇、探索與慾望，對每個年輕人來說都是挑戰

第二張

掌握性發展的成長關鍵

人格能力發展到足以因應性發展的衝擊與挑戰

並在每個經驗中學習理解自己與如何拿捏人際界線

而逐步建構出性人格的樣貌

其中包含著五種能力：

依附能力、情緒能力、人際能力、資源使用能力與人生哲學

第三張

性人格能力建構最重要的：資源使用能力（求助）

性依附能力：能尋找對自己有益的資源依附，取得適當的知識、解答內心的困惑

性情緒辨識能力：需要協助辨識自己的情緒與他人的情緒

性人際能力：需要協助練習如何跟他人溝通自己的狀況

性人生哲學：性是可以談的，不是禁忌不是祕密，自己不是問題

「第一張，是我看見的你。

A是一個努力嘗試突破自己的年輕人。

女廁事件，是屬於性發展中的探索歷程。

在與我工作歷程中，能把探索從性轉向自己。

對自己有更多認識後，能適當地調整自己的行為，也清楚行為的後果。

「第二張，是幫助A表達自己 vs 停止A的問題行為。

「我想要藉著這張簡報，讓師長們在看七次諮商的歷程時，對你有合理的評估。要一個青少年釐清情緒、清楚表達，還能說明自己在性與探索時的各種心情與需要，是不可能的任務，連成人都很難了，更何況你的情緒長久以來一直會影響你講話的流暢度，更不可能在這麼大的壓力下突然變得表達無礙。因此，我要調整他們看待你的角度，對比於第三張的能力，才能讓他們明白我從七次諮商中理解了你的進步、理解你面對自己的動力其實很大，只是之前沒有人能就你的狀況適當協助你而已。

「第三張，是我們一起經歷的過程，與你的努力與突破。」

「等等，」陳歆把電腦轉向自己，飛快打著字，「我把第七次，也就是這次的目標補上！」

七次諮商摘要：

次數	諮商進程	人格能力建構目標／成果	性人格能力建構
1. 評估與建立關係	從A非語言的溝通方式中尋找建立關係的方式	**評估：**情緒能力、人際語言能力與資源使用的能力是主要工作重點，唯有協助A能與自己的情緒相處，並學習如何在被揭露的人際關係中練習表達自己，並且能使用資源在面對超過自己能力的情境中學習使用資源協助自己成長，是諮商歷程中最重要的核心目標	以目前人格能力尚需大量建構中，逐步協助A依附專業增進面對性的能力

次數	諮商進程	人格能力建構目標／成果	性人格能力建構
2. 評估與建立關係	以性議題為媒材練習情緒辨識與非語言為主的表達	**評估**：在適當的引導下，A願意以非語言的方式參與諮商，嘗試依附專業，並接受心理師的引導，練習分辨自己的情緒，練習以情緒卡表達，也經歷了面對性的困惑	以性發展的知識協助檢視A性人格發展的狀態身心面對性時的反應，與產生的困惑，是學習理解自己與學習掌握自己的性的必經歷程
3. 評估與建立關係	**關係建立**：以前兩次進行的基礎，練習在諮商關係中運用	**評估**：意識到面對性的各種情緒，知道無法靠自己，需要專業協助這是非常重要的第一關。在第三次諮商中，開始萌芽，這是諮商意願的呈現，個案能投入諮商是諮商能產生功能的關鍵因素	**資源使用能力**：性人格能力建構最重要的是意識到自己需要幫助
4. 評估與建立關係	**關係建立**：個案主動地投入諮商並願意呈現自己的語言表達的困難，接受協助	**評估**：第四次中，A能主動請求協助（資源使用能力），是關係建立非常重大的突破。顯示原生家庭依附關係與在此學校系統中有著適當的支撐	依附性諮商師（我）的開始
5. 工作期	a. 情緒辨識成立鍛鍊 b. 語言表達能力鍛鍊 c. 人際能力鍛鍊 d. 練習對自己性發展的覺察	**目標**：以整理個案性發展來協助增進對自己的理解，並且鍛鍊人格五個重要的能力。個案同意且願意持續被帶領練習	人格與性人格能力同時建構中

次數	諮商進程	人格能力建構目標／成果	性人格能力建構
6. 工作期	持續鍛鍊a、b、c、d，加上e以廁所情境練習理解自己發生的事	**目標：** 1. 去除「祕密」、「講不出來」與「有問題」產生的心理壓力 2. 練習承受揭露自己的狀態所產生的情緒壓力	人格與性人格能力同時建構中
7. 工作期	持續鍛鍊a、b、c、d、e，加上f以監視錄影事件，與個案會議練習真誠面對自己行為會有的後果	**目標：**持續練習，面對自己 1. 去除「祕密」、「講不出來」與「有問題」產生的心理壓力 2. 練習承受揭露自己的狀態所產生的情緒壓力	人格與性人格能力同時建構中

陳歆大略講解她將會如何說明這張表格，「我不會講你經歷的細節，也不會說你在諮商室中勃起，因爲那是你的隱私，個案共識會議的目的，是協助師長理解青少年有健康成長的方向、你也正在成長，讓他們知道以各自的角色、能力可以怎樣適當協助你，這樣對他們關心的問題就會有很大幫助，可能勝過於知道你故事的細節。」

A點點頭。

「但我確實希望你爸媽能同意讓你繼續諮商，即便可能要自費。而我希望他們如果同意，不只是爲了避免再發生他們無法處理的『問題』，更是相信我們在每個非預期的經驗中持續建構你的能力，對你的人格成長是非常重要的關鍵。若我跟你和師長能有這樣的共識，那麼就成功一大半了。」

「第四張是我希望讓他們知道，繼續諮商對你的幫助。」

第四張

建議：繼續諮商，不因暑假中斷

諮商次數：再加上八到十六次

目標：

階段一：七次

打下基礎，諮商合作、能力建構、意願投入

階段二：八～十五次

人格能力深化：能以文字較完整書寫自己的想法與感受，並持續練習語言表達，在重要的關係中表達自己

性人格能力建構：自然與健康地面對自己的性發展，學習與自己的性慾和身心反應相處，以個案性發展歷程中的好奇、事件與困惑，學習相對應的能力與應用

階段三：十六～二十四次

人格與性人格能力統整：在未來建立親密關係的過程中，人格脊椎與性人格脊椎得以有彈性地承受親密關係的各種狀態與壓力

第五張
師長與家長的配合
1. 支持諮商繼續
2. 在諮商中所建立的情緒辨識與語言表達方法，能得到師長支持，並允許個案跟你們練習

「我覺得下一個階段，若你能練習用寫的表達想法，而他們不要逼迫你講，對你我來說就是很大的幫助了。如何?你覺得可以嗎?」「可以，可以。」A點著頭。

「你，想要參加嗎?旁聽?」A睜大了眼，一臉驚恐。

「我只是想告訴你，當沒有人能懂你、站在你身邊的時候，可能只有一個選擇，那就是躲在盒子裡覺得自己變態，只能遠離愛你的人，在心裡愧疚地道歉，卻又無法停止這樣的行為。但當有人能協助你學習很多能力時，你會發現『面對』是有不同方法的，這是為了愛你的人而努力。」A看著陳歆沉思著。

「如果我能得到第二輪跟你合作的機會，也許有一天，你能出席你自己的會議，說你想說的話。」

這一天有多遠?為了轉大人，是值得不斷鍛鍊的力量吧!

陳歆給了A一個發展的視角，就把話題拉回到現在，「你覺得爸媽出席個案會議有可能會有什麼情緒嗎?」「不知道。」A搖頭。

「我也想不出來。我猜你爸媽，可能會很內疚沒能好好照顧你、疏忽了你……如果他們回去問你或

是有什麼情緒，你就用寫的跟他們說，可以把問題跟擔心都寫下來，讓你帶來跟我討論。記得，你不用一個人面對，我會幫助你建構能力處理這些狀況。」「好，我知道了。」A點頭。

「我會跟老師跟你爸媽約週二，這樣結束後如果他們有什麼反應，週三我們可以立刻處理。好囉，你跟我一起喊『加油加油加油加油』吧！我也很需要加油打氣呢。」

沒等A回應，陳歆連喊了四聲，最後一聲也聽到A小聲說了「加油」。陳歆心滿意足地看著A，突然想起來，「對了，你記得第一次跟我見面前，明美老師有請你跟爸媽簽一張諮商同意書？」A一臉茫然，顯然從沒眞正注意過。「沒關係，忘掉很正常，那時你是被迫來諮商的。如果我們能有下一輪諮商，」陳歆認眞地看著A，「我會跟你一起重新討論諮商同意書，與你在諮商中的權利。我們把下一輪的第一次，當成是你自願尋求諮商的第一次，這對你我來說，應該是別具意義的。雖然內容是沒有什麼差別啦！」A不太懂，但也微笑表示同意。

下課鐘響了，A站起身走到門口，回頭微微朝著陳歆，不知是點頭還是鞠躬道：「謝謝你。」小小聲的。

「不客氣！」陳歆站起身，大大聲地回應。

離開前，陳歆找到明美，跟明美順過一次她爲A做的簡報，算是再演練一次，也想從明美處得到回饋，增加點底氣。

明美專心聽完，「好不容易啊！原來，面對性，跟面對孩子其他的狀況一樣，我們要處理的不是問題行爲，而是一個人的成長。」陳歆點頭感謝明美的理解，這讓她面對週二的會議信心大增。

明美送陳歆到校門口的途中，仍在思考陳歆帶給她的嶄新洗禮，「但眞的好難喔，成長跟問題行爲，該怎樣拿捏，才不會看輕問題或過於嚴重化問題……」她們經過廁所門口，明美指了監視器，「但我跟你學到，孩子的成長不只需要被保護，也需要支撐他學習面對他人的眼光！這，我很受用。」

陳歆不斷點頭，「這可不是訓他一句『你要自己承擔行爲的後果』就可以長出來的能力呢！幫他分化他人的評價與對自己的認識、釐清與解讀自己的情緒、學習照顧與安頓情緒、評估人際間怎麼表達自己、有困難時一定要尋找適合的資源幫助自己、增加應對的能力……」

陳歆等著明美跟著她的語句默唸著「依附能力、情緒能力、人際能力、資源使用能力……」

「最終，我們要建構的是，讓孩子知道他永遠不是孤獨一人。」

「人生哲學？！」明美恍然大悟。

「人，生而孤獨是事實，但連結的支撐，讓成長不孤獨——哇噻！」陳歆突然在包包裡左翻右找起來，明美嚇了一跳：「怎麼了嗎？」

「沒事沒事，我得記下我的金句啊！」

「記得下次分享給我！」

明美跟陳歆在笑聲中說了再見。我們因爲A而相遇，但眞正讓我們相遇的是，對性發展的好奇。

第24章

六月二十七日　定期督導

週一早上七點，雨橙到了工作室，滑著Line群上的訊息。這一年來與三位學生一起進行這個實驗性的作法，在一年後回顧各種經歷，格外有意義。

她打開了一年前爲這團體所建立的檔案，當時她爲三人設定了團體督導的專業目標與個人發展目標，並逐步記錄下他們達成目標的歷程。

團隊目標
1. 以專業技術提升，來實踐青少年性諮商工作模式 2. 以穩定的督導結構與思維對話建構合作默契 3. 讓團督中的人際關係歷程成為個人議題的投射載體，在關係逐漸建立的過程中，伴隨工作表現的壓力產生的各種情緒，協助每個人面對人格脊椎受損的地方，並量身打造適量的專業挑戰，協助他們專注於自身能力建構，逐步看見自己的能力，對焦並持續人格受損的心理復健 4. 以上逐步達成後，每個人與自己的關係得到修復，成長型夥伴關係自然建立、就能邁向修復性人格脊椎的階段。以青少年性諮商為媒材，修復最原初的性人格脊椎的傷

督導專業目標	裴莉：青少年性諮商督導能力培育 紹奇：專業能力拓展 陳歆：把已有的心理諮商基礎，以性諮商技術精煉出來，聚焦於其獨特的個人風格		
階段	**目標**	**媒材**	**評估**
第一階段：蜜月期 社會化逐漸解構的開始	認識社會人際中的自我呈現	雨橙：支撐者 裴莉：成熟 紹奇：拓展 陳歆：體驗	撐出空間，在諮商技術學習、在人際競爭、在性心理發展中發現自己在個案議題與動力中，促發學習的歷程
第二階段：焦慮投射期 建立關係好時機	個人專業碰撞與對話 在督導協助下練習展現能力的優勢與缺乏	以個人在他處接的案，作爲督導媒材 以督導的支撐與量身打造的專業精進方向，對焦於個人成長	評估表現焦慮在人際間的呈現模式，確定人格損傷處與需增進之能力
第三階段：人格修復期 增能為基底	確立人格修復模式，以團體的力量拓展與調整	以依個人成長與專業成長的目標，派出適配的個案	專業能力增進的學習策略、與瓶頸 個人人格修復的歷程
第四階段：學習信任期 好奇是動力	練習將投射轉為對自己的好奇，探索與練習自我對話與分享	以督導團隊人際歷程為個人議題投射載體 以Line群的分享帶來反思的動力	個人人格脊椎經調整後，建構分化的能力
第五階段：練習開放期 自學是良藥	專業團隊的關係，建立信任，而能拓及性人格脊椎修復	以此群人的關係為肥沃土讓以性的專業自信帶來的自在，允許自己多好奇，與探索自己	自主學習是練習分化、自主、自由、獨立、為自己負責的必備能力

雨橙把表格投影出來。我們，一起走過了很多呢！

心理師的專業成長與個人心靈成長是無法切割的。所謂成長，是把包含專業技術的各種外在學習鍛鍊成導向內心的能力，需要每位心理師在生命中體驗每一步的選擇；而每個選擇的方向不是任何導師可以決定的；除了生命之外沒人能掌握成長的SOP，更無法速成。這，正是每位心理師風格獨特的原因。

雨橙心想，自己實在是很老派，AI人工智能都要取代心理師了，5G時代，自己的堅持應該趕不上這個時代變化的速度了吧！

電鈴響了，時鐘指針指著九點。門一開，陳歆率先走進來，「咦，怎麼沒有咖啡香，哇！這是什麼？」她包包一丟，站在投影螢幕前驚嘆，紹奇也走過去，看得雙眼發楞。

「我的天，這是我們的歷程耶。」裴莉驚嘆：「這是你原本就計畫好的嗎？五個階段、要達成的目標與使用的媒材，以及你在當中要做的評估？」

「團隊目標是我設的，督導專業目標是你們委託我的，我只是借用人際團體形成必經的歷程，在團體中加入能力建構取向的運用。這只是骨幹，每個階段要花的時間與經歷的故事才是血肉。是聽從各位生命的安排，而我們都在其中受教。」

「所以，這張表，是說我們出師了嗎？」陳歆猜測著雨橙的目的，突然睜大了眼，既有被肯定的喜悅，也有困惑與茫然。

「哈哈哈！出師，早咧。」紹奇接口。

「你們，都早就出師啦！拿到心理師執照的那一刻起就是『師』了。你們符合了這個執照基本的要求，接下來就是對自己的期望、對這職業的想像，與在當中塑造所謂『理想』的哲學觀或生命觀。」

裴莉說：「我看到的是，經過這歷程，我們即將再度啓程。我對下一個階段能創造出什麼充滿期待！」

陳歆猛點頭，「我不能沒有你們，我才剛剛體驗完一個人去摩鐵，宣示成爲自己的女人。我需要你們持續見證我的人生冒險。」三人瞪大眼睛一起看著陳歆，拍手歡呼，「你竟然沒有第一時間發訊息，眞的很不像你耶。」「欸，我也是有長大好嗎？我想要完全品嚐這個經驗的各種感受，再跟你們分享。不只是抒發情緒那種啦！」

她跑到螢幕前指著第五階段，「這很珍貴。」紹奇想起那天離開裴莉家後去衝浪的體驗，「我也有成爲自己的男人的體驗……」「你也去了摩鐵？」「欸，不是性啦！是成爲自己的英雄之旅，啓程了！」紹奇搔了搔頭，有點害羞地說：「我們必須繼續下去，沒有持續、沒有你們優質的陪伴、持續示範跟建構能力，我不知道我還有沒有勇氣去探索我眞實的樣子。」

「很羨慕啊！」裴莉把他們拉近，雙手摟著兩人的肩，「很羨慕你們有我們，眞希望時光倒轉。」三人都知道，那段裴莉度過的時光，只有她自己、陽台、心理師的陪伴。

「姊，謝謝你走在我們前面。」三個人緊緊的握住彼此的手。

天使音樂在空間中流瀉出來，他們突然想起雨橙的存在。

一起轉向雨橙，圍著她，「我們好愛你喔！」「謝謝你陪著我們！」三個人你一言我一語，「雨橙，我們都沒聽過你的故事耶，我好想聽喔！」「不要強迫雨橙啦！我們分享故事是自己想這樣做，又不是這個Line群跟督導群最原始的初衷。」「我們分享出自己，雨橙能整合我們的心理跟專業成長，一起評估規畫。她分享給我們，我們爲她做什麼？」「同理她？」「喔拜託，她有需要嗎？」「雨橙是督導，還是讓她角色超然一點吧。」「對！讓我們投射、讓我們投射！」

雨橙被他們熱情的討論逗笑了，「好啦好啦，下一個階段，到底我怎樣可以為你們所用、發揮最大的功能，這個我們可以慢慢討論。今天給你們看這張表，是希望你們能夠清楚看見我們的歷程，如果各位願意的話，可以回去整理這過程中自己的轉變，這樣成長路徑會更加地清晰，你也會更覺得有力量。畢竟心裡的成長，是需要點滴體會才能具象的。對心理師這個專業來說，歷程勝過於結果！

「另外，從你們彼此珍惜、希望持續團體所產生的自我探索動能，而到忘我——我是說忘了『我』的境界——我覺得，這部分發展得特別好呢！！對應青少年發展階段的任務，陳歆記得你的答案嗎？」

「在各種體驗中，認識自己！」陳歆秒答。

「性也是媒材之一，而且是非常重要的媒材。是不是很珍貴呢？」陳歆猛點頭。「那是三年前你衝出門時，我沒有多解釋的原因。因為沒有體驗，就只是說服。謝謝你給我機會，」雨橙攬著裴莉跟紹奇的肩頭，「讓我們一起創造這樣的體驗。」

陳歆盡力地張開雙臂撲上去前，把三人全抱緊，「謝謝你一直把我放在心上。謝謝你們。」

大家都笑了。「我覺得我們很被愛。」裴莉和雨橙彼此隔空送了飛吻，「好喔~誰要先來被愛？」

眾人回到位置上，裴莉、陳歆心滿意足地打開電腦，抬起頭才發現紹奇還停留在原地。「雨橙，那你對我的計畫是什麼？」

正在操作電腦，準備讓出投影機的雨橙隨口回答：「我不知道耶！」

陳歆、裴莉從愉悅的氛圍中突然驚醒，分不出這句話是玩笑還是認真，但這確實不是雨橙的風格。陳歆悄悄瞄了一眼投影螢幕上的表格，心想雨橙怎麼可能不知道！

「那你上面寫專業能力拓展是什麼意思？」紹奇質疑。

「喔，我其實是想留空白的，但感覺很怪，所以寫了些一般性的東西。」裴莉、陳歆聽了，驚訝地瞪大了眼。

紹奇神情從驚訝、困惑轉到失落，「欸不是啊，你每次都說『現在講給你聽、聽不懂也是放水流』，意思就是你必然有評估跟想法。」紹奇不相信自己只是配角，只是陳歆、裴莉成長的媒材。

「你要不要說說看，你一開始參加的目的，與到現在的期盼？」雨橙反問。

「我一開始只是覺得點子好玩，進來試試看在幹嘛。」「以這樣的狀態，你觀望了多久？」「嗯……不知道。」「那反過來問，你明確感受到希望督導團體繼續是什麼時候？」紹奇驚訝自己的回答：「剛剛……」「意思是，在剛剛之前，你並沒意識到你在意這個關係。反過來說，不在意這個督導團體的關係，也符合了你在關係中的樣子，不在意會讓自己不受傷害、不需要任何人就不會被牽制。所以，你在這個督導關係裡，並沒有你對自己的期待。對吧！」

紹奇腦中並非沒有答案可以回，比如，有啊！就跟著學啊！學技術啊！學你怎麼督導啊！

這是一開始雨橙組這個督導團時，紹奇給的答案。當時他的確是這樣想的，但現在，紹奇聽得懂那只是漫不經心的說法。

「剛剛，你是從哪裡開始意識到你不想失去關係的呢？」雨橙繼續。

「從我也覺得成長是有趣的，這個團體對我是有幫助的。」這倒是眞的，是紹奇在這個月當中密集體驗到的。

「那我可以說，歡迎紹奇，我們終於等到你自願、投入一段關係了嗎？」雨橙凝視紹奇。

「嗯，可以吧！」紹奇想了想，點頭，移動腳步到座位上。他覺得安心了，大概知道雨橙在做什麼。陳歆開始記筆記，她看懂了雨橙在幫紹奇標定發展的心理路徑，並意義化這個歷程。

「那，現在你可以問的是，在這樣的督導關係中，你希望自己體驗到什麼？你對自己的專業有什麼希望？」

紹奇知道雨橙要他對自己的專業有想法，但這樣的回應總讓他覺得沒被照顧到。「我的專業希望，跟你對我的計畫有什麼關聯？」

「你對自己有盼望，你委託我，我再看看能不能幫你達成。」雨橙一副要結束話題的模樣，用眼神詢問裴莉、陳歆哪位要先受督導，該接上螢幕了。但兩人都沒動作。

「你是願望小精靈嗎？」紹奇得不到他要的感覺，心裡很不是滋味。

「我只是不想成為你爸爸。」陳歆又瞪大眼，轉著眼珠子望向裴莉。也太直接了吧！

「你是說對我有期待？」

「我是說不要毀壞你對學習的胃口。」雨橙真誠地看著紹奇，「我希望能盡力處理我內在被烙印的，對男性和對心理專業的期待，盡可能讓你在歷程中發現你自己，體驗到那份滋味與學習的樂趣。」她走過去摟著裴莉跟陳歆的肩，「小精靈是她們。」

紹奇看了看這兩個離他內心最近的女人，「我以為我是你們的配角。」陳歆把食指放在嘴唇上，指指自己的心。

「是我，讓自己成為自己人生的配角。」紹奇突然站起來，「我想第一個受督可以嗎？」一年來，第一次。陳歆和裴莉豎起大拇指。

「上週，我跟C結案了。我的評估很簡單，就是我用了各種我所能的方法，仍然無法跟他建立可工作的關係，我也跟他說明，我會在個案會議中陳述我的評估，也就是確定C不會再跟B一起去做那件事，但因為五次了仍無法取得跟他合作的方式，我決定終止諮商。C的金鐘罩防禦力十足，十分挫折我，也確實因為他，我必須面對我自己。我思考了我的成長，完成了他對我的意義，然後覺得我不可能對他產生幫助，於是選擇結案。他……沒有不同意。

「當下，我是鬆了一口氣，覺得自己不必再處在這樣無力的處境中。也覺得好險因爲在這個團體學會接納自己，所以承認了自己能力的限制，至少不會做出一些反移情的投射。自己還覺得成長很多。但一天過後，C一直在我心中，我看到陳歆、裴莉討論系統工作的訊息、看到雨橙分派給每個人的受督任務。我莫名地覺得悶，彷彿我希望雨橙嚴厲地要求我學習，逼我一定要練習系統思維，不能一直用理由說服自己，任性逃避。

「雖然我知道如果不是自己眞的想學，我會以應付的心態來做，的確是極沒意義又浪費時間，但那個逼，至少意味著對我有期待……然而你接受了我眞實的樣子，這一年來我不交報告、隨便評估，你從未批評過我，我用不想投入來逃避投入之後要面對自己能力的眞相。這是我隱約明白，但從未認眞想清楚、也沒有講出來過的自己。

「經過剛剛的過程，我知道我們關係不同了，但雨橙問我從何時知道我不想失去這個關係時，我才意識到，我一直以隨時可以離開來避免投入後的各種感受，我只是來偷學兩位的技術，跟雨橙不算倫學，她本來就是老師……這讓我想到當我跟C說結案時他的表情。我在想，是否有可能，我以自己對他沒幫助爲由逃避剩下的諮商，以無法跟他建立關係來否認自己曾爲這關係努力過，來決定我在這關係裡不曾存在過，決定我停止諮商誰都不會受傷。

「我看著你們挖空心思跟A、B連結，而我除了讓個案適應我外，不願意爲了做一個個案花那麼多心思、那麼累，我想用最輕鬆的方式完成，如果失敗了我也不會覺得太虧。我說要結案時，C說，『甩掉我你很開心吼！』我把難以建立關係的責任撇得一乾二淨，認爲是他們父子聯手造成的，我只感受到自己的努力不被接收，卻沒想過我徘徊了一年才走進團體，但只給他五個小時……雨橙，你可以幫我嗎？好奇怪，我頭一次……對個案覺得抱歉……頭一次，我希望我能夠更努力一點……」

「你回想看看，在你跟他之間，你希望的是什麼？」

「我希望，即便結果是一樣的，我能爲他戰到最後一分鐘。我是心理師，雨橙，你給了我接受自己的能力，但我希望我不只有這樣，因爲C，我希望自己能更有用一點、更把這一切當一回事一點，爲他戰到最後一分鐘。」裴莉和陳歆交換了一個彷彿看到浪子回頭的欣慰表情。

「你是自願的、並給了我允許，要求你？是這個意思嗎？」

「是的。我想要看得到我的成長，希望在『一切還來得及的時候』」紹奇握著拳，被自己的決心感動。

雨橙沉思良久，終於抬頭。「紹奇的改變，我想三位都看得到，包括今天有非常多第一次。」

第一次說出自己對自己的希望、求助……陳歆在心中默默數著。

「這個由抱歉而生的改變的念頭很珍貴，但我也要很清楚地告訴你，除非C這幾天出大事來表達對你的不滿，不然你淡忘的速度遠遠超過你想改變的熱度。不久一切會回到原樣，你很聰明，只要你內在開始敷衍，我們就會掉落你跟父親那套陽奉陰違的關係動力模式中……」紹奇想辯駁，又收了口，他知道這是眞相，即便他已經起步了，但江山易改、本性難移。

要有鐵杵磨成繡花針的耐心與毅力、堅持與決心。

雨橙看著裴莉與陳歆，「我也不能用你們珍貴的關係，要她們苦口婆心叮嚀你努力。」原本陳歆想舉手自願協助紹奇的。但聽到「苦口婆心」這四個字，熱血立刻冷卻。

「我們很愛你，但無法爲你的改變負責。我們三個能做的，就是盡量開心地學習技術或走向內在，並且分享喜悅給你，如我們這一年所做的。如果你也喜歡，那就是祝福了。」

陳歆覺得這個結論實在太好了，立馬覺得輕鬆愉快又勝任。

紹奇覺得這話聽來有點怪，雨橙說的他都懂，也很熟悉這是爲自己負責任的意思，意即記得每一刻都是自己的選擇。

「如何維持你的意願，是你跟自己的關係，你同意嗎？」他理智上也同意，但不知爲何他不覺得開心，也不想接受。他沒有回應。雨橙又重複了一次，「如何維持你的意願，是你跟自己的關係……如果你想繼續留在督導團體中，你必須去諮商！」

陳歆倒抽了一口氣，轉頭看裴莉，她的表情沒有變化。

「吼，是要下猛藥嗎？」紹奇不情願地回應。「你不是等了我一年？我終於決定投入了，現在你這算什麼建議？」

「我終於等到了時機，現在是唯一能讓你決心整理與面對自己的良機，我可不會放過。」

紹奇一把火上來，他想要的幫忙不是這樣的。「你不是應該有耐心地支撐我、等我、讓我照我的速度，才不會壞了我的胃口嗎？」他臉很臭，「這很讓人倒胃。」雨橙平靜地沒有回應。「如果我不去，你就不讓我來上督導？」他轉向裴莉、陳歆，「你們捨得沒有我嗎？哼！」

「當然捨不得啊～～」裴莉回應，陳歆也哀嚎著，不知該看紹奇還是雨橙，「不能沒有你，不要啊～～」

「你這樣不是跟我對C一樣嗎？我表達我怕了、無法掌控了、我坦露脆弱向你求助，就被要脅。哼！早知道我就不說了！」這不是背叛，什麼才是背叛！雖然明知是情緒，但紹奇的心臟眞的很不舒服。

大家都低下頭不講話了，等著雨橙處理。

諮商，不就是他們在對別人做的事嗎？陳歆不懂爲何被建議去諮商，對紹奇來說是種要脅、處罰？她知道裴莉諮商過，她讀心輔所時也被要求體驗諮商過。諮商有什麼不好嗎？

雨橙安靜著，微笑看著紹奇，良久，等待他從情緒中慢慢釐清自己。終於有一點能力依附，依附上被理解、被接住、被支撐的美好感受，下個階段的挑戰，卻是要無情地打破對依附者的期待。太快了，雨橙，我還沒有能力支撐自己。紹奇聽到內在的聲音，但他不想再示弱了。

裴莉懂雨橙的建議，是直接承認這個實驗中，必然會出現工作團隊與督導角色的雙重關係。這樣的設置有它可貴之處——這是個絕佳的內在成長修煉場，我們都在其中快速成長，不只個人成長，也讓專業更明晰。但確實也要依賴雨橙在亦師亦友的關係中，爲我們衡量能力、提醒覺察自己的限制……，規則、界線永遠不是一成不變；評估的對象永遠不止眼前的這個人，還包括自己、脈絡跟發展；創意則攸關著投入、冒險與體驗。裴莉用心感受與吸收這一切，希望有朝一日自己也能成爲獨特風格的帶領者。界線彷彿阻隔了依附的渴望，讓關係不會扭曲變形。陳歆想起她跟Ollie，她感謝Ollie清明的界線，也感謝自己順著直覺讓自己成爲自己的女人。

「我在四年前也接受了雨橙的建議，去諮商了。」裴莉平靜地說，「這個決定是對我成長最重要的決定。」

像是在濁水中放入了明礬般，裴莉這句話，讓紹奇無法不看清映照在自己池塘中的任性模樣。

「這個歷程，很同時性地反映了我的成長，我想找心理師協助我整理，性與我的距離如何合而爲一。」陳歆這眞誠的反思在此時分享，就像針扎進穴位，一陣痠麻，也鬆開了緊繃，紹奇氣消了。

紹奇癱在椅子上，像洩了氣的皮球，「好啦！給我一個夠好的名單。」陳歆、裴莉跳起來，抱著他的頭又親又摸的，「感謝你爲了不離開我們而去諮商！」紹奇一面閃躲、揮舞著手要她們離開，「欸！什麼鬼啦我是爲我自己去的，哼！」

雨橙溫柔地說：「你從來沒有相信過這個專業、也沒眞正體驗過這個專業產生的力量，『這只是份工作』實在是再貼近你不過的一句話了，我們又何德何能可以改變你根深柢固的認同呢？」

陳歆像突然想起什麼似的，拿起手機滑著Line群裡雨橙發的訊息，「『紹奇～請準備，回顧你的諮商模式，整理你目前的諮商專業發展，與設定下一個階段的目標』，哇！學長，你的提案督導歷程太精彩了，完全緊扣督導目標的設定，下一個階段開始了，好期待。」

「那我跟C之間，我單方面結了案。現在我還可以做什麼呢？」回到心理師的位置，紹奇面對了自己的狀態。

「先放掉你想做什麼的念頭，把你跟他的諮商歷程整理清楚，然後把你自己的部分刪去，仔細聆聽他行爲的背後在跟你表達的，你會知道該怎麼做，或什麼也不該做！」

紹奇苦笑了一下，「這是我問你前該做的基本功！」雨橙大大地點頭。紹奇用力地敲了一下頭，「嘿～被人家看透透了，得腳踏實地振作點！」大家都笑了。

「每個人都有成堆的歷程分析要做，別忘了你不是一個人。找一個時段，三人聚在一起，先各做各的，遇到瓶頸便可以一起激盪、支持。」陳歆興奮地舉起雙手，「分析歷程我最愛了，就像按摩，按的時候哇哇叫，按完神清氣爽。我我、我我。」「按摩我也愛啊！但我比較喜歡找別人代勞。」紹奇苦著臉。「線上我可以！我分析歷程一定要抽菸的，那是品著滋味的享受。」裴莉翹起腳，做出抽菸的動作。

雨橙微笑著伸了伸懶腰，鬆開先前全神貫注的緊張感，「下一位！」

陳歆立馬站起，「姊，可以我先嗎？」裴莉點頭做出請上台的手勢。

陳歆急切地上台，感覺內在有好多感受想跟大家分享。「首先，我想先感謝大家，這個群體的存在對我意義重大。上週五我發了緊急求救的訊息，還好你們都沒空，才能讓我知道，督導這一年來，我從雨橙與各位前輩身上眞的學到很多，從能力建構取向性諮商的哲學、面對青少年與系統的心態、青少年性諮商技術、系統工作的技術，我依附著大家，盡情把握機會去體驗我的情緒，學習更直接的表達自己。但，這表達是經過內在反芻的，不只是來自情緒。」深藍色絲質襯衫、黑色直筒西裝褲，陳歆今天預備練習個案會議報告，一改平日牛仔褲的隨性，讓她這段話更顯得沉穩。

「我想要先跟大家分享，剛剛看表格、以及雨橙與紹奇的互動中，我所學習到的東西。一開始看到雨橙要我思考後面八次的計畫時，我覺得我還沒拿到下一輪諮商，想不到那麼遠。但我仔細比對了好幾個案、檢視了工作模式，發現我投入最積極的都是全力建立關係的前面八次。關係建立起來後，我名爲跟著個案前進、陪伴個案成長，但，我剛看了雨橙的表格還有在紹奇身上的示範，」陳歆轉向紹奇，「不好意思，哥，讓我用一下你的例子。」紹奇點頭，雙眼發亮，想從陳歆的視野學習。「我知道，雨橙是跟隨個案前進，但諮商主軸和目標從沒鬆懈過，而且互爲主體，因此只要天時地利人和具備，就能立刻把握、帶領個案開啓新的方向。」

裴莉也點頭，「我也是在思考這個。有時，短期諮商可以對焦很清楚，但次數一多，心理師跟個案的互動模式固定了，有時會失焦。」

陳歆猛點頭，看向紹奇。紹奇搖搖頭，「別看我，我以前是直覺當下派的，不分析過去、不計畫未來。」陳歆對紹奇的反思給了個讚，她彷彿發現了什麼似的興奮繼續著，「雨橙的表格給了我啓發。」陳歆看著雨橙，「你喜歡設計表格，也反覆說這是你大腦管理資訊的方式，建議我們找出自己的表格。我很深刻地記得，你說個案概念化的能力分析到底，就是消化龐大資訊量的能力。」

雨橙把這話做了個註解，「把個案今天給你的資訊，跟你在這一天之前所有的個人成長、專業知識，做線索、提取、核對、消化、意義化處理，這確實是很龐大的資訊處理能力。」

陳歆點頭，「我以前比較喜歡大段的陳述，避免漏掉任何資訊，後來，我聽到這個概念還是不懂，總是埋怨你每次表格都不同，爲何不給我們標準化的表格，示範怎麼塡，我就照著塡就好……」

「可關鍵不是塡表啊！妹妹。」裴莉笑了。

「對啦！對啦！我知道了啦！資料可被表格分類，輸出還是要靠自己的腦！」

雨橙接口，再下一個註解：「最重要的是要找到適合自己的方法。不論表格或圖像，都是讓大腦對焦的工具，從不同的大腦輸出，形成每個心理師獨特的評估。心理的評估無法像儀器檢測那樣標準化，因爲評估會隨著不同治療者與個案而不同，同樣的個案遇見不同心理師，即便有同樣的目標，都會有非常獨特的治療歷程。評估的目的是建立關係，也因關係會隨著時間轉變，心理師隨時都得評估，才能貼近個案的現象，不斷調整出最適合此刻的目標與治療方法。」

陳歆對著振筆疾書的紹奇說：「等等分享筆記給我啦！」紹奇沒有抬頭。

陳歆打開電腦，接上投影功能，放出「青少年性發展與人格建構的歷程」主題簡報。

「上週五第七次諮商，我跟A說明天跟師長開會的內容。因爲不打算以A的故事爲報告主軸，我眞的花了十個小時以上在思考要怎樣才能表達跟A工作的核心意義，才能讓師長對A這人有更多理解，而不只是他爲何進入女廁。我反覆參考裴莉上次督導的表格，及這一年來跟著雨橙出席會議的筆記，我也嘗試做了我的表格。今天再看到雨橙爲我們做的表格……」陳歆笑了，「哈哈要怎麼說呢，我終於也體會到表格的力量。請各位前輩指教。」

「陳歆，等一下。」雨橙微笑打斷她，「先告訴我們，你自己評估，這次的個案會議，你的報告與表格是否能展現你的力量，也就是你的專業、願意與努力。」陳歆轉了轉眼睛，她回到週五的時空，耳邊響起A小小聲的謝謝、明美老師那句謝謝你的用心，陳歆握著拳用力點頭：「可以的！」

「那今天督導，你希望我們幫你的是？」陳歆突然紅了臉，雨橙微笑地點頭，鼓勵她說出內心話。

「我希望你們幫我……拍手喝采說我做得很好！」陳歆捧著臉跳來跳去轉圈圈，消解往自己臉上貼金的害羞。大家都笑了，也拍起手來。「喔～還要說我真的很努力……哎呀，反正就是給我支持跟肯定。」

雨橙笑了，「能肯定自己，很好。OK！Get到囉！請開始。」

陳歆深呼吸，調整了一下自己，語調收穩，第三次練習這份簡報。過程中，雨橙、裴莉給予陳歆肯定與建議，紹奇表情嚴肅振筆疾書，沒有參與鼓勵的行列。報告結束後，掌聲停歇，裴莉突然轉身問他：「紹奇你現在是什麼感覺？」剛抄完筆記開始滑手機的紹奇抬起頭，「什麼？什麼感覺？」

「你看陳歆那麼開心打通任督二脈、功力大躍進，得到很多肯定，而你剛剛得到的建議是要諮商才能繼續團督，比起來……」

陳歆突然有點擔心地望向紹奇，她完全沒想到自求掌聲可能造成紹奇的壓力。

「我是有點不是滋味你那麼開心啦！你這個死ㄚ頭，進步那麼快，是要逼死誰啦！」紹奇踢了陳歆的椅子一腳，「我就是希望自己成熟一點，不要見笑轉生氣。」他放下手機，「我是先約了心理師，才約我的女神的喔。」紹奇特別補上一句。

「裴莉你想到很重要的事了，要說出來嗎？」雨橙邀請她。

裴莉深思著說：「我是突然想到，B跟C。B持續諮商，被共識會議的支持網絡幫助、成長，還有黑胖陪伴，他越來越開心，而且有成就感。」紹奇也專注地聆聽著。

「C如果曾依附過紹奇，我相信是有的，我看到紹奇，」裴莉看了紹奇一眼，「弟，不好意思，借我用一下。我看到紹奇剛跟雨橙的互動，再加上陳歆反映出的狀態，我發現了平行的歷程。C的依附斷裂了，他可能會經歷困惑、失落與憤怒。合理評估，他可能會把被紹奇拒絕的情緒抒發在B身上，或是盡力破壞B的進展。以C的角度，這是可以理解的，但我要把這部分放入我跟B的工作計畫中，並要把C有可能抓住B的需求的地方，也就是對B產生誘惑的地方，無論是人際需求或是性好奇，替B做好準備。」

紹奇坐挺了身子，警醒起來。他看到清楚的現實，他在晤談室裡面跟C發生的事，不只關乎他自己的面子，也可能產生連鎖效應。

「來，你把這次督導任務呈現出來，也許解方在裡面。」雨橙說。

「我試試看。我的任務是『藉由系統合作共識會議的評估與基礎，推進到提供系統性議題增能的整體評估建議』。這一向是雨橙做的，我還在練習，想不太透徹，要請大家一起幫忙、指點了。」

裴莉投出她的簡報。

第一張

對應K校學生的性發展狀態，青少年文化、學校系統與資源。

K校學生的性發展狀態：K校學生的性語言、性嬉戲，這兩年有增多的傾向，B、C並非特例。

「我從跟敏華老師談話中，了解了相關訊息，類似C這樣在課堂上講性的雙關語、造成班上秩序難以管理的事件越來越多，有些同學會跟著起鬨。下課時同學間的性與言語曖昧的肢體互動、感情事件與身體界線也越來越讓老師苦惱。有些老師傾向以校規、班規來管理，但有些老師希望多掌握性議題處理知能與情感問題的教育方法，希望在理解孩子的前提下維持秩序。這是我自己的觀察。」裴莉投出了幾張照片，「廁所與公車座椅上的性寓意塗鴉。」

大家湊近想看清楚那些字眼和照片，是離校不遠處的年輕人聚集的街區，可以見到性寓意濃厚的裝扮與互動。陳歆驚呼，抱拳敬佩。「姊，你眞的隨時都在評估啊！而且視野竟然拓展到生態環境。」「哎呦，這哪有什麼，跟著雨橙久了你就會自然而然變成這樣啦！」裴莉謙虛地說。

「我也去了街區，但想的卻只是找回自尊。」紹奇描述了自己在那街區時的景象與作爲，挫敗地嘆了口氣。

「嘿～」雨橙要紹奇看著她的眼睛，「去諮商，把自己療癒好，看得見自己的需要，也才能看到更大的視野。」裴莉猛點頭：「如果我沒有去諮商，把自己整理好，我看到的也可能只是慾望的爭奪。」

紹奇沒有回應。今天看到太多自己的眞相，陪伴與鼓勵，相對於心中對自己的困惑，實在很虛無。

裴莉擔心地看了紹奇一眼。雨橙示意裴莉留點餘裕給紹奇，繼續下一張簡報：

第二張

K校教師、學生與家長目前面對性，以我搜集到的粗略概況：

1. K校教師進修：需形成在地文化共識、評估能力、建立目標，量身打造。
2. 學生性別平等與性教育課程實施：需更爲有效的評估與針對需求計畫，使課程逐漸達到初級預防的功能。
3. 家長會的經營：功能需建構成爲支持學校與孩子的力量。
4. 人際動力的優勢：小鎮人際連結性高，年輕教師的積極投入有可能帶動學校轉變。

「關於第一點，教師進修，性議題相關的課程多半是宣導式的，老師們是因性別平等法的要求而來上課，沒有特別針對此系統對性的態度與處理性議題的共識，並評估師長們的能力與需求來安排。

「第二點，性平與性教育。有些老師覺得應該盡量少談性，避免學生不必要的騷動，有些老師希望知道面對性議題的方法。學校主管還算支持老師們所提出的意見。K校目前對學生的性教育，大致由健體老師講述，並按照性別平等法的要求每學期四小時請相關講師到校演講。這次B跟C的諮商，就是有幾位老師堅持，雖然被拍的女孩家跟B相熟，覺得是在玩，決定不提告，但老師們希望透過諮商協助B和C，避免未來嬉戲變成侵犯。

「第三點，家長會。無論是跟青少年相處的教養課程或是性教育，K校家長會都沒有特別安排課程。家長會並沒有什麼具體功能。」

裴莉說明了B在她協助建構的支持系統中的成長，還有師長警衛們的願意。也提及了雜貨店老闆的互動、還有她提到獨角仙就有老師幫忙找的事。「這一些，雖然是小小的關懷，但我覺得是溫暖的。年輕老師們較有動力學習更多幫助孩子的方法，校長也是支持的，這一切讓我覺得這是個值得耕耘的場域。

「基於以上初步的了解，我認爲系統工作最重要的方向是，協助師長建構青少年人格發展與性發展的整體思維，取代問題解決取向。

「我會在週三個案會議中，整理出我以上的觀察，帶入人格與性人格發展整體思維，協助師長們把性問題轉變成性發展能力建構的角度。並且引發他們思考，青少年的性好奇與親密需求一直存在，成人選擇忽略是因爲面對性很吃力，如何協助有意願的成人持續增能，並藉由我們的介入支撐他們去理解，面對性是一個逐步增進能力的過程……

「這個概念落實到系統去持續經營的作法，雨橙常說激發出系統中有人自願投入性發展的領域、建構性友善的系統，是非常重要的任務。否則我們有再好的理念都是枉然。雨橙，我參考了你的作法，思考了目前我對K校淺薄的資訊，我希望能讓師長不要只是坐著聽演講，而要讓他們有意識地看到自己面對性的困境與需要。」

裴莉播放下一張簡報。「以這樣的評估，我有幾個方向提供給他們參考。」

實際作法建議，師長篇

目標：以性知識鋪墊、引起動機、增強意願、資料搜集、凝聚共識。

1. 性知識鋪墊：給全校師長的宣導演講，重點放在青少年的性發展知識建構與處遇概念，給予基礎知識鋪墊。
2. 師長性議題焦點團體：讓有意願的老師參與，藉由共同討論所觀察到的學生們在性發展上面的問題，喚起注意力。並且評估校內資源與在焦點中逐步做簡單的性減敏感，建立面對性議題的共識。
3. 量身打造的訓練模式：從焦點團體的資料，設計給全校老師的宣導演講，包含基礎的性發展知識建構與處遇概念，並以上述的概念，設計適合K校師長們的訓練工作坊。

實際作法建議，學生篇

目標：讓師長與學生都知道，若學生有需求，有準備好的成人可以跟他討論，支撐發展。

1. 性發展與愛情探索，班級座談或小團體課程。每學期一個團體，幾個核心主題輪流，循序漸進地進行相關課程，鋪墊資源使用能力比如：青春達人～性知識與性發展大哉問／熱戀青春～戀愛顧問團／青春我是誰～綜合以上的發展需求統整認識自己的能力／我青春我驕傲～法律與責任……

2. 邀請願意投入的師長來觀摩參與，將師長們在訓練課程中的知識轉換成實際的體驗。藉由這樣的歷程，一起激盪面對青少年性議題的方法。

實際作法建議，家長篇

目標：協助師長理解處理未成年人的性議題，以及經營家長的性健康知能的重要性。

「因爲K校家長會並沒有發揮功能，因此，我想先從學校耕耘起，並逐步協助師長理解讓家長儲備知能的重要性。以上，是我目前想到的，不大成熟，請雨橙跟大家給我意見。」

「姊，你出師了！簡直是雨橙的翻版。」陳歆給出大大的讚。

「沒有沒有，作法是跟雨橙學的，但我覺得還是有差距。」裴莉知道自己考慮得還不完整，但一時也想不出更多。

「我幫你說完吧！差距在於年紀、資歷、職銜，這些的表面效度在大系統中占了優勢。再下來，資歷所帶來的視角、視野、敏感度，最後就是實際操作時動力的靈活程度。」雨橙給裴莉一個肯定的微笑。

「來，你思考一下，B和C的動力有沒有可能破解？或是這些作法中哪個先實行，會讓你有更多的媒材可以協助B？」雨橙將裴莉的系統耕耘與個案工作做了切實的連結。

「哎呀！果然薑是老的辣，我從沒把這兩件事連在一起想。」

「再來，因爲你承諾了要投入，如何讓這些設計成爲B的資源？」裴莉聽了，陷入深思。「承諾？」

陳歆沒跟上兩位前輩的對話，疑惑地輪流望著兩人。

「當裴莉提出了方案，這個方案的統籌人必然就是她。她可以評估是自己執行，還是引進資源。若引進資源，必須是她能掌握的，溝通起來才能貼近她的設計，那麼她就可以運用這些資源來協助B。」

「我的天，爲了B，這工也太多，架構也太大，資源也太多了。」

「就跟你說，哪裡只是爲了B跟C呢？」雨橙笑道：「我們是藉由B跟C，跟這個系統建立關係，在地系統的第一線人員，才是最珍貴的寶藏。只有他們愛自己的鄉鄰，孩子才有不同的可能，社會才有改變的機會。更何況我們只是把他們本來就要支出的訓練經費，以能力建構的概念規畫能讓效益持續發酵、生根的方法。B只是這一切計畫的緣起，他是我們爲系統耕耘時注視著的種子。」

陳歆跟著雨橙、裴莉這一年，這概念並不是第一次接觸，但這卻是她第一次深深地感到感動。她終於也成長到能涵容意識轉化需要時間，等待種子發芽是需要不斷看顧、澆水，然後等待見到種子發芽的那日。陳歆握緊雙手、眼眶泛淚地說：「雨橙、裴莉，希望我有一天能跟你們並肩努力。」

「吼！不然咧？」雨橙翻了個你怎會不懂的白眼，「你早就已經是重點培育人才啦。」陳歆開心地跳起來，「耶！」裴莉拉著她的手。「我已經把你列入我要使用的資源之一啦！」

但紹奇始終沒有加入對話，他觀察著內在兩股聲音，

一邊是他熟悉的口吻，喂，這不符合成本。

一邊是有一股熱血，他也想體驗投入、成爲自己生命主角的感覺。

但更深的內在，他在體驗當他看清自己，要如何涵容那種百廢待舉的焦慮，還能不放棄。

裴莉看向雨橙，「以前都是看著你做，那種深耕所產生的影響力需要等待，但很珍貴。終於，我的能力成長到我也願意深耕、等待、堅持，我想要感覺，影響力是來自於我。」雨橙用力鼓掌，熱切地看著裴莉，「我實在太開心了。眼淚都要流下來了。」

裴莉看了紹奇一眼，「弟，我擅自決定囉！」不等他回應，「雨橙，週三個案會議，我跟紹奇出席即可，因爲重點不在B跟C，重點在學校系統的增能。」裴莉轉向她的投影片，再次快速瀏覽，「我終於看懂，系統必須與我們形成共識，建構有效能並持續累積的增能計畫，這會大大激勵我們耕耘的心力。如果只是談個案，那麼關於B跟C，其實我跟紹奇的任務已經達成，是可以結案的了。」

雨橙欣慰地點頭，「我會寫個訊息跟主任說，我們仔細評估後，由你全權負責K校的性議題增能的發展，我則會持續關注。」裴莉立正站好行了個軍禮，「Yes sir! 謝謝你信任我。」

「是我要謝謝信任你自己！」雨橙朝天高舉雙手，「耶！夢想不再是我一個人的了，哈哈哈哈，眞是太開心了。」

裴莉望向安靜許久的紹奇，又轉頭望向雨橙求助。雨橙給了裴莉一個別著急，你安心的表情。

雨橙看了一下時鐘，督導時間快結束了，「紹奇，裴莉的建議我覺得很好，你參考看看，不用立刻

決定。你最遲明天回覆裴莉即可，需要我時，訊息中討論。」

她轉身拿起桌上幾張機構轉介同意書，「嘿，各位表現得很好，我昨天接到K跟Z兩校的新案委託，裴莉跟陳歆，個案很適合你們，怎麼樣，接嗎？」

「Sure!」「百分百願意。」陳歆跳起來接過雨橙手上的轉案單，看看自己未來的案子，又瞄著裴莉的，兩人你一言我一語熱議起來，眼神綻放出迎接挑戰的光芒。

「紹奇，你確定想投入嗎？K校還有一個案子，我覺得很適合你。如果無法也沒關係，裴莉可以一趟接兩個案。」

「你覺得適合我的理由？」紹奇終於開口了。

「記得我們第一次見面的原因嗎？」

「當然，我手邊的一個案，不斷自殘的少女……」紹奇閉上了口。一股心痛的感覺抑制不住地湧出。

「如果你想接這個案，你要持續接受諮商，我才能派給你。」

頓時，工作室的空氣彷彿從沸騰直接下降到冰點。紹奇的臉色是裴莉、陳歆從未見過的凝重，那是每個心理師在進入這領域前，都不曾想過自己的工作可能要承受的經歷。

雨橙的聲音，有如穿過冰牆的一道光。

「那個案，我不知道後續，但我只是要你重新經驗，這一次你不是一個人在那裡。」雨橙說了句現場沒有一個人懂的話。

抑制著崩潰的淚水，紹奇腦中一片空白，但他知道自己站了起來，說了一句：「你的廁所實在太單調了，讓人無法轉移情緒，你知道嗎？」然後就進廁所了。

這次的督導就這樣結束了。紹奇從廁所出來的時候，雨橙的工作室只留了一盞燈，大家都去工作了。門上留了一張便條紙，沒有文字，只有陳歆畫的四隻疊在一起的手。

紹奇關上雨橙工作室的門之前，回首望了一下這個比他團體室還小的空間，一年下來卻滿滿全是踏實又難以消化的情緒，他嘆了口氣，「我要面對的自己還很多。石紹奇，一步一步慢慢來吧！」

紹奇驅車隨意遊走，離開了市區，騎上了蜿蜒的山路，他發現車頭朝向著K校，反正也是景區，就上山當個遊客晃晃吧。

以後的督導，都要像這樣洗三溫暖？他沒有伸手去接雨橙派案的轉案單，也不想回想過去的自己。他知道那是雨橙的詭計，想刺激他的鬥志、想以他的好奇心和跟大家的情誼，敦促他面對自己。但，他現在想不到自己，他滿腦子都是C。

當裴莉指出了他跟C的平行動力，那一刻就如衝浪時掉落大海，被深刻的挫折感淹沒，然後才倒轉放慢轉速，看清自己怎樣一步一步站錯重心，以致跌落。

如果自己如上次督導那樣，做完該做的事，承認自己的限制，一切也就適得其所。但，自己在第五次臨時決定結束晤談，就像是看到高手玩新招，根本不知道人家私底下練了多少基本功，妄想著眞誠面對自己有什麼難的，也以評估來論證自己的行爲的合理性。完全沒想到，視野狹小、評估偏頗，有可能對B、C產生什麼影響。

當然，他很安心，因爲B的心理師是裴莉。她會把他的作法中可能對B產生的影響，轉成鍛鍊B的媒材，藉此增進能力。

而這個安心，並沒有讓他好過。每個人都海裡來浪裡去，回頭卻發現自己竟然只是在小人國，沉浸在自己小小的心海，哪兒也沒去。

不知不覺到了K校門口，今天不是他諮商的日子，是他決定成為個案的日子，那，到這裡是為什麼？進了小雜貨店，「老師，今天是週三嗎？」老闆狐疑著，紹奇笑了笑，買了飲料，跟老闆要了張椅子，隔著櫃台跟老闆一起看他的小電視。「小老弟啊！年輕人，勇敢點，有感覺就要講出來，頂多就是被拒絕、打槍。我看你這款，臉皮很薄，就是因為條件太好。我跟你講，多被拒絕幾次，臉皮就厚啦！像我，」老闆拍了拍他的臉，掛保證的樣子，「我告訴你，女人真愛的是像我這樣，歷盡風霜，成熟的男人才能依靠啦，絕對不是小白臉。聽老大哥一聲勸，風霜是男人最好的面霜！」

拍拍他的肩，「去啦！去啦！我這裡不是咖啡廳。」推著紹奇出店門，老闆在店門口揮著手，要他加油。

紹奇在校門口傳了訊息給雅惠老師，說自己剛好到附近，是否可以進去整理C的資料。

他信步走到警衛室，發現黑胖有了項圈，躺在阿福腳邊四腳朝天呼呼大睡。

紹奇沒有立刻到輔導室，他坐在長椅上，看著校園裡下課時間的學生嘻笑玩耍。

他想看到C，也希望C看到他的掛念。

他想著各種方法，也嘗試說服自己，或許週三，原本約定的時間，雖然他說了中止諮商但也留下了可能，或許C會來晃晃，那時再跟他說也來得及。

但，老闆的話一直在耳邊，「吼，我又不可能像演偶像劇一樣衝進教室把C拉出來告白……」他對自己的念頭感到好笑：跟他告白！轉而苦笑，是啊！是告白，不能是告解。C沒有義務再承受照顧我情緒的責任了。

上課鐘響了，上天沒有安排偶像劇裡主角不經意相遇的劇碼，紹奇徘徊了一下，默默走向輔導室拿出檔案，到他跟C的晤談室開始整理，約一個小時就整理完了。「到底爲什麼一份報告要整理十個小時？」他搖搖頭，笑自己還掌握不到鍛鍊的要訣。

坐在晤談室裡，他看著C常躺的椅子發呆，腦中閃過那些兩人鬥智、鬥嘴的片刻、那些兩人暴露了自己又急切地想遮掩的模樣，想念的感覺讓他驚訝。他突然想起學諮商技術時他最不喜歡的空椅法，總覺得對著空椅說話很詭異。但此刻，卻有股莫名的衝動，他坐挺身子，不用代入就彷彿看見C躺在椅子上。紹奇以爲自己會有好多話想跟他說，但看著C的背影，腦中卻仍一片空白。他等了很久，也沒有上課時那種教授示範時，當案主的同學會對著空椅油然而生地說出好多感受。他走到門邊，確定上了鎖，他試著躺在C專屬的椅子上，腦中仍然啥感覺也沒有，不禁起身悻悻然踢了椅子一腳，「空椅駛你碗糕咧！」這一腳卻像啓動了什麼，他開始瘋狂地又踢又踹，「我告訴你，恁爸盡力了，我從沒有那麼努力地靠近過一個人，對啦就是你，怎樣，你還把我當潘子耍，後悔了吧，馬的，我盡力了，就跟你說我盡力了，算你倒楣遇到我，我沒陳歆、沒裴莉、沒那個臭雨橙厲害可以了吧，我告訴你，我可不是隨便給人眞心的，幹！因爲你是個案我讓你，不然，我也是會讓你吃不完兜著走的……」，紹奇又踢又捶的，把多年沒打架的身手都給了椅子，拳打腳踢，亂罵一通，直到氣喘吁吁，腳痛得要死，才停下來，幹！他惡狠狠地對著空椅比了中指。

他抽了面紙擦了擦汗，癱回他的椅子，對自己的行徑不禁啞然失笑，卻也身心舒暢，去你的心理師，啥鬼職業！他拿出手機，傳了訊息，K校新案，我接。馬的，我就不信我搞不定。

癱了一會兒，嘆了口氣，剛剛抒發情緒後的一片狼籍，還是得自己收拾。他彎著腰撿回散落的抱枕、揮倒的面紙盒跟踢亂的桌椅，檢查一下有沒有被剛剛的瘋狂損毀，一面叨叨唸唸地說：「我盡力了，這是我現在能做的最好的了，我沒有生你氣，我是氣我自己……我應該再更努力些……」紹奇停下了手邊的動作，感受著自己內在最眞實的感覺，修正成更貼近自己眞相的話，「……我應該再更努力些……不……不喜歡應該……努力？」他想起陳歆今天早上站在台上的自信，那個努力好像不只是掌握技術，那個努力……好像是因爲努力學習知識與技術與練習……能讓她更好地展現自己？他想起裴莉掌握了能力，要求雨橙讓她取代位置，去體驗自己此刻能做到的、想經驗到的自己。

「所以……沒有應該……沒有不夠努力……我沒有生你氣、我沒有氣我自己，我的挫折像是學步中的孩子，還沒站穩就氣自己不如大人那樣行動自如。」

「不會，學就好了。哈哈。」紹奇笑自己竟然頭一次眞心喜歡「能力建構取向性諮商」的金句。

收拾好東西準備離去，臨走前回頭，「再見了，我的過去。」C仍然躺在椅子上，紹奇對著空椅說：「I will be back!」

如果能再相遇，我們都將遇見不同的自己。

【跋】

深深感謝

深深感謝這本書裡出現的角色：青少年、家長、心理師、督導、學校系統、師長、專輔，每一個角色都代表著我職業生涯中相遇過的人們。因著你們的委託，讓我有機會與你們在各種面對性的「難」中一起努力，去找到支撐青少年的位置，期盼能給孩子們不同於過去那種面對性只能禁止壓抑的做法，而是創造出「還性發展回到發展」的諸多可能性。

深深感謝荷光團隊伙伴，在團隊成長的歷程中，我們經歷學派觀點、價值觀點、處遇觀點、面對性的觀點甚至人生哲學不斷的思辯、反思、對話，讓「荷光」團隊共同建構的空間，能保有個人化的價值觀點、多樣化的思維向度，讓每位在其中的人能釐清想成為的自己與參與對荷光的盼望。

青少年性諮商工作中，系統工作尤為重要，卻多數是無法核銷報酬的。謝謝你們為了參與荷光理念的實踐，願意不計薪資跟著我開發適合在地文化的各種方案。

謝謝你們允許我總是有衆多天馬行空的點子，不按牌理出牌甚至跳脫心理師角色的創作，每個開懷大笑、幹話連連、挫敗與高光的時刻，匯聚成我們，讓夢想成為可能，讓海龜也能微笑。

最後，總有讀者會說：「我偷偷問你喔～書中的某人是不是荷光的某某人？」
讓我這樣回答你：「每個人都在每個人裡面，是人性。」

ST 028

歡迎來到性諮商室：三位少男和他們的心理師
Welcome to Sexuality Counseling Room

作者—呂嘉惠

出版者—心靈工坊文化事業股份有限公司
發行人—王浩威　總編輯—徐嘉俊
責任編輯—黃心宜　特約編輯—陳馥帆
封面設計—木木Lin　內文排版—李宜芝

通訊地址—106台北市信義路四段53巷8號2樓
郵政劃撥—19546215　戶名—心靈工坊文化事業股份有限公司
電話—02）2702-9186　傳真—02）2702-9286
Email—service@psygarden.com.tw　網址—www.psygarden.com.tw

製版・印刷—中茂分色製版印刷股份有限公司
總經銷—大和書報圖書股份有限公司
電話—02）8990-2588　傳真—02）2290-1658
通訊地址—242新北市新莊區五工五路2號（五股工業區）
初版一刷—2022年6月　初版二刷—2023年6月
ISBN—978-986-357-241-1　定價—430元

國家圖書館出版品預行編目資料

歡迎來到性諮商室：三位少男和他們的心理師/呂嘉惠著. -- 初版. -- 臺北市：心靈工坊文化事業股份有限公司, 2022.06
面；　公分. -- (Story ; 28)

ISBN 978-986-357-241-1(平裝)

1.CST: 性教育 2.CST: 兩性關係 3.CST: 諮商

544.72　　111007754

心靈工坊 PsyGarden 書香家族 讀友卡

感謝您購買心靈工坊的叢書，爲了加強對您的服務，請您詳塡本卡，
直接投入郵筒（免貼郵票）或傳眞，我們會珍視您的意見，
並提供您最新的活動訊息，共同以書會友，追求身心靈的創意與成長。

書系編號－ST028　書名－歡迎來到性諮商室：三位少男和他們的心理師

姓名　　是否已加入書香家族？ □是 □現在加入

電話（公司）　（住家）　手機

E-mail　生日　年　月　日

地址 □□□

服務機構／就讀學校　職稱

您的性別一□1.女 □2.男 □3.其他

婚姻狀況一□1.未婚 □2.已婚 □3.離婚 □4.不婚 □5.同志 □6.喪偶 □7.分居

請問您如何得知這本書？

□1.書店 □2.報章雜誌 □3.廣播電視 □4.親友推介 □5.心靈工坊書訊
□6.廣告DM □7.心靈工坊網站 □8.其他網路媒體 □9.其他

您購買本書的方式？

□1.書店 □2.劃撥郵購 □3.團體訂購 □4.網路訂購 □5.其他

您對本書的意見？

封面設計	□ 1.須再改進	□ 2.尚可	□ 3.滿意	□ 4.非常滿意
版面編排	□ 1.須再改進	□ 2.尚可	□ 3.滿意	□ 4.非常滿意
內容	□ 1.須再改進	□ 2.尚可	□ 3.滿意	□ 4.非常滿意
文筆／翻譯	□ 1.須再改進	□ 2.尚可	□ 3.滿意	□ 4.非常滿意
價格	□ 1.須再改進	□ 2.尚可	□ 3.滿意	□ 4.非常滿意

您對我們有何建議？

□ 本人＿＿＿＿＿＿（請簽名）同意提供真實姓名/E-mail/地址/電話/年齡/等資料，以作為心靈工坊聯絡/寄貨/加入會員/行銷/會員折扣/等用途，詳細內容請參閱：
http://shop.psygarden.com.tw/member_register.asp。

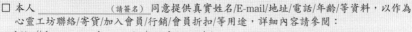

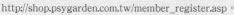

廣　告　回　信
台北郵局登記證
台北廣字第1143號
免　貼　郵　票

心靈工坊 PsyGarden

台北市106信義路四段53巷8號2樓

讀者服務組　收

免　貼　郵　票

（對折線）

加入心靈工坊書香家族會員
共享知識的盛宴，成長的喜悅

請寄回這張回函卡（免貼郵票），
您就成爲心靈工坊的書香家族會員，您將可以——

⊙隨時收到新書出版和活動訊息

⊙獲得各項回饋和優惠方案